会计学(项目教学版)

主　编　邹　丽　　闫　微

副主编　刘尚舒　　杨　方

参　编　王　锐　　商　敏

　　　　沈旨君　　骆静怡

北京理工大学出版社

BEIJING INSTITUTE OF TECHNOLOGY PRESS

内 容 简 介

本书设计为项目式教材，共编写了 15 个项目，每个项目划分为若干项任务。项目设计包括学习目标、知识点导图、任务布置、知识参考、任务作答清单、知识链接等，其中还穿插了扫码听课、插入图表等现代手段。全书在内容上囊括了基础会计、中级财务会计。基础会计包括会计基本理论、会计要素、会计科目与会计账户、借贷记账法、会计循环等内容；中级财务会计包括各项会计要素的确认、计量、记录、反映、报告等，以及财务报表分析的基本方法与应用。本书设计形式新颖、内容丰富，以任务为引导，逐步引入每个知识点的概念、特征、确认原则、会计记账方法及要求等，脉络清晰、知识要点全面，具有较强的应用性和操作性。根据每个知识点的不同，本书每个项目的内容各有侧重，并在相关地方设置了知识育人探讨板块，体现了理论知识体系、应用能力体系和思想价值体系的结合。本书的应用对象以非会计学专业学生为主，也可供会计学、财务管理、审计及其他财税类专业的学生学习使用。

图书在版编目（CIP）数据

会计学：项目教学版 / 邹丽，闫微主编. --北京：
北京理工大学出版社，2025.1.
ISBN 978-7-5763-4707-4

Ⅰ. F230

中国国家版本馆 CIP 数据核字第 20254TB727 号

责任编辑：王晓莉　　文案编辑：王晓莉
责任校对：刘亚男　　责任印制：李志强

出版发行 / 北京理工大学出版社有限责任公司
社　　址 / 北京市丰台区四合庄路 6 号
邮　　编 / 100070
电　　话 / （010）68914026（教材售后服务热线）
　　　　　（010）63726648（课件资源服务热线）
网　　址 / http://www.bitpress.com.cn

版 印 次 / 2025 年 1 月第 1 版第 1 次印刷
印　　刷 / 涿州市新华印刷有限公司
开　　本 / 787 mm×1092 mm　1/16
印　　张 / 19.5
字　　数 / 458 千字
定　　价 / 99.00 元

教材是实施和完成人才培养任务的重要资源，是呈现学习内容的重要载体，是学生理解和掌握所学知识的重要工具。随着政策变化、技术迭代和产业升级的不断深化，要将新理念、新政策、新技术、新规范应用到教材中去，保证教学内容与时代发展同步。本书在阐述基本知识的同时，添加了知识育人探讨的内容，贯彻了党的二十大报告中提出的培养造就大批德才兼备的高素质人才的精神，充分发挥教材的铸魂育人功能。

本教材是非会计学专业的学生学习会计课程的入门教材，旨在切实提高人才培养质量。在编写时，本教材力求体现以下特征。

第一，编写模式、教材体例以"任务布置与实施"为导向。

以应用型人才培养为目标，采用项目式编写，设计了"任务导向、教学安排与实施、知识参考、任务完成清单"一体化模式，摒弃了堆砌文字的写法，以理论知识与应用能力双向培养为原则。在任务实施时，建议采取如下步骤。

步骤 1：明确任务内容，学生提前预习会计总论知识，教师引导与讲授。

步骤 2：组织学生分组研讨，各组创设会计知识的任务情境，形成小组观点。

步骤 3：各组陈述，围绕会计基本知识，教师提问、各组间提问。

步骤 4：各组总结和诊断，提炼会计的重点知识，完善方案。

步骤 5：作答，总结，评价。

第二，以截至 2024 年 6 月相关会计法规为依据编写。

由于当前会计法规和税法变化较快，教材要跟上变化的步伐，因此本教材中的内容以我国 2024 年 6 月 28 日修正的会计法为前提，以截至 2023 年 12 月的会计准则为依据编写，反映了会计法规的新要求和发展新动向，力求把最新的知识传递给学生，提高教材的前瞻性。

第三，内容构成上涵盖了基础会计、中级财务会计两部分。

基础会计包括会计基本理论、会计要素、会计科目与会计账户、借贷记账法、会计循环等内容；中级财务会计包括各项会计要素的确认、计量、记录、反映、报告等，以及财务报表分析的基本方法与应用。教材设计形式新颖、内容丰富，以任务为引导，逐步引入，脉络清晰，知识要点全面。

第四，体现理论知识体系、应用能力体系和思想价值体系的结合。

本教材各章的例题均以中国股份制企业的会计实务为基础，有助于增强教材的可读性，开阔学生视野，提高学生的学习兴趣，加深学生对相关原理、准则的理解，提高学生对各项会计要素相关业务的账务处理能力，增强学生研究知识、不断深造的热情，也顺应了会计法规不断更新、经济改革深化的发展情形。在相关项目设置了知识育人探讨板块，有助于培养学生成为经济发展需要的德才兼备的人才。

第五，配套资源丰富。

每个项目设有知识链接、同步训练等，还配有同步学习电子资源，包括会计学教案、会计学课程教学 PPT、教学大纲、教学日历、习题库、试卷库、重点与难点解析等。

会计学现为辽宁省线上一流课程，本教材由沈阳工学院会计学课程组编写，分为 15 个项目：邹丽教授编写了项目 4、项目 5、项目 6、项目 7、项目 9、项目 10、项目 12，杨方副教授编写了项目 1、项目 11，闫微老师编写了项目 2、项目 3，刘尚舒老师编写了项目 13、项目 14，项目 8 由商敏副教授和沈旨君老师编写，项目 15 由邹丽教授和王锐副教授编写，骆静怡老师负责整理相关资料。本教材由邹丽、杨方、刘尚舒、闫微统稿，全部作者讨论定稿。编者在编写本教材的过程中，得到了北京理工大学出版社编辑的大力支持，在此表示衷心感谢。

本教材有着广泛的应用性，应用对象以非会计学专业的学生为主，也可供会计学、财务管理、审计及其他财税类专业的学生，以及企业经济管理人员、会计人员培训、自学考试人员等使用参考。使用本教材时，配合线上、线下教学资源，能为提高学习质量奠定基础。由于编者水平有限，书中难免存在不足之处，请读者和专家提出宝贵意见。

编　者

目 录

项目1 总论

▶ 知识目标
了解会计的产生与发展、会计的含义与特点、会计工作对象；熟悉会计的目标和职能、会计法规和职业道德、会计信息质量要求；掌握会计要素的划分及内容、会计等式的表达方法及作用。

▶ 素质目标
向学生传达违反会计制度的风险，以及坚守会计职业道德的重要性，引导学生传承认真、客观的会计精神，树立诚实守信的道德意识。

▶ 技能目标
认知会计要素、会计等式的关系，能够熟练区分会计要素中的各项要素及会计等式。

知识点导图

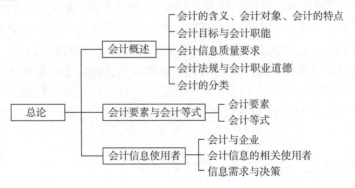

任务1 会计概述

📖 任务布置

任务描述	某集团根据规划发展的需要，拟成立全资子公司，公司名称定为宏利公司。在公司初始建设阶段，要先建立财务系统，需完成如下工作：设计公司财务组织架构，确定财务部门职能职责；建立公司会计核算体系；根据公司经营业务的需要设置会计要素，确定会计等式
任务目标	请根据学习的知识，解决上述问题。要完成的任务有：理解会计的概念、对象、特点和职能等，掌握会计要素的分类和会计等式的原理
任务讨论	宏利公司应如何建立财务系统，才能确保与公司采购、生产、销售等经营部门进行有效沟通、协作，并与公司经营业务相匹配？请提供方案
任务实施	学时建议：1学时
	任务分工：分组、布置任务、任务准备、操作
	实施方式：线上与线下相结合

📖 知识参考

　　会计是一门古老的科学，是人类社会生产发展到一定阶段的产物，它随着人类社会生产的发展而不断发展与进步。会计的发展主要经历了古代会计、近代会计、现代会计三个阶段。古代会计随着生产职能的附带而分离出来。1494年，意大利数学家卢卡·巴其阿勒有关复式记账的论著《算术、几何、比及比例概要》问世，标志着近代会计阶段的开端，为西方会计科学的建立与发展奠定了理论基础，被会计界公认为会计发展史上一个重要的里程碑。工业化革命后，会计理论和方法快速发展，并完成了由簿记到会计的转化。20世纪以来，随着现代经济的不断发展，会计理论空前繁荣，传统会计逐渐成为财务会计，财务会计中又分离出管理会计，会计方法不断创新，会计信息处理手段也逐渐由手工操作向电算化过渡，会计理论与会计实务取得了惊人的发展，标志着会计的发展进入现代会计阶段。

一、会计的含义、会计对象、会计的特点

1. 会计的含义

　　会计本身是一个不断发展的概念。在不同时期，会计的内涵和外延也不尽相同，人们对会计的认识也随着社会的进步而逐步发展和深化。会计的含义即会计的本质，从不同角度考量，例如从工具论、艺术论、管理活动论、信息系统论等方面考量，对会计本质的认识有所不同。

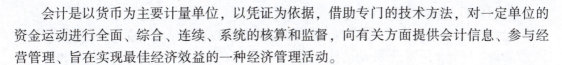

会计是以货币为主要计量单位，以凭证为依据，借助专门的技术方法，对一定单位的资金运动进行全面、综合、连续、系统的核算和监督，向有关方面提供会计信息、参与经营管理、旨在实现最佳经济效益的一种经济管理活动。

2. 会计对象

会计对象是指会计核算和监督的内容，即会计工作的客体。会计对象是社会再生产过程中的资金及资金运动，凡是特定主体能够以货币表现的经济活动，都是会计核算和监督的内容。以货币表现的经济活动，通常又称价值运动或资金运动。由于本课程主要介绍工业企业的会计方法，所以下面重点介绍工业企业的资金运动状态。工业企业的资金运动通常表现为资金的流入、资金的运用(资金的循环和周转)和资金的流出三个过程。

(1)资金的流入。资金的流入过程包括企业所有者(投资者)投入的资金和债权人投入的资金两部分，前者属于企业所有者权益，后者属于企业债权人权益，即企业负债。

(2)资金的运用。资金的运用，即资金在企业生产经营过程中的循环与周转，主要包括供应阶段、生产阶段、销售阶段的资金周而复始地流转。

(3)资金的流出。资金的流出过程包括偿还各项债务、上缴各项税金、向所有者分配利润、经法定程序减少注册资本等。这部分资金离开了本企业，退出了本企业的资金循环与周转。

通过工业企业的经营活动，企业的资金周而复始地循环和周转。可见，工业企业的会计对象就是资金运动。

工业企业资金运动示意如图 1-1 所示。

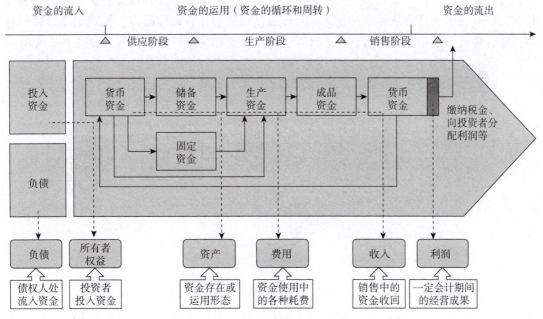

图 1-1 工业企业资金运动示意

3. 会计的特点

会计的特点集中表现为以货币为主要计量单位，具体有以下特征。

（1）以货币为主要计量单位。

对经济社会生产、分配、交换和消费过程及其结果进行计量的尺度，通常有实物计量尺度（如吨、千克、件等）、劳动计量尺度（如工时、工作日等）、时间计量尺度和货币计量尺度等多种形式。会计选择货币作为统一的计量尺度，并运用其他尺度作为辅助计量尺度，通过会计记录全面、系统地反映和监督企业、行政单位和事业单位的财产物资的财务收支、生产过程中的劳动消耗和成果，并计算出最终财务成果。

（2）对经济活动具有连续性、系统性、综合性和完整性。

会计记录的真实完整、会计计量的准确完整是经济社会对会计的基本要求，也是会计的本质特点。对企业而言，经济活动或业务活动是一个连续、系统的过程，这决定了会计核算和监督的过程也必然是一个连续、系统的过程。同时，会计对经济业务的核算必须是完整、连续和系统的。

（3）以合法凭证为依据，严格遵循会计规范，记录经济活动全过程。

会计记录和会计信息讲求真实性和可靠性，这就要求企业、行政单位和事业单位发生的一切经济业务都必须取得或填制合法的凭证，以凭证为依据进行核算。在会计核算的各个阶段都必须严格遵循会计规范，包括会计准则和会计制度，以保证会计记录和会计信息的真实性、可靠性和一致性。

（4）具有一系列专门方法。

会计在不断进步和发展过程中，逐渐形成了一系列科学的、专门的方法。这些方法是相互联系、相互配合、各有所用的，从而构成一套完整的核算经济活动过程和反映经营成果的方法体系。会计方法包括会计核算方法、会计分析方法、会计检查方法。其中，会计核算方法是整个会计方法体系的基础，具体包括设置会计科目和账户、复式记账、填制和审核会计凭证、登记会计账簿、成本计算、财产清查和编制财务报表等，如图1-2所示。

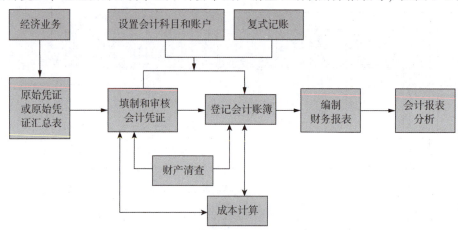

图1-2　会计核算方法体系示意

会计不仅是一个信息系统，从本质上而言，还是一种管理活动，属于管理范畴。会计是对企业等组织的所有经济活动进行计量和记录、分析和控制、检查和监督，做出预测，参与决策，并以提高经营效益为目的的管理活动。它既为管理提供会计信息，又履行管理职能。

二、会计目标与会计职能

1. 会计目标

会计目标又称财务报表或财务报告的目标，是会计工作完成的任务或达到的终极目的。《企业会计准则——基本准则》对会计目标做了明确规定：财务会计报告的目标是向财务会计报告使用者提供与企业财务状况、经营成果和现金流量等有关的会计信息，反映企业管理层受托责任履行情况，有助于财务会计报告使用者做出经济决策。

2. 会计职能

会计职能是指会计在经济活动及其管理过程中所具有的功能。会计具有会计核算和会计监督两项基本职能。

（1）会计核算。

会计核算职能也称反映职能，是指会计以货币为主要计量单位，对特定对象（或特定主体）的经济活动进行确认、计量、记录和报告，为各方提供会计信息。会计核算贯穿经济活动的全过程，是会计首要和最基本的职能。

会计核算的主要内容包括：资产的增减和使用；负债的增减；净资产（所有者权益）的增减；收入、支出、费用、成本的增减；财务成果的计算和处理；需要办理会计手续、进行会计核算的其他事项。

（2）会计监督。

会计监督职能也称控制职能，是指会计机构、会计人员在进行会计核算的同时，对特定主体的经济活动及其相关会计核算的真实性、完整性、合法性和合理性进行审查，使其达到预期经济活动和会计核算目标。

根据 2024 年 6 月 28 日的修正，自 2024 年 7 月 1 日起施行的《中华人民共和国会计法》规定，各单位不仅要建立、健全本单位内部会计监督制度，还要将其纳入本单位的内部控制管理制度。

会计监督是对特定主体经济活动的全过程进行监督，主要内容包括：对原始凭证进行审核和监督；对伪造、编造、故意毁灭会计账簿或账外设账行为予以制止和纠正；对实物、款项进行监督，督促建立并严格执行财产清查制度；对指使、强令编造、篡改财务报告行为予以制止和纠正；对财务收支进行监督；对违反单位内部会计管理制度的经济活动予以制止和纠正；对单位制定的计划、预算的执行情况进行监督；等等。会计监督主要分为事前监督、事中监督和事后监督。事前监督是指在企业中参与经营预测、决策，并制定经营计划和全面预算；事中监督是指对经营计划和全面预算的执行过程进行监督；事后监督是指对企业经营结果进行考核，对经营业绩进行评价，并分析经营计划执行的结果。

（3）会计核算与会计监督的关系及其职能扩展。

会计核算与会计监督两项基本职能相辅相成、辩证统一。会计核算是会计监督的基础，没有会计核算所提供的各种信息，会计监督就失去了依据；会计监督又是会计核算质量的保障，如果只有会计核算而没有会计监督，就难以保证会计核算所提供信息的真实性和可靠性。

会计除了具有上述基本职能，还具有预测、决策、控制、评价等职能，这些职能更多地体现在管理会计等方面。

三、会计信息质量要求

会计信息质量要求是进行会计工作的规范和评价会计工作质量的标准，具有公认性、权威性和科学性的特点。会计信息质量要求包括以下几项。

1. 可靠性

可靠性是指企业应以实际发生的交易或事项为依据进行会计确认、计量、记录和报告，如实反映符合确认、计量要求的各项会计要素和其他相关信息，如果信息不可靠，不仅无助于决策，而且会造成决策失误，带来重大损失。

2. 相关性

相关性即有用性，即要求企业提供的会计信息应当与财务报告使用者的经济决策需要相关，有助于财务报告使用者对企业过去、现在及未来的情况做出评价和预测。

3. 可理解性

可理解性是指企业提供的会计信息必须清晰明了，便于财务会计报告使用者理解和使用。企业编制财务报告、提供会计信息的目的在于让会计信息使用者有效利用、合理决策，这就要求会计信息应当通俗易懂，易于理解。否则，即使信息质量再高，如果不能被使用者理解，会计信息也就失去了作用。

4. 可比性

可比性要求企业提供的会计信息应当相互可比，保证同一企业不同时期可比、不同企业相同会计期间可比，这会大大增强信息的有用性。

5. 实质重于形式

实质重于形式要求企业应当按照交易或事项的经济实质进行会计确认、计量和报告，不应仅以交易或事项的法律形式为依据。

6. 重要性

重要性要求企业提供的会计信息应当反映与企业财务状况、经营成果和现金流量有关的所有重要交易或事项。重要性的应用依赖在实务中的经验与职业判断，主要从项目的功能、性质和金额等方面进行判断。

7. 谨慎性

谨慎性要求企业在对交易或事项进行会计确认、计量、记录和报告时应当保持应有的谨慎，不应高估资产或收益，低估负债或费用。

8. 及时性

及时性要求企业对于已经发生的交易或事项及时进行确认、计量和报告，不得提前或延后。

四、会计法规与会计职业道德

1. 会计法规

我国的会计法规体系主要由会计法律、会计行政法规、会计制度和地方性会计法规构成。

（1）会计法律。

会计法律是指由全国人民代表大会常务委员会制定和颁布的会计法律，是我国的基本法，是调整我国经济生活中会计关系的法律总规范。它是制定其他会计法规的依据，是指导会计工作的最高准则，也是会计法规体系中层次最高的法律制度。1985 年 1 月 12 日，第六届全国人民代表大会常务委员会第九次会议通过了《中华人民共和国会计法》（以下简称《会计法》），此后于 1993 年进行了第一次修正，1999 年进行了修订，2017 年进行了第二次修正。2024 年 6 月 28 日，第十四届全国人民代表大会常务委员会第十次会议表决通过关于修改《会计法》的决定，自 2024 年 7 月 1 日起施行。《会计法》主要规定了会计工作的基本目的、会计管理权限、会计责任主体、会计核算和会计监督的基本要求、会计人员和会计机构的职责权限，并对会计法律责任做了详细规定，其中会计核算明确了会计核算程序、会计核算的经济业务范围、会计信息与资料的要求等具体内容。

（2）会计行政法规。

会计行政法规是指由国务院制定发布，或者由国务院某些部门拟定，经国务院批准发布，调整经济生活中某些方面会计关系的法律规范。会计行政法规的制定依据是《会计法》，主要用于规范企业的会计核算和会计报告。它是对会计法律的补充和具体化，其权威性和法律效力仅次于会计基本法。

（3）会计制度。

会计制度是指财政部根据《会计法》制定的关于会计核算、会计监督、会计机构、会计人员和会计工作管理等方面的国家统一制度，包括制度、准则、办法等，其法律效力低于会计行政法规。

国家统一的会计制度包括会计规章和会计规范性文件两部分。会计规章是根据《会计法》规定的程序，如财政部发布的《企业会计准则——基本准则》。会计规范性文件是指财政部以文件形式发布的规范性文件，如《企业会计准则第 1 号——存货》等具体准则及其应用指南、《会计基础工作规范》、《企业会计制度》、《会计档案管理办法》等。

《企业会计准则——基本准则》和《企业会计准则——具体会计准则》两部分共同构成了企业的会计准则。前者由财政部于 1992 年 11 月 30 日发布，分别于 2006 年 2 月、2014 年 7 月修订，是为了规范企业会计确认、计量和报告行为，保证会计信息质量，根据《会计法》和其他有关法律、行政法规而制定的。后者是根据前者的要求制定的，是对各项具体经济业务的会计确认、计量及报告做出具体规定，可分为一般业务准则、特殊行业和特殊业务准则、财务报告准则三大类。一般业务准则是对一般经济业务的确认、计量的具体要求，如存货、固定资产、无形资产、职工薪酬、所得税等。特殊行业和特殊业务准则是对特殊行业的特定业务的会计问题做出的处理规范性要求，如金融资产转移、套期保值、合并会计报表等。财务报告准则主要规范各类企业通用的会计报告，如财务报表列报、现金流量表、合并财务报表等。

（4）地方性会计法规。

地方性会计法规是指省、自治区、直辖市人民代表大会及其常务委员会根据国家会计法律、会计行政法规，以及本地区实际情况制定、发布的会计规范性文件。

2. 会计职业道德

会计职业道德是指在会计职业活动中应遵循的、体现会计职业特征的、调整会计职业关系的职业行为准则和规范。它贯穿于会计工作的所有业务领域和整个过程，体现了社会要求与个性发展的统一。会计职业道德是调整会计职业活动中各种利益关系的手段，具有相对稳定性，具有广泛的社会性。

我国会计职业道德规范的主要内容分为爱岗敬业、诚实守信、廉洁自律、客观公正、坚持准则、提高技能、参与管理和强化服务八个方面。

会计职业道德的作用主要包括以下方面。

（1）会计职业道德是对会计法律制度的重要补充。会计法律制度是会计职业道德的最低要求，会计职业道德是对会计法律规范的重要补充。

（2）会计职业道德是规范会计行为的基础。诚实守信、客观公正等会计职业道德引导、约束着会计人员，从而达到规范会计行为的目的。

（3）会计职业道德是实现会计目标的重要保证。会计目标是会计人员为会计信息使用者提供单位的相关会计信息，而能否为这些服务对象提供有用、可靠的会计信息，则取决于会计人员是否能严格遵守会计职业道德。

（4）会计职业道德是会计人员提高素质的内在要求。社会的不断发展与进步，要求会计人员的职业素质也随之不断提高，因此不断提高自身专业水平，是遵循会计职业道德的必要保障。

随着社会的进步，我国对会计职业道德的管理逐步规范，对违反会计职业道德人员所承担的法律责任的划分更加清晰、明确。在 2024 年 6 月修正的《会计法》中规定，对不依法设置会计账簿、私设会计账簿、未按照规定填制并取得原始凭证，或者填制并取得的原始凭证不符合规定、以未经审核的会计凭证为依据登记会计账簿，或者登记会计账簿不符合规定、随意变更会计处理方法等情况，而且情节严重的相关人员，根据实际情况进行相应处罚，例如处 5 万元以上 50 万元以下的罚款，公职人员则依法给予处分，5 年内不得从事会计工作，依法追究刑事责任等；对伪造、变造会计凭证、会计账簿，编制虚假财务会计报告，隐匿或故意销毁依法应当保存的会计凭证、会计账簿、财务会计报告等情况，根据情节轻重对相关人员进行相应处罚，最高可以处 50 万元以上 200 万元以下的罚款；对授意、指使、强令会计机构、会计人员及其他人员伪造、变造会计凭证、会计账簿，编制虚假财务会计报告，或者隐匿、故意销毁依法应当保存的会计凭证、会计账簿、财务会计报告等情况，最高可以并处 100 万元以上 500 万元以下的罚款。

五、会计的分类

依据不同使用者、不同业务及不同组织，会计可分为不同的种类。

1. 按会计报告使用对象分类

（1）财务会计。

财务会计是现代企业的重要基础工作之一，是核算企业已经发生的经济活动，提供企业的财务状况、经营成果等方面的财务报告，主要向企业外部的会计信息使用者进行报告

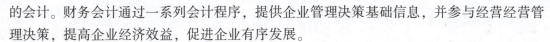

的会计。财务会计通过一系列会计程序，提供企业管理决策基础信息，并参与经营经营管理决策，提高企业经济效益，促进企业有序发展。

（2）管理会计。

管理会计是为企业内部管理者提供有关财务信息的对内报告会计。通过运用一系列专门的方式方法，它不仅要分析企业过去，控制现在，更重要的是预测和规划未来。管理会计在企业经营管理中起着重要的作用，是企业的战略、业务、财务一体化最有效的工具。

管理会计与财务会计是现代企业会计的分支，二者相互依存、相互制约、相互补充，构成了现代企业会计系统的有机整体。管理会计不受财务会计公认会计原则的限制和约束，其所需信息多源于财务会计，并对财务信息进行了深加工和再利用，实现企业经营管理过程中的预测、决策、控制、考核等活动，从而改善企业经营管理。

2. 按会计主体分类

（1）企业会计。

企业会计是指反映和监督企业财务状况和经营成果，帮助提高企业经济效益的会计，是营利组织会计。企业按组织形式可分为独资企业、合伙企业和公司制企业；按规模大小可分为大型企业、中型企业和小型企业；按行业性质可分为工业企业、商业企业等。不同类型的企业，其经济活动不同，具体的会计处理程序和方法也不同。

（2）政府和非营利组织会计。

政府和非营利组织会计是指反映和监督政府和非营利组织资金来源和运用，以及资金使用效果的会计。所谓非营利组织，是指不以营利为目的的组织，包括学校、医院、科研机构、博物馆、图书馆、慈善机构等。

 知识育人探讨

由 XM 咖啡事件引发的思考

XM 咖啡第一家门店于 201×年在北京开张，并以低价销售的策略迅猛发展，势头紧追星巴克咖啡，两年以后在美国纳斯达克上市，共有超 4 000 家直营门店，市场规模急速扩张。2020 年，某公司公开了一份匿名的报告，指控 XM 咖啡涉嫌财务造假，其产品销量、售价、收入与广告费用等数据都刻意夸大。该事件不断发酵，后究其事实，在 2019 年，XM 咖啡为了做大业绩，虚增产品销售数量，并将第三季度广告费用增至 1.5 倍，以此弥补虚增的收入。2020 年 4 月，XM 公司"自爆"财务造假事件，股价暴跌，市值缩水，最终退市。随后，因违反《中华人民共和国反不正当竞争法》，XM 咖啡及帮助虚假宣传作用的第三方多家公司被国家市场监督管理总局共处罚金 6 100万元。可见，会计信息的真实性、会计人员及管理层的行为对公司与社会的影响非常大。作为会计从业人员，应具备诚实守信的职业精神，在维护公司自身发展的同时，更要承担社会责任。就像现代会计之父潘序伦指出的："立信，乃会计之本；没有信用，就没有会计。"无论是企业的经营，还是生活的点滴，都要重道德、守规矩，讲求"本、真"。

📖 **任务作答清单**

（1）会计核算体系如何建立？	
（2）会计目标如何设立？	
（3）会计职能包括哪些？如何通过建立会计核算体系、会计目标和会计职能等，完成新成立公司财务系统的建设，从而确保公司经营活动正常运行？	

教师点评			
小组成员			
小组得分		组长签字	
教师评分		教师签字	

任务 2   会计要素与会计等式

🌸 **任务布置**

任务描述	宏利公司财务部门成立后，财务人员需完成的任务有：公司会计要素的设置，会计等式的试算测试
任务目标	请根据学习的知识，解决上述问题。要完成的任务有：掌握会计要素的分类和具体内容，掌握并熟练应用会计等式
任务讨论	宏利公司在建立财务管理体系时，应注意：会计要素包含哪些必要内容？财务人员在运用会计要素进行会计等式测算时，应避免哪些风险才能确保计算正确？请提供方案
任务实施	学时建议：1学时
	任务分工：分组、布置任务、任务准备、查找资料
	实施方式：线上与线下相结合

📖 知识参考

一、会计要素

会计信息反映企业所有经济活动的结果，并以会计报表的形式体现出来，提供给会计信息使用者使用。会计报表不仅是企业提质增效的重要依据，也是国家进行宏观经济调控的重要信息来源，还是企业外部投资人、债权人等信息使用者进行决策的重要支撑，因此在经济活动中起着十分重要的作用。会计报表是提供会计信息的基本手段，它是由会计要素构成的，会计要素是构成会计报表的基本框架。会计报表包括资产负债表、利润表和现金流量表，其中资产负债表又称静态报表，是反映企业在特定时点财务状况的报表，由资产、负债和所有者权益三部分构成；利润表又称动态报表，是反映企业一定时期经营成果的报表，由收入、费用和利润三部分构成。

会计要素，是指按照交易或事项的经济特征，对会计核算和监督的内容进行基本分类所形成的若干要素，是会计核算对象的具体化。会计要素也为财务报表的构筑提供了基本架构，所以又称会计报表因素。《企业会计准则》将企业会计要素分为两大类、六大项，具体如下。

第一类是反映企业财务状况的会计要素，即对资金运动在某一时点呈现的项目所做的归类，该类要素称为静态要素。财务状况是指企业在某一日期的经营资金来源与分布状况，是企业经营活动成果在资金方面的反映。静态要素一般通过资产负债表反映，包括资产、负债和所有者权益三项。

第二类是反映企业经营成果的会计要素，即对资金运动在某一时期呈现的项目所做的归类，该类要素称为动态要素。经营成果是指企业在一定时期内生产经营活动产生的结果，也就是企业生产过程中取得的收入与成本费用支出的差额。动态要素一般通过利润表来反映，包括收入、费用、利润三项。

1. 资产

资产是指由过去的交易、事项形成，由企业拥有或控制，预期会给企业带来经济利益的资源。

（1）资产的基本特征。

①资产必须是企业所拥有的，或者企业实际控制的。企业拥有资产的所有权，即拥有资产使用权、处置权。对一些特殊方式形成的资产，企业虽未拥有所有权，却能实际控制，如融资租入的固定资产，在租赁期内拥有使用权，因此应当作为企业资产入账。

②资产预期能够直接或间接地给企业带来经济利益，即资产作为一项资源，具有直接或间接导致现金和现金等价物流入企业的潜力。例如，企业销售商品时因赊销产生的应收账款，在未来一定期间内可以收回而增加企业现金流，则可以确认为资产；若因种种情况客户无法还款、企业在未来已无法收回，则不能再作为资产，应从资产中转出，计入费用。按照这一特征，那些已经没有经济价值、不能给企业带来经济利益的项目，就不能继续确认为企业的资产。

③资产是由过去的交易或事项形成的。也就是说，资产是过去已经发生的交易或事项所产生的结果，未来交易或事项不能作为资产入账。例如，企业与客户达成一笔大额商品

销售意向，双方签订 1 个月后销售额达 6 000 000 元的意向书，该交易属于未来发生的事项，因此不能将其确认为一项资产。

（2）资产的确认条件。

符合上述资产定义与特征的资源，在同时满足以下条件时，才能确认为资产。

①与该资源有关的经济利益很可能流入企业。

②该资源的成本者价值能够可靠地计量。

【例 1-1】M 企业在 2023 年 1 月 3 日销售 A 产品并收到客户签发的面值 30 000 元、期限 3 个月的商业承兑汇票一张。由于该张商业承兑汇票在 3 个月后可以为该企业带来确定的现金流入、产生确定的经济利益，因此可确认为 M 企业的资产。

（3）资产的分类。

资产按照流动性，即按其变现和耗用时间的长短不同，可以分为流动资产和非流动资产。流动资产是指预计在一年或一个营业周期内变现、出售或耗用的资产，或者主要为交易目的而持有的资产，包括库存现金、银行存款、交易性金融资产、应收账款、预付账款、存货等。非流动资产是指流动资产以外的其他资产，包括长期股权投资、固定资产、工程物资、在建工程、无形资产、开发支出等。

2. 负债

负债又称债权人权益，是指由企业过去的交易或事项形成的、预期会导致经济利益流出企业的现时义务。

（1）负债的基本特征。

①负债是企业承担的现时义务。其中，现时义务是指企业在现行条件下已承担的义务。未来发生的交易或事项可能形成的义务，不属于现时义务，不应当确认为负债。负债是企业在现行条件下已承担的义务，而该义务是企业过去的交易或事项形成的。例如，短期借款是企业因接受了银行的短期贷款而形成对银行的该笔债务，若没有接受银行贷款，企业就不会形成相应的债务。

②负债的清偿预期会导致经济利益流出企业。企业在未来某一日偿还债务时，必然导致经济利益的流出，如果不会导致企业经济利益的流出，就不符合负债的定义。负债的预期清偿方式有多种，通常是通过现金偿还，或者交付实物资产、提供劳务来偿还，或者部分提供劳务、部分交付资产偿还。有时，也可以通过承诺新的负债或转化所有者权益来结束一项现有的负债，但最终一般都会导致企业经济利益的流出。

③负债是由企业过去的交易或事项形成的。只有过去的交易或事项才能形成负债。企业将在未来发生的承诺、签订的合同等交易或事项，不能形成负债。例如，企业与银行达成一笔长期借款意向，双方签订 3 个月后贷款额为 500 000 元的意向书，该交易属于未来发生的事项，因此不能将其确认为负债。

（2）负债的确认条件。

符合上述负债定义与特征的，在同时满足以下条件时，方可确认为负债。

①与该义务有关的经济利益很可能流出企业。

②未来流出的经济利益的金额能够可靠地计量。

【例 1-2】M 企业在 2023 年 1 月 5 日购买 15 000 元的原材料用于生产 A 产品，与供应商协商后，约定货款于次月支付。由于该业务导致下月企业现金流出，且经济利益的流出

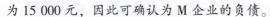

为 15 000 元，因此可确认为 M 企业的负债。

（3）负债的分类。

按照流动性，可以将企业的负债分为流动负债和非流动负债。流动负债是指将在一年或超过一年的一个营业周期内偿还的债务，也称短期负债，包括短期借款、应付票据、应付账款、预收账款、应付职工薪酬、应缴税费、应付利息、其他应付款、应付股利等。非流动负债是指流动负债以外的负债，也称长期负债，包括长期借款、应付债券、长期应付款等。但是长期负债不是一成不变的，企业根据还款约定还款，还款期也越来越短，当还款期在最后一年时，该笔债务应划分为流动负债。

3. 所有者权益

所有者权益是指企业资产扣除负债后，由所有者享有的剩余权益。公司的所有者权益也称股东权益。

（1）所有者权益的基本特征。

①所有者投资额一旦注入企业并登记，不得随意抽回，除非发生减资、清算或分派利等情况，否则企业不需要偿还所有者权益。

②投资者投资所形成的资产是企业清偿债务的基本保障。企业清算时，只有在清偿所有债务后，剩余资产才能返还给所有者。

③所有者依据所有者权益参与企业的利润分配和经营管理，也根据出资额度大小承担企业相应的经营风险。

（2）所有者权益的来源。

所有者权益的来源包括以下三部分。

①所有者投入的资本，包括注入企业的原始资本或后期追加的投资。这部分投资计入实收资本。

②直接计入所有者权益的利得和损失。利得是指由企业非正常活动所形成的、会导致所有者权益增加的、与所有者投入资本无关的经济利益的流入。损失是指由企业非正常活动所发生的、会导致所有者权益减少的、与向所有者分配利润无关的经济利益的流出。

③留存收益。盈余公积和未分配利润由于都属于企业净收益的积累，所以合称为留存收益。

（3）所有者权益的分类

企业所有者权益包括实收资本（或股本）、资本公积、其他综合收益、盈余公积和未分配利润等，其中实收资本是企业所有者权益的构成主体。

4. 收入

收入是指企业在日常活动中形成的、会导致所有者权益增加的、与所有者投入资本无关的经济利益的总流入。

（1）收入的基本特征。

①收入是企业在日常经营活动中形成的，如销售商品。而非日常活动所形成的经济利益的流入，不能确认为收入，应计入利得，如固定资产处置利得、债务重组利得、盘盈利得、捐赠利得等与日常活动无关的各项收益。

②收入的增加会导致企业所有者权益增加。不会导致所有者权益增加的经济利益的流入不能确认为收入。例如，企业借债而增加的现金流入，尽管也导致了企业经济利益的增加，

但并不导致所有者权益的增加，反而使企业承担了一项现时义务，所以不应该确认为收入。

（2）收入的确认条件。

2017 年发布的《企业会计准则第 14 号——收入》规定：企业应当在履行了合同中的履约义务，即在客户取得相关商品控制权时确认收入。取得相关商品控制权，是指能够主导该商品的使用并从中获得几乎全部的经济利益。当企业与客户之间的合同同时满足下列条件时，企业应当在客户取得相关商品控制权时确认为收入。

①合同各方已批准该合同并承诺将履行各自义务。

②该合同明确了合同各方与所转让商品或提供劳务（以下简称"转让商品"）相关的权利和义务。

③该合同有明确的与所转让商品相关的支付条款。

④该合同具有商业实质，即履行该合同将改变企业未来现金流量的风险、时间分布或金额。

⑤企业因向客户转让商品而有权取得的对价很可能收回。

【例1-3】在例 1-1 中，尽管 M 企业将 A 产品发给客户，由此转让的控制权并未取得销售该商品 30 000 元的应得资金，但该企业获得了收取货款的权利，因此对应的收入应计入 2023 年 1 月。

（3）收入的分类。

广义的收入指企业在经营活动与非经营活动中产生的收入，包括主营业务收入、其他业务收入、投资收益、营业外收入等。会计上所指的收入仅为狭义的收入，指企业生产经营活动中所得收入，包括主营业务收入、其他业务收入，合称为营业收入。

5. 费用

费用是指企业在日常活动中所发生的、会导致所有者权益减少的、与向使用者分配利润无关的经济利益的总流出。

（1）费用的基本特征。

①企业在日常经营活动中产生的经济利益的流出。例如，制造业企业进行的采购原材料业务、贸易企业进行的商品买卖业务、金融企业发生的存贷款业务等所产生的经济利益的流出，都属于费用。有些业务虽然会产生经济利益的流出，但不属于日常经营活动产生的，所以不属于费用，例如企业处置资产带来的资产净损失。

②费用的发生将引起所有者权益的减少。企业费用的发生会导致资金的流出，也必然会减少所有者权益。但是未减少所有者权益的资金的流出，如工程物资的采购增加了资产，但未减少所有者权益，则不应确认为费用。反之，有些资金的流出减少了所有者权益，如企业进行利润分配，也不应确认为费用。

③费用会导致经济利益的流出，该流出不包括向投资者分配的利润。

（2）费用的确认条件。

符合费用定义的，在同时具备以下条件时，才能确认为费用。

①经济利益可能流出企业。

②会导致企业资产减少或负债增加。

③经济利益的流出额能够可靠计量。

会计师在确认费用时，必须考虑费用应按照一定期间与收入配比。例如，M 企业生产某批 A 产品所投入的材料成本，必须与出售该批产品的收入相配比。

（3）费用的分类。

费用按经济内容分类，包括外购材料、外购燃料动力、工资及职工福利费、折旧费、利息支出、税金等，这些费用又称要素费用。费用按经济用途分类，包括生产成本和期间费用，其中生产成本由直接材料、直接人工、制造费用构成；期间费用由销售费用、管理费用、财务费用构成。以上费用与企业经营活动相关，属于狭义的费用，如果考虑营业外支出等，费用则属于广义的费用。

6. 利润

利润是指企业在一定会计期间的经营成果。通常情况下，企业实现了利润，表明企业的所有者权益将增加；反之，企业利润亏损，则表明企业的所有者权益将减少。

（1）利润的来源构成。

①收入减去费用的净额，反映企业日常经营活动的成果。

②利得减去损失后的净额，反映企业非日常经营活动的结果。

（2）利润的确认条件。

利润反映的是收入减去费用、利得减去损失后的净额。因此，利润的确认主要依赖对收入和费用，以及利得和损失的确认。

（3）利润的分类。

利润按其构成的层次的不同，可分为营业利润、利润总额和净利润。

会计要素只有经过会计计量，才能依据其所属性质与类别登记入账，并编制相应的财务报表。会计计量是指为了将符合确认条件的会计要素登记入账，并列报于财务报表而确定其金额的过程。企业必须按照规定的会计计量属性进行计量，确定相关的金额。会计的计量属性由历史成本（又称实际成本）、重置成本（又称现行成本）、可变现净值、现值和公允价值五项构成，其中历史成本是最基本的计量属性。我国现行的会计核算都是遵循历史成本原则进行计量的。

二、会计等式

会计等式又称会计恒等式、会计方程式或会计平衡公式，是反映会计要素之间平衡关系的计算公式，它是设置账户、复式记账、试算平衡、设计与编制会计报表的理论依据，是各种会计核算方法的理论基础。企业的六项会计要素反映了资金运动的静态和动态两个方面，具有紧密的相关性和特定的平衡性，并表现为图1-3所示的会计等式。

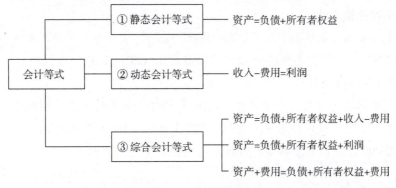

图1-3　会计等式

1. 静态会计等式

静态会计等式是反映企业在某一特定时点资产、负债和所有者权益三要素之间平衡关系的等式，因此又称财务状况等式或存量会计等式。它是最基本的会计等式，也是编制资产负债表的依据。静态会计等式表明企业所拥有的资产，是由债权人、投资人(或所有者)二者提供的。

资产是过去的交易或事项所引起的能为企业带来未来经济利益的资源，而这些经济利益的资源来源于所有者和债权人。因此，资产、负债和所有者权益三者之间的关系用公式表示为

$$资产=负债+所有者权益$$

该会计等式表明了同一资金的两个不同侧面在价值上的恒等关系：

$$资金存在形态(资产)=资金来源渠道(负债和所有者权益，即权益)$$

资产与权益成正比，有一定数量的资产，必然有相等数额的权益，而一定数额的权益，也必然对应着相等数额的资产。

企业在生产经营过程中，每天都会发生各种各样的经济业务，从而导致各会计要素的增减变动，但并不影响资产、负债和所有者权益之间的恒等关系。下面通过分析 M 企业于 2023 年 1 月发生的几项经济业务，来说明这种恒等关系的变化情况。

(1)资产与权益同时增加。

【例 1-4】2023 年 1 月，甲公司收到所有者投资款 2 000 万元并存入银行。

这项业务使银行存款增加了 2 000 万元，即等式左边的资产增加了 2 000 万元。同时等式右边的所有者权益增加了 2 000 万元，等式左、右两边同时增加 2 000 万元，因此会计等式依然保持平衡。

(2)资产有增有减，权益不变。

【例 1-5】2023 年 1 月 7 日，甲公司采购 50 000 元原材料，用银行存款支付。

这项业务使甲公司的存货增加了 50 000 元，但同时银行存款减少了 50 000 元，也就是等式左边的资产一项增加一项减少，增减金额相同，因此资产的总额不变，会计等式依然保持平衡。

(3)资产与权益同时减少。

【例 1-6】2023 年 1 月 29 日，投资人王平收回对企业原投资款 10 000 元，经办妥手续后，企业用银行存款支付。

这项业务的发生，使该公司资产(银行存款)减少了 10 000 元，使所有者权益(实收资本)减少了 10 000 元。资产和所有者权益同时减少 10 000 元，会计等式保持平衡。

(4)权益方等额有增有减，资产不变。

【例 1-7】经批准将所欠乙公司货款 70 000 元转作乙公司对本公司的投资。

这项业务的发生，使该公司所有者权益(实收资本)增加了 70 000 元，使负债(应付账款)减少了 70 000 元。所有者权益和负债一增一减，会计等式保持平衡。

2. 动态会计等式

动态会计等式是反映企业在某一时期收入、费用和利润三要素之间平衡关系的等式，

因此又称经营成果等式或增量会计等式。它是编制利润表的依据。收入、费用和利润三者之间的关系用公式表示为

$$收入-费用=利润$$

该会计等式揭示了在某一特定时间内，企业收入、费用、利润之间的相互关系，利润是企业实现的收入减去相关费用后的差额。收入大于费用为利润，即盈利；收入小于费用为亏损。利润随着收入的增减变化成正比例变化，而随着费用的增减变化成反比例变化。

3. 综合会计等式

综合会计等式由资产、负债、所有者权益、收入、费用和利润六要素组合而成，能够全面反映财务状况和经营成果的关系。由会计等式可知，企业所拥有的资产是由债权人、投资人（或所有者）二者提供的，但是所提供的资源能够在经营过程中带来利润，而利润归属于投资人（或所有者）权益，用公式表示为

$$资产=负债+所有者权益+收入-费用$$
$$资产=负债+所有者权益+利润$$

可以这样理解：

$$期末资产=期末负债+期末所有者权益$$
$$=期末负债+（期初所有者权益+利润）$$
$$=期末负债+期初所有者权益+收入-费用$$

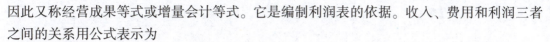 任务作答清单

（1）会计要素的构成及内容如何确定？	
（2）企业财务人员进行会计等式计算时应注意哪些要点？	
（3）根据公司经营业务特点，设置相应的会计要素，并运用会计等式，编制、测试企业会计报表（资产负债表、利润表），确保公司财务核算体系的建立健全	

教师点评			
小组成员			
小组得分		组长签字	
教师评分		教师签字	

任务3 会计信息使用者

任务布置

任务描述	宏利公司财务部门成立后，财务人员需完成的任务有：将会计信息使用者按企业内部、外部分类；根据企业会计原则及使用者需求，将会计信息分类归集
任务目标	请根据学习的知识，解决上述问题。要完成的任务有：掌握会计报表及明细构成的来源及用途
任务讨论	宏利公司在财务管理体系建立上，应注意：会计报表包含哪些必要内容？财务人员在将会计报表及其相关信息提供给部门外部人员时，应注意避免哪些风险？请提供方案
任务实施	学时建议：1学时
	任务分工：分组、布置任务、任务准备、查找资料
	实施方式：线上与线下相结合

知识参考

一、会计与企业

企业是市场经济的基本经济主体，企业会计是企业重要的基础工作，真实反映企业生产经营活动的结果，对企业发展起重要的作用。

1. 企业与企业组织形式

企业是指从事生产、流通、服务等经济活动，以生产或服务满足社会需要，实行自主经营、独立核算的营利性经济组织。企业按组织形式划分，可分为独资企业、合伙企业、公司制企业。

（1）独资企业。

独资企业即个人独资企业，是指企业全部资产为投资人个人所有，投资人以其个人财产对企业债务承担无限责任的经营实体，企业的经营也由投资人负责。独资企业是最简单的一种企业组织形式，通常企业规模较小，生产条件和生产过程比较简单，因此资金来源有限，难以筹集大量资金，不利于企业发展。

（2）合伙企业。

合伙企业是由两个或两个以上的合伙人按照协议共同出资经营、共担风险、共负盈亏，并对企业债务承担无限连带责任的营利性组织。合伙企业与独资企业类似，一般无法人资格，但出资人为两人或两人以上，每个合伙人对企业债务承担无限连带责任。一旦发生债务，如果一个合伙人没有能力偿还其应分担的债务，其他合伙人需承担连带责任，替其偿还债务。企业的经营活动由合伙人共同决定，合伙人有执行和监督的权力。但是，合伙企业存在一定的局限性，主要是权力不集中，决策较慢，筹资较困难。

（3）公司制企业。

公司制企业是指按照法律规定，由法定人数以上的投资者（或股东）出资建立、自主经营、自负盈亏、具有法人资格的经济组织。公司制企业中企业就是法人，所有权主体和经营权主体相分离，即企业所有者只负责对公司重大事项做出决策，而日常生产经营管理活动由经营者进行决策。

我国法律规定，公司有有限责任公司和股份有限公司两种形式。有限责任公司由一定数量的股东共同出资组成，股东以其认缴的出资额对公司承担责任。有限责任公司的股东可以是自然人、法人和政府，其股东数量在 1 人以上、50 人以下。股东按各自出资比例享受公司权利，承担公司义务与风险。股份有限公司由一定数量的股东出资设立，全部资本分为等额股份，并通过发行股票筹集资本，股东以其认购的股份对公司承担责任。同时，公司股份可自由转让，股票在社会可公开交易，但不能退股。因此，股份有限公司具有易筹资、风险分散、资本流动性强等特点，通常适用于规模较大的企业。

2. 企业会计的工作内容

企业会计贯穿于生产经营活动全过程，其日常工作主要有会计核算、财务预算、资金管理等方面。为确保日常会计工作的正常进行，企业应依据会计法律法规要求，建立完善的财务管理系统，包括财务组织管理、会计岗位职能职责、会计核算程序、会计制度、账户与科目设置等。

（1）会计核算。

会计核算是企业财务最基础的工作，主要包括审核原始凭证、编制会计凭证、登记账簿、成本核算、结账、编制财务报告、进行财务分析等工作。没有会计核算，就无法产生分类、汇总的数据，而仅体现在各类发票、单据上的原始数字是无法利用的。一旦财务报告缺乏编制的基础，那么其他的财务管理工作也难以开展，会计信息使用者更是无法判断数据的真实性、可靠性，进而进行决策。

（2）财务预算。

财务预算是企业全面预算的组成部分，是围绕企业经营目标，根据一定的标准和规则进行综合分析与平衡，对一定时期内企业资金的取得和投资、各项收入和支出、企业经营成果及其分配等资金运动所做出的计划安排，主要包括现金预算、利润预算、资产负债表预算和现金流量预算等。财务预算使企业经营目标具体化、系统化、定量化，有助于目标的顺利实现。

（3）资金管理。

资金管理是企业财务管理中的重要组成部分，加强资金管理，可有效提高资金的运营效率。筹资管理是根据企业生产经营管理需求，考虑企业实际情况，从筹资方式、筹资渠道和筹资结构角度，选择最佳筹资方案。资金配置管理是指合理调控筹集资金的配置和使用，有效确定经营用资金和投资用资金的分配比例。企业的经营目的是经济效益的最大化，而经济效益的高低，取决于企业的投资规模、最佳的投资流向和合理资金量。企业要优化内部资金结构，进行企业内部资金的合理配置，保证企业资金的利用率处于较高水平。同时，投资决策时要充分考虑市场等内、外因素影响，运用科学的方法进行决策分析，合理预测投资结果，尽量避免决策失误，造成损失。

3. 企业会计的重要性

（1）会计是企业管理工作的重要组成部分。

企业管理工作涉及整个企业业务和各个部门，中间任何一个环节出现问题，都可能导致企业的损失。而会计和企业各个部门都发生联系，所有部门都会发生业务，业务产生的内、外部门的交易直接对财务结果产生影响。因此，企业会计在经济业务所涉及的部门中处于中心位置，只有会计参与到企业管理中，才能提高企业的经济效益。

（2）会计可提供决策所需的信息。

会计的基本职能之一是会计核算，这项工作在企业日常管理中起着重要作用。财务部门可以通过会计核算，对企业经营状况、财务成果和现金流量等进行有效分析，出具财务报表及财务报告，这些不但促使企业经营者快速了解当前企业实际经营情况，有助于其判断企业风险、进行正确的经营决策，用最小的风险来实现利润最大化；也可为企业投资者和债权人等进行决策提供依据，有助于扩大企业规模、提高效益。

（3）会计在企业经营管理中起监督和控制作用。

会计监督也是会计的基本职能之一，它是指会计根据企业会计准则要求，在企业经营管理全过程中，对经营管理活动的合法性、合规性、有效性进行监督、控制、检查和指导。企业生产经营决策的正确与否，必须由企业生产经营的实际情况来检验，而会计工作结果是企业生产经营实际情况的结果体现，通过对会计工作结果的信息反馈，可为企业决策提供新的决策依据，提高企业经营管理质量。

（4）会计有助于考核企业管理层经济责任的履行情况。

企业接受了包括国家在内的所有投资者和债权人的投资，就有责任按照其预定的发展目标和要求，合理利用资源，加强经营管理，提高经济效益，接受考核和评价。会计信息有助于评价企业的业绩，有助于考核企业管理层经济责任的履行情况。

二、会计信息的相关使用者

会计信息主要用来处理企业经营过程中价值运动所产生的数据，按照会计法律法规、方法和程序，把这些数据加工成有助于决策的财务信息和其他经济信息。会计信息是反映企业财务状况、经营成果及资金变动的财务信息，是记录会计核算过程和结果的重要载体，是反映企业财务状况，评价经营业绩进行再生产或投资决策的重要依据。因此，加强会计信息管理显得尤为重要。在此基础上，2024 年 6 月修正后的《会计法》中明确强调，必须加强会计信息安全管理。会计通过信息的提供与使用来反映过去的经济活动、控制目前的经济活动、预测未来的经济活动，包括反映过去发生的财务信息，如资产负债表等；管理企业内部所需的各种专项信息，如各种财务分析报表与报告；预测未来的经营信息，如年度计划与预算等。

企业为了满足经营管理的需要，以及可持续发展的目标，需要不断寻求供应商和客户，与银行等金融机构洽谈融资业务，满足资金需求；投资者需要对不同企业进行比对选择；政府需要核查和监管企业纳税情况。这些都需要系统地以获取企业信息为基本前提。而会计工作的结果——会计报表与财务报告就是企业信息的核心来源之一。因此，企业必须定期或不定期发布各种会计信息，以满足不同会计信息使用者的需求，这些会计信息需求因企业的规模、是否由公众持股及管理政策等的不同而有所不同。

一般来说，会计信息需求来自企业外部和内部两方面，分别是会计信息外部使用者和会计信息内部使用者。

1. 会计信息外部使用者

会计信息外部使用者是与企业有利益关系的个人、其他企业、政府和相关机构等，但是他们不参与企业的日常经营管理，具体包括以下几类。

（1）投资者。

投资者一般通过对企业注资、购买公司股票或债券等形式进行投资。投资行为的出发点是取得投资收益，投资者最关心的是权益的风险。投资可以获取多大的收益，投资是否能够实现增值，这些决定了投资者的投资决策。因此，投资者在做出新增或转让投资决策前，需要利用企业的会计信息，分析和预测对该企业投资的预期收益与风险程度。在市场经济条件下，投资者是企业会计信息的首要使用者。

（2）债权人。

企业除了可以从投资者处获取资源，举债融资也是企业取得资金的主要来源之一。作为债权人的银行或其他金融机构，对企业的信誉、偿债能力及企业战略规划是非常关心的。企业的会计信息，如财务报告是这些信息的重要来源，债权人通过这些会计信息分析企业的偿债能力，衡量贷款风险，做出贷款决策。

（3）政府机构。

政府机构通过制定宏观调控和管理措施，开展税收征管，调节国民经济，促进资源合理配置，保证整个国民经济发展规划的顺利实施。政府及各职能部门需要企业定期提供会计信息，例如社会保障机关需要有关企业缴纳各项社会保障基金的信息；税务机关需要企业利润和向国家纳税的信息；国有企业需要向国资委报送财务报表，说明国有资产保值增值的情况。

（4）企业职工。

企业不仅为职工提供了获得劳动报酬的场所，也为职工提供了自我发展的机会。职工作为就业者，希望供职于一家具有长远发展前景的企业，而企业财务报表中的营收、利润、工资及福利金可以回答这个问题。职工代表大会、工会等代表职工利益的组织也会代表职工得到这些信息。

（5）客户。

客户处于企业产业链的下游，是企业产品的购买方和使用者。客户对信息的需求包括有关企业及其产品的信息，如产品售价、产品性能、企业信誉、销售额、产品折扣等，这些信息主要源于会计信息。

（6）供应商。

供应商处于企业产业链的上游，是企业生产产品所需的原材料供应者。供应商对信息的需求，包括企业经营的稳定性、信用情况、付款能力等方面的信息。

2. 会计信息内部使用者

企业内部的管理部门对企业日常经营活动进行控制和管理，信息的及时性和充分性对提高管理效率、效果起着重要作用。企业管理层在进行重大投资、筹资、经营决策，以及制定战略规划策略、年度经营计划与预算目标时，取得翔实的会计信息是进行预测、分析的基础，能有效确保决策的准确性。

会计信息内部使用者包括董事会、经管层（总经理、财务总监等）、经营部门负责人、分公司经理、其他相关部门或单位负责人等。

会计信息的使用或需求对象不同，其对会计信息的范围、形式、侧重点也不尽相同。与外部的信息需求相比，内部使用者所需的会计信息更侧重于企业内部财务报表或各种经营分析报告，表现形式也更多样化，这些内部需求对会计信息系统有更高的要求，因此设计可以满足企业内部需求的会计信息系统，比设计外部财务报表及财务报告面临更大的挑战。

三、信息需求与决策

会计信息外部使用者和内部使用者对会计信息都有需求，但二者需求的重点不一样，企业内部管理人员更多需要的是管理会计信息，关注内部具体信息，着眼未来、寻找企业未来改善空间；企业信息外部使用者更多需要的是财务会计信息，关注经营成果、重视历史的评估，关注与会计准则相关的企业整体性、概括性报告，如资产负债表、利润表。

1. 企业信息外部使用者的需求信息与决策

企业提供给会计信息外部使用者的信息主要包括财务会计报告和各专项报表等，其中财务会计报告由审计报告和会计报表构成。根据相关法律规定，企业的财务会计报告必须经注册会计师审计。会计报表是财务会计报告的主体，主要包括资产负债表、利润表、现金流量表及会计报表附注。

投资人和债权人关注的会计信息的主要来源之一是会计报表，它反映了企业经营情况和财务状况。通过结合会计报表和其他信息，如行业信息、国家产业政策、宏观经济形势等，企业信息外部使用者可以对企业的未来发展趋势进行预测，并进行经济决策。政府机构所需企业会计信息主要通过企业定期报送方式取得，如统计报表、纳税申报表等。客户、供应商等企业信息外部使用者除了对企业提出会计报表的需求，也会向企业提出与其决策相关的信息需求，如产品价格、折扣、支付能力等，以满足其决策的需要。

2. 企业信息内部使用者的需求信息与决策

企业内部管理当局所需会计信息，通常是由管理会计提供的管理会计信息。企业管理层不仅关注财务报告所提供的经营成果和财务状况，还需要更为详尽的、范围更广的财务、经营数据和资料，以支持其进行准确的经营决策，如新产品定价、战略规划、营销策略、经营计划、项目投资、融资等。运营部门根据企业会计报表、历史经营数据，以及国内外经济形势、各种政策等信息预测、分析未来经营情况，以确定合理的经营规划目标。

📖 任务作答清单

（1）会计信息使用者包括哪些？	
（2）财务人员提供会计信息给使用者应注意哪些事项？	

续表

（3）根据公司会计信息的需求情况，对公司内部与外部使用者的会计信息进行分类，确保公司会计信息的安全	
教师点评	
小组成员	
小组得分	组长签字
教师评分	教师签字

 知识链接 1-1

会计的产生与发展

知识链接 1-2

会计等式的作用和意义

项目 2　会计核算基本方法

📖 学习目标

> **知识目标**
>
> 了解会计核算基础内容；熟悉会计核算的基本前提、记账方法原理；掌握各项会计科目内容和会计账户的记账规则。
>
> **素质目标**
>
> 引导学生培养以会计记账规则为依据、恪守岗位职责的精神；树立做事要遵守客观性、提高精准度的意识。
>
> **技能目标**
>
> 能够熟知会计核算的基本前提，通过会计记账方法分析财务事项；判断会计账户的记账是否符合要求，辨析会计科目与会计账户的区别。

知识点导图

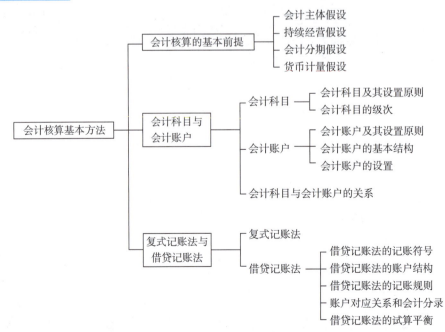

任务 1　会计核算的基本前提

任务布置

任务描述	宏利公司由王某、李某合伙创建，2023 年 1 月发生如下业务，并由会计做了相应处理： ①1 月 10 日，李某从公司的会计手中拿走现金 400 元，缺少审批流程，而会计将这 400 元记为公司的办公费支出； ②1 月 12 日，公司收到某外资公司支付的业务咨询费 2 000 美元，会计没有折算成人民币反映，直接计入美元账户； ③1 月 15 日，会计将 1 月 1—15 日的收入、费用汇总后，计算出半个月的利润，并编制了财务报表。 宏利公司的会计在处理这些业务时是否正确？若有错误，请分析其违背了哪些会计核算的基本前提
任务目标	请根据学习的知识，解决上述问题。要完成的任务有：理解会计核算基本前提的含义和作用，掌握会计核算基本前提的内容，明确会计核算基本前提的特征
任务讨论	宏利公司应制定哪些会计核算制度，提高财务工作准确率？请提供方案
任务实施	学时建议：课上 0.5 学时、课下 0.5 学时
	任务分工：分组、布置任务、任务准备、查找资料
	实施方式：线上与线下相结合

知识参考

会计核算的基本前提，又称会计假设，是对会计核算所处的时间、空间范围所做的合理设定。因为这些设定都是以合理推断或人为的规定而做出的，所以也称为会计假设。

会计假设不是毫无根据的虚构设想，而是在长期的会计实践中，人们逐步认识和总结形成的，是对客观情况合乎事理的推断。会计假设规定了会计核算工作赖以存在的一些基本前提条件，是企业设计和选择会计方法的重要依据。只有规定了这些会计假设，会计核算才能正常地进行下去。因此，会计假设既是会计核算的基本依据，也是制定会计准则和会计核算制度的重要指导思想。

会计假设通常包括以下四个假设。

一、会计主体假设

会计主体是指会计工作为之服务的特定单位或组织，它确定了会计核算的空间范围，即在会计核算中，会计确认、计量和记录所加工整理的会计数据均被界定在一个独立核算的经济实体之内。基于这一假设，会计所反映的只能是它所在的特定单位的经济活动，而不包括企业所有者的经济活动和其他单位的经济活动。一般来讲，凡是独立核算的单位，在会计上都设定为一个会计主体，它包括独立核算的企业及企业内部的独立核算单位。会计只记录本主体的账，只核算和监督本主体所发生的经济业务。只有明确会计主体这一基本前提，才能使会计的核算范围得以清楚，才能使企业的财务状况、经营成果独立地反映出来；企业的所有者及债权人，以及企业的管理人员和企业财务报表的其他使用者，才有可能从会计记录和财务报表中获得有价值的会计信息，从而做出是否对企业进行投资或改进企业经营管理的决策。

会计主体作为一个经济实体，与企业法人主体是不完全相同的。法人是指在政府部门注册登记，有独立的财产、能够承担民事责任的法律实体，它强调企业与各方面的经济法律关系；而会计主体是按照正确处理所有者与企业的关系，以及正确处理企业内部关系的要求而设立的。尽管所有经营法人都是会计主体，但有些会计主体不一定是法人。例如，一些企业集团下属很多子公司，这些子公司也都是法人，但出于经营管理的需要，为全面考核和反映集团的经营活动和财务成果，就必须将所有的子公司连同母公司作为一个会计主体，编制合并财务报表，以便全面分析和评价整个集团公司的经营情况。

二、持续经营假设

持续经营假设是指在可以预见的未来，企业按照既定的经营方针和目标继续经营下去，不会停业，也不会大规模削减业务。会计核算应当以企业持续、正常的生产经营活动为前提。每一个企业从开始营业起，从主观愿望上看，都希望能永远正常经营下去，但是在市场经济条件下，竞争非常激烈，每个企业都有被淘汰的危险，这是不以人们的意志为转移的。在此种情况下，会计应如何进行核算和监督呢？应立足于持续经营还是立足于即将停业清理呢？二者的会计处理方法完全不同。持续经营与停业清理资产评价差异如图 2-1 所示。

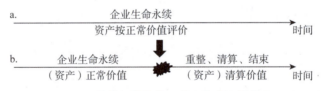

图 2-1　持续经营与停业清理资产评价差异

在一般情况下，企业持续经营的可能性比停业清理大得多，尤其是现代化生产和经营客观上要求持续，所以会计应立足于持续经营假设。会计只有在持续经营这一前提条件下，才可能建立起会计确认和计量的原则，从而使会计方法和程序建立在非清算的基础之上，解决财产计价和收益确认的问题，保持会计信息处理的一致性和稳定性。

三、会计分期假设

持续经营假设意味着企业生产经营活动在时间的长河中无休止地运行。那么，在会计实践活动中，会计人员提供的会计信息应从何时开始？又在何时终止？显然，等到企业的经营活动全部结束时再进行盈亏核算和编制财务报表是不可能的。因此，会计核算应当划分会计期间，即人为地将持续不断的企业生产经营活动划分为一个个首尾相接、等间距的会计期间，通常为一年，可以是日历年，也可以是营业年。我国规定以日历年作为企业的会计年度，即从公历 1 月 1 日至 12 月 31 日为一个会计年度。此外，企业还需按半年、季度、月份编制财务报表，即把半年、季度、月份也作为一种会计期间。

正是由于会计分期，才产生了当期与其他期间的差别，从而出现权责发生制和收付实现制的区别，才使不同类型的会计主体有了记账的基准，进而出现了应收、应付、递延、预提和待摊等会计处理方法。

四、货币计量假设

货币计量假设是指企业在会计核算过程中采用货币为计量单位，记录、反映企业的经营情况。企业在日常的生产经营活动中，有大量错综复杂的经济业务。在企业的整个生产经营活动中所涉及的业务又表现为一定的实物形态，如厂房、机器设备、库存现金、各种存货等。由于它们的实物形态不同，因此可采用的计量方式也多种多样。为了全面反映企业的生产经营活动，会计核算客观上需要一种统一的计量单位作为会计核算的计量尺度。因此，会计核算必然选择货币作为会计核算上的计量单位，以货币形式来反映企业的生产经营活动的全过程。这就产生了货币计量这一会计核算前提。因此，《企业会计准则》规定，会计核算应以人民币为记账本位币。

在货币计量前提下，企业的会计核算以人民币为记账本位币。业务收支以人民币以外的货币为主的企业，可以选定其中一种货币作为记账本位币，但是编制的财务报告应当折算为人民币。在境外设立的中国企业向国内报送的财务报告，也应当折算为人民币。

货币本身也有价值，它是通过货币的购买力或物价水平表现出来的。在市场经济条件下，物价水平总在不断变动，说明币值很不稳定，那么就不可能准确地计量。因此，必须同时确立币值稳定的前提条件，假设币值在今后基本上是稳定的，不会有大的波动，这样才能用以计量。

📖 任务作答清单

(1) 会计核算的基本前提包括哪些内容？	
(2) 独资企业和合伙企业具备法人资格吗？它们是否属于经济实体？它们是否属于会计主体？	
(3) 举例说明持续经营假设和会计分期假设的作用	
(4) 在任务描述中，宏利公司在成立之初，应制定哪些会计核算制度，以提高财务工作的准确率？	

教师点评		
小组成员		
小组得分		组长签字
教师评分		教师签字

任务 2　会计科目与会计账户

任务布置

任务描述	宏利公司 2023 年 3 月 1 日有关资金内容及金额如下： (1) 存放在企业的库存现金 1 万元； (2) 应交未交的企业所得税 9 万元； (3) 拖欠供货方货款 37 万元； (4) 库存的各种材料 4 万元； (5) 库存的完工产品 17 万元； (6) 企业留存的盈余公积 8 万元； (7) 房屋建筑物 90 万元； (8) 购买材料签发的商业汇票 15 万元； (9) 从银行借入的半年期借款 10 万元； (10) 车间使用的机器设备 80 万元。 分析宏利公司应设置哪些账户？这些账户分别属于哪些会计要素？并计算各要素金额的合计数
任务目标	请根据学习的知识，解决上述问题。要完成的任务有：理解会计科目和会计账户的含义、内容，熟悉会计核算的基本前提、记账方法原理，掌握各项会计科目内容和会计账户的记账规则
任务讨论	宏利公司应如何运用会计科目和会计账户记账规则解决会计工作问题？请提供方案
任务实施	学时建议：课上 0.5 学时、课下 0.5 学时
	任务分工：分组、布置任务、任务准备、查找资料
	实施方式：线上与线下相结合

知识参考

一、会计科目

如前所述，会计上为了记录经济业务，提供会计信息，需要将会计对象按照一定的标准划分为若干个项目，我们称这些项目为会计要素。这是对会计对象的第一次分类，也是最基本的分类。例如，欲了解一个企业拥有或控制的经济资源，承担的债务，投资人的权益，以及一定时期内企业取得的收入、发生的耗费、实现的利润等信息，可以通过前述各项会计要素所提供的资料来满足有关信息使用者的需要。然而，会计信息使用者在决策过程中，除了需要上述概括性资料，往往还需要详细的资料。例如，在掌握了企业有多少资产、负债和所有者权益后，还需要知道资产都有哪些、债务构成如何、所有者权益又是怎样组成的，等等。这样，按照会计要素分类核算提供的资料，就满足不了会计信息使用者的需要。于是，就需要在会计要素的基础上进行再分类，以便分门别类地核算，提供信息使用者所需的会计信息。

为了连续、系统、全面地核算和监督经济活动所引起的各项会计要素的增减变化，就有必要对会计要素的具体内容按照其不同的特点和经济管理要求进行科学的分类，并事先确定分类核算的项目名称，规定其核算内容。这种对会计要素的具体内容进行分类核算的项目称为会计科目。

(一)会计科目及其设置原则

1. 会计科目的含义

会计科目是对会计要素对象的具体内容进行分类核算的类目。会计对象的具体内容各有不同，管理要求也有不同。为了全面、系统、分类地核算与监督各项经济业务的发生情况，以及由此而引起的各项资产、负债、所有者权益和各项损益的增减变动，就有必要按照各项会计对象分别设置会计科目。设置会计科目是为了对会计对象的具体内容加以科学归类，是进行分类核算与监督的一种方法。

2. 会计科目的设置原则

会计科目作为对会计要素内容的分类项目，其设置直接影响会计核算和会计信息的科学性和系统性。因此，企业在设置会计科目时，应该遵循以下几个原则。

(1)统一性原则。

为了保证会计核算指标口径一致，使各企业的会计信息具有可比性，无论企业的规模和所属行业如何，凡是涉及相同经济业务的账务处理，都要求在所设置的会计科目的名称和反映内容上做到统一，即所设置的会计科目应当符合国家统一的会计制度的规定。为了便于企业设置会计科目，财政部在 2006 年发布的《企业会计准则——应用指南》中公布了涵盖各类企业经济业务的会计科目表，要求各企业依据该会计科目表来设置符合本单位实际情况的会计科目。

(2)相关性原则。

会计科目的设置应为向有关各方提供所需要的会计信息，满足对外报告与对内管理的要求。

(3)实用性原则。

企业在不违反会计准则关于确认、计量和报告规定的前提下，可以根据本单位的实际情况自行增设、分拆、合并会计科目。例如，大、中型企业因涉及的经济业务面广，会比小型企业设置更多的会计科目；制造业企业为了计算产品的生产成本，需要设置与产品的生产成本计算相关的会计科目，而商业企业一般不需要设置这些会计科目。

(4)清晰性原则。

会计科目作为对会计要素分类核算的项目，要求简单明确、通俗易懂。每一个会计科目所涵盖的范围和内容必须严格、明确地界定，其名称要名副其实，并具有高度概括性。

(二)会计科目的级次

会计科目按其提供指标的详细程度，或者提供信息的详细程度，可以分为以下两类。

1. 总分类科目

总分类科目也称一级科目或总账科目，它是对会计要素的具体内容进行总括分类的账户名称，是进行总分类核算的依据，所提供的是总括指标。总分类科目原则上由财政部统一制定，以会计核算制度的形式颁布实施。现将企业常用会计总分类科目进行列示，具体如表2-1所示。

表2-1　企业常用会计总分类科目

编号	科目名称	编号	科目名称	编号	科目名称
	一、资产类	1604	在建工程		三、所有者权益类
1001	库存现金	1605	工程物资	4001	实收资本
1002	银行存款	1606	固定资产清理	4002	资本公积
1012	其他货币资金	1701	无形资产	4101	盈余公积
1101	交易性金融资产	1702	累计摊销	4103	本年利润
1121	应收票据	1703	无形资产减值准备	4104	利润分配
1122	应收账款	1711	商誉	4201	库存股
1123	预付账款	1801	长期待摊费用		
1131	应收股利	1811	递延所得税资产		四、成本类
1132	应收利息	1901	待处理财产损溢	5001	生产成本
1221	其他应收款	1473	合同资产	5101	制造费用
1231	坏账准备	1475	合同履约成本	5201	劳务成本
1401	材料采购			5301	研发支出
1402	在途物资		二、负债类		
1403	原材料	2001	短期借款		五、损益类
1404	材料成本差异	2101	交易性金融负债	6001	主营业务收入
1405	库存商品	2201	应付票据	6051	其他业务收入
1406	发出商品	2202	应付账款	6101	公允价值变动损益
1407	商品进销差价	2203	预收账款	6111	投资收益
1408	委托加工物资	2211	应付职工薪酬	6115	资产处置损益
1411	周转材料	2221	应交税费	6301	营业外收入
1471	存货跌价准备	2231	应付股利	6401	主营业务成本
1410	商品进销差价	2232	应付利息	6402	其他业务成本
1501	债权投资	2241	其他应付款	6403	税金及附加
1511	长期股权投资	2401	递延收益	6601	销售费用
1512	长期股权投资减值准备	2411	预计负债	6602	管理费用
1521	投资性房地产	2501	长期借款	6603	财务费用

续表

编号	科目名称	编号	科目名称	编号	科目名称
1531	长期应收款	2502	应付债券	6604	信用减值损失费用
1532	未实现融资收益	2701	长期应付款	6701	资产减值损失
1601	固定资产	2702	未确认融资费用	6711	营业外支出
1602	累计折旧	2801	预计负债	6801	所得税费用
1603	固定资产减值准备	2901	递延所得税负债	6901	以前年度损益调整

2. 明细分类科目

明细分类科目是对总分类科目所含内容再做详细分类的会计科目，它所提供的是更加详细具体的指标。例如，在"应付账款"总分类科目下再按具体单位分设明细科目，具体反映应付哪个单位的货款。

为了适应管理上的需要，当总分类科目下设置的明细分类科目太多时，可在总分类科目与明细分类科目之间增设二级科目（也称子目）。二级科目所提供指标的详细程度介于总分类科目和明细分类科目之间。例如，在"原材料"总分类科目下，可按材料的类别设置二级科目"原料及主要材料""辅助材料""燃料"等。

由此可见，在设置二级科目的情况下，会计科目分为三个级次，即总分类科目（一级科目）、二级科目（子目）、明细分类科目（三级科目、细目），总分类科目统辖下属若干个二级科目或明细分类科目。现以总分类科目"原材料"为例，将会计科目按所提供指标详细程度分类列示，如表 2-2 所示。

表 2-2 会计科目的级次关系

总分类科目 （一级科目）	明细分类科目	
	子目（二级科目）	细目（三级科目）
原材料	原料及主要材料	圆钢
		扁钢
		槽钢
	辅助材料	油漆
		润滑油
	燃料	汽油
		烟煤

在实际工作中，为满足会计信息使用者的不同需求，各会计主体应分别按总分类科目开设总分类账户，按二级或明细分类科目开设二级或明细分类账户。总分类账户提供的是总分类核算指标，因而一般只用货币计量；二级或明细分类账户提供的是明细分类核算指标，因而除用货币量度外，有的还用实物量度（如吨、千克、件、台等）。对经济业务通过总分类账户进行的核算，称为总分类核算；通过有关二级或明细分类账户进行的核算，称为明细分类核算。

二、会计账户

（一）会计账户及其设置原则

会计账户是根据会计科目设置的，具有一定的格式和结构，用来全面、系统、连续地记录经济业务，反映会计要素增减变动及其结果的工具。账户是会计信息的"储存器"，设置账户是会计核算的一种专门方法。

利用账户，企业可以分类连续地记录经济业务增减变动情况，再通过整理和汇总等方法，反映会计要素的增减变动及其结果，从而提供各种有用的数据和信息。例如，为了核算和监督各项资产的增减变动，需要设置"库存现金""银行存款""原材料""固定资产"等账户；为了核算和监督负债及所有者权益的增减变动，需要设置"短期借款""应付账款""长期借款""实收资本""资本公积""盈余公积"等账户；为了核算和监督收入、费用和利润的增减变动，需要设置"主营业务收入""生产成本""管理费用""本年利润""利润分配"等账户。

各会计主体设置账户应遵循以下原则。

1. 必须结合会计要素的特点，全面反映会计要素的内容

账户作为对会计对象具体内容，即会计要素进行分类核算的工具，其设置应能保证全面、系统地反映会计要素的全部内容，不能有任何遗漏。同时，账户的设置必须反映会计要素的特点。各会计主体除了需要设置各行各业的共性账户，还应根据本单位经营活动的特点，设置相应的账户。例如，制造业企业的主要经营活动是制造产品，因而需要设置反映生产耗费的账户，而"生产成本""制造费用"等账户，就是为适应这一特点而设置的。

2. 既要符合对外报告的要求，又要满足企业内部经营管理的需要

前面指出，企业会计核算资料应能满足各方的需要：满足政府部门加强宏观调控、制定方针政策的需要；满足投资者、债权人及有关方面对企业经营业绩和财务状况做出准确判断的需要；满足企业内部加强经营管理的需要。因此，在设置账户时，要兼顾对外报告和企业内部经营管理的需要，并根据需要数据的详细程度，分设总分类账户和明细分类账户。总分类账户（简称总账）是对会计对象具体内容进行总括分类核算的账户，如"固定资产""实收资本"等账户。它提供的是总括性指标，这些指标基本上能满足企业外部有关方面的需要。明细分类账户（简称明细账）是对总分类账户的进一步分类，如在"库存商品"总分类账户下按照商品的类别或品名分设的明细分类账户，它提供的明细核算资料，主要为企业内部管理服务。

3. 既要适应经济业务发展的需要，又要保持相对稳定

账户的设置要适应社会经济环境的变化和本单位业务发展的需要。例如，随着商业信用的发展，为了核算和监督商品交易中的提前付款或延期交货而形成的债权债务关系，核算中应单独设置"预付账款"和"预收账款"账户，即把预收、预付货款的核算从"应收账款"和"应付账款"账户中分离出来。又如，随着技术市场的形成和专利法、商标法的实施，对企业拥有的专有技术、专利权、商标权等无形资产的价值及其变动情况，有必要专设"无形资产"账户予以反映。但是，账户的设置应保持相对稳定，以便在一定范围内综合汇总，以及在不同时期对比分析其所提供的核算指标。

4. 统一性与灵活性相结合

所谓统一性，是指在设置账户时，要按照国家有关会计制度中对账户的名称，即会计科目的设置及其核算内容所做的统一规定，以保证会计核算指标在一个部门乃至全国范围内综合汇总，分析利用。所谓灵活性，是指在保证提供统一核算指标的前提下，各会计主体可以根据本单位的具体情况和经营管理要求，对统一规定的会计科目进行必要的增补、分拆或合并。例如，财政部 2006 年颁布的《企业会计准则——应用指南》附录中列示的会计科目中未设置"待摊费用"和"预提费用"，但企业如果沿用实务中的惯例，仍可以保留这两个账户。

5. 简明适用，称谓规范

每一个账户都应有特定的核算内容，各账户之间既要有联系，又要有明确的界限，不能含糊不清。因此，在设置账户时，对每一个账户的特定核算内容必须严格、明确地界定。总分类账户的名称应与国家有关会计制度的规定一致，明细分类账户的名称也要含义明确、通俗易懂。账户的数量和详略程度应根据企业规模的大小、业务的繁简和管理的需要而定。

（二）会计账户的基本结构

如前所述，账户是用来记录经济业务，反映会计要素的具体内容增减变化及其结果的。因此，随着会计主体会计事项的不断发生，会计要素的具体内容也必然发生变化，而且这种变化无论多么错综复杂，从数量上看，不外乎增加和减少两种情况。因此，用来积累企业在某一会计期间各种有关数据的账户从结构上就可以分为两方，即左方和右方。一方登记增加数，另一方则登记减少数。至于哪一方登记增加数，哪一方登记减少数，则由所采用的记账方法和所记录的经济内容决定。这就是账户的基本结构，这一基本结构不会因企业在实际中所使用的账户的具体格式不同而发生变化。当然，对于一个完整的账户而言，除了必须有反映增加数和减少数的两栏，还应包括其他栏目，以反映其他相关内容，如表 2-3 所示。

表 2-3　账户名称（会计科目）

年		凭证编号	摘要	借方	贷方	借或贷	余额
月	日						

一个完整的账户结构应包括：

（1）账户名称，即会计科目；

（2）会计事项发生的日期；

（3）摘要，即经济业务的简要说明；

（4）凭证编号，即表明账户记录的依据；

（5）金额，即增加额、减少额和余额。

为了说明问题和方便学习，在会计教学中通常用一条水平线和一条将水平线平分的垂直线来表示账户，称为 T 型账户（也称丁字形账户）。其格式如下：

左方	账户名称（会计科目）	右方

每个账户一般有四个金额要素，即期初余额、本期增加发生额、本期减少发生额和期末余额。账户如有期初余额，则应当在记录增加额的那一方登记，会计事项发生后，要将增减内容记录在相应的栏内。一定期间记录到账户增加方的数额合计，称为增加发生额；记录到账户减少方的数额合计，称为减少发生额。正常情况下，账户四个金额要素之间的关系如下：

$$期末余额 = 期初余额 + 本期增加发生额 - 本期减少发生额$$

账户本期的期末余额转入下期，即为下期的期初余额。每个账户的本期发生额反映的是该类经济内容在本期内变动的情况，而期末余额反映变动的结果。例如，某企业在某一期间"库存现金"账户的记录如下：

左方	库存现金		右方
期初余额	1 500		
本期增加发生额	500	本期减少发生额	1 000
期末余额	1 000		

根据上述账户的记录，可知企业期初的库存现金为 1 500 元，本期增加了 500 元，本期减少了 1 000 元，到期末企业账户上还有 1 000 元现金。

（三）会计账户的设置

前已述及，会计对象的具体内容，按照一定的标准进行基本分类，可划分为资产、负债、所有者权益、收入、费用和利润六个会计要素。账户是对会计要素的再分类，于是作为连续、系统地记录会计对象的账户，就相应地设置六大类，然后根据每一类的具体内容、特点和管理要求，分别设置若干个账户，每个账户都记录某一特定的经济内容，具有一定的结构和格式。

1. 资产类账户

资产类账户是用来反映和监督各种资产（包括各种财产、债权和其他权利）增减变动和结果的账户。"库存现金""银行存款""应收账款""在途物资""原材料""库存商品""固定资产""无形资产""长期股权投资"等账户为典型的资产类账户。

2. 负债类账户

负债类账户是用来反映和监督各种负债增减变动和结果的账户。"短期借款""应付账款""应付职工薪酬""应交税费""应付股利""长期借款""应付债券"等账户为典型的负债类账户。

3. 所有者权益类账户

所有者权益类账户是用来反映和监督所有者权益增减变动和结果的账户。"实收资本"

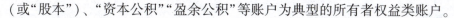

（或"股本"）、"资本公积""盈余公积"等账户为典型的所有者权益类账户。

4. 收入类账户

收入类账户是用来反映和监督企业生产经营过程中取得的各种营业收入的账户。"主营业务收入""其他业务收入""投资收益"等账户为典型的收入类账户。因为收入有广义与狭义之分，所以广义上的收入类账户还包括"营业外收入"账户。广义的收入是利润表（也称损益表）的构成项目，因此广义的收入类账户属于损益类账户。

5. 费用类账户

费用类账户是用来反映和监督企业生产经营过程中所发生的各种耗费的账户。"主营业务成本""税金及附加""管理费用""财务费用""销售费用""资产减值损失"等账户为典型的费用类账户。因为费用也有广义与狭义之分，所以广义的费用类账户还包括"生产成本""制造费用""营业外支出""所得税费用"等账户。广义费用中的生产成本和制造费用属于成本类费用，这类费用是通过形成主营业务成本的形式来计入利润表的。除此之外，其他广义费用均为利润表的构成项目，因此"生产成本""制造费用"账户又称成本类账户，其他广义费用类账户则属于损益类账户。

6. 利润类账户

利润类账户是用来反映和监督企业利润的实现和分配情况的账户。"本年利润""利润分配"等账户为典型的利润类账户。因为利润属于所有者的权益，所以"本年利润""利润分配"账户也属于所有者权益类账户。

由此可见，企业按会计要素设置的上述六类账户也可整合为资产类、负债类、所有者权益类、成本类和损益类五类账户。当然，账户无论如何分类，其基本结构也都是分为左右两方，一方登记增加数，另一方登记减少数。至于哪一方登记增加数，哪一方登记减少数，除了取决于所反映的经济内容，还受具体的记账方法的制约。

三、会计科目与会计账户的关系

会计科目是账户的名称，也是各单位设置账户的一个重要依据。会计科目与账户的共同点是都分门别类地反映某项经济内容，即二者所反映的经济内容是相同的。账户是根据会计科目开设的，账户的名称就是会计科目。从理论上来讲，会计科目和账户在会计学中是两个不同的概念，它们之间既有联系又有区别。

会计科目与账户的主要区别是：会计科目通常由国家统一规定，是各单位设置账户、处理账务所必须遵循的依据，而账户由各会计主体自行设置，是会计核算的一个重要工具；会计科目只表明某项经济内容，而账户不仅表明与会计科目相同的经济内容，还具有一定的结构格式，并通过账户的结构反映某项经济内容的增减变动情况，即会计科目只是会计要素具体内容进行分类的项目名称，而账户还具有一定的结构、格式。由于账户是根据会计科目设置的，并按照会计科目命名，也就是说会计科目是账户的名称，二者的称谓及核算内容完全一致，因此在实际工作中，会计科目与账户常被作为同义语来理解，互相通用，不加区别。

📖 **任务作答清单**

(1)举例说明会计科目的级次及设置方法	
(2)阐述会计账户的含义及设置原则	
(3)举例说明会计账户的结构内容及期末余额的计算方法	
(4)阐述会计科目与会计账户的区别和联系	
(5)在任务描述中,宏利公司应如何运用会计科目和会计账户记账规则解决会计工作问题?	

教师点评			
小组成员			
小组得分		组长签字	
教师评分		教师签字	

任务3 复式记账法与借贷记账法

🌷 **任务布置**

任务描述	宏利公司 2023 年 3 月 1 日有关资金内容及金额如下: ①存放在企业的库存现金 1 万元; ②应交未交的企业所得税 9 万元; ③拖欠供货方货款 37 万元; ④库存的各种材料 4 万元; ⑤库存的完工产品 17 万元; ⑥企业留存的盈余公积 8 万元; ⑦房屋建筑物 90 万元; ⑧购买材料签发的商业汇票 15 万元; ⑨从银行借入的半年期借款 10 万元; ⑩购货方拖欠的货款 10 万元; ⑪存放在银行的款项 30 万元; ⑫预收购货单位的订金 10 万元。 宏利公司应如何运用借贷记账法编制会计分录?

续表

任务目标	请根据学习的知识，解决上述问题。要完成的任务有：理解复式记账法和借贷记账法的含义、要求，熟悉借贷记账法的基本原理，掌握借贷记账法的记账规则
任务讨论	宏利公司应如何运用借贷记账规则解决会计工作问题？请提供方案
任务实施	学时建议：课上 1 学时、课下 1 学时
	任务分工：分组、布置任务、任务准备、查找资料
	实施方式：线上与线下相结合

📖 **知识参考**

一、复式记账法

复式记账法是针对每一项经济业务发生时所引起的会计要素数量的增减变化，以相等的金额同时在两个或两个以上相联系的账户中进行全面登记的一种记账方法，其实质是通过两个或两个以上相互对应的账户反映一项经济业务。例如，企业用现金购买办公用品 500 元，在使用复式记账法时，一方面要在"库存现金"账户中登记减少数 500 元，另一方面要在"管理费用"账户中登记增加 500 元。复式记账可以全面、系统地反映企业的经济业务，可以更好地反映经济业务的来龙去脉，将账户之间的内在联系有机地联结起来。

复式记账法是由单式记账法演变而来的。所谓单式记账法，是指只对每一项经济业务，一般只在一个账户中进行记录的记账方法。该记账方法除对涉及应收、应付现金的收付业务要在两个或两个以上的账户中登记以外，对于其他经济业务，都只在一个账户中进行登记或不予以登记。对以现金方式或赊购方式购买财物或支付费用的经济业务，只核算现金的减少或债务的增加，而对财物的取得或费用的发生，一般不设置账户进行核算。至于财物结存数额，只能从定期的实地盘存中得到。经营的损益由前、后两期的财产结存数的比较求得，即期末资产结存大于期初资产结存的数额为利润；反之，则为亏损。随着社会生产力的发展及日趋复杂的经济活动，单式记账法本身存在的会计科目设置不完整、账户记录之间缺乏相互联系的缺陷日渐显露，既不能全面、系统地反映经济业务的来龙去脉，也不便于检查账户记录是否正确，因此单式记账法逐渐被复式记账法取代。

复式记账法是建立在会计等式的基础上的，并以此作为理论依据。前已述及，基本的会计等式为"资产＝负债+所有者权益"。会计等式反映了企业资金运动的内在规律，任何经济业务的发生都会对会计要素产生影响，又都不会破坏会计等式的平衡。按照复式记账法，对任何经济业务的发生都在两个或两个以上账户中以相等的金额加以记录，最终都不会破坏会计等式的平衡，是对资金运动规律的体现。

复式记账法的基本原理可以归纳为以下几个方面。

（1）对于每一项经济业务，都必须在两个或两个以上相互联系的账户中进行记录。需要强调的是，复式记账法所记录的对象是企业发生的任何一项经济业务，不能有所遗漏。每项经济业务所涉及的至少是两个账户，而这些账户之间存在着一种对应关系。

（2）对于每一项经济业务，必须以相等的金额进行记录。不仅在相互联系的账户中记录，还要以相等的金额进行记录。例如，企业用银行存款支付水电费1 000元，在复式记账法下，一方面要在"银行存款"账户中登记减少数1 000元，另一方面要在有关费用账户中登记增加数1 000元。这样，我们可以很容易地检查账户记录是否正确。检查的方法是进行试算平衡。关于试算平衡，将在后续内容中详述。

复式记账法由于具备上述特点，因而被世界各国公认为一种科学的记账方法，并被广泛采用。采用复式记账法能够把所有经济业务相互联系、全面地记入有关账户，使各账户完整、系统地反映各项经济活动和财务收支的发生过程和结果，进而通过账户间的相互联系了解经济业务的内容及其来龙去脉，检查经济业务是否合理合法，而且复式记账法都以相等的金额进行记录，便于根据这种相等关系检查账户记录是否正确。

复式记账法包括借贷记账法、增减记账法、收付记账法等。现在国际上均采用借贷记账法，我国于1993年实施的《企业会计准则》也规定了境内所有企业在进行会计核算时，都必须统一采用借贷记账法。

二、借贷记账法

借贷记账法是以"借"和"贷"作为记账符号，反映会计要素增减变化过程和结果的一种复式记账法。借贷记账法属于复式记账法，目前我国的企业和行政、事业单位采用的记账方法都是借贷记账法。

（一）借贷记账法的记账符号

"借"和"贷"最初是从借贷资本家的角度来解释的。借贷资本家以经营货币资金为主要业务，对于收进来的存款，记在贷主的名下，表示自身的债务，即"欠人"的增加；对于付出去的放款，记在借主的名下，表示自身的债权，即"人欠"的增加。"借"和"贷"也就是表示债权（应收款）和债务（应付款）的增减变动。随着社会经济的发展，经济活动的内容日益复杂，记录的经济业务已不局限于货币资金的收付业务，而逐渐扩展到财产物资、经营损益和经营资本等的增减变化。这时，为了求得账簿记录的统一，对于非货币资金的收付活动，也利用"借""贷"两个字来记录其增减变动情况。这样，"借""贷"两个字逐渐失去了原来的含义，而转化为纯粹的记账符号。

"借""贷"两个记账符号与具体的账户相结合，具有不同的含义，具体说明如下。

（1）在一个账户中，"借"和"贷"表示两个固定且对立的部位，每一个账户均设立这两个部位以记录某一内容的增减变化，同时确立每个账户的左方为借方、右方为贷方。

（2）"借"和"贷"两个记账符号与具体账户相结合，对该账户所反映的内容具有增加或减少的含义，但绝不可以说"借"就表示增加、"贷"就表示减少。

（二）借贷记账法的账户结构

在前面有关账户的内容中，把账户分为左右两方，不同类型的账户在登记增加或减少时的方向不同，主要取决于所采用的记账方法。在借贷记账法下，账户的基本结构是：左方为借方，右方为贷方。记账时，账户的借贷两方必须做相反方向的记录，即对于每一个账户来说，如果借方用来登记增加额，则贷方就用来登记减少额，反之亦然。

1. 资产、负债、所有者权益类账户

资产类账户的期初余额登记在借方，本期增加额登记在借方，本期减少额登记在贷方；由于资产的减少额不可能大于它的期初余额与本期增加额之和，所以这类账户期末如

有余额，通常在借方。

负债与所有者权益类账户的期初余额登记在贷方，本期增加额登记在贷方，本期减少额登记在借方，则期末余额一般在贷方。因为负债与所有者权益的增加额与期初余额之和一般情况下要大于本期减少额，所以这类账户如有余额，通常在贷方。

资产类账户期末余额的计算公式为

资产类账户期末借方余额＝期初借方余额＋本期借方发生额－本期贷方发生额

负债与所有者权益类账户期末余额的计算公式为

负债与所有者权益类账户期末贷方余额＝期初贷方余额＋本期贷方发生额－本期借方发生额

2. 收入、费用、利润类账户

收入、费用、利润类账户是用来反映企业一定时期内经营成果的账户，期末一般经过结转没有余额。也就是说，这类账户一般只有本期的发生额。但根据会计等式，收入、利润的增加可以表示为所有者权益的增加，而费用的增加可以表示为资产的转化，在抵销收入之前，可以将其看作一种资产。因此，收入、利润类账户可以比照负债与所有者权益类账户的登记方法，费用类账户可以比照资产类账户的登记方法。

收入、利润类账户的增加额登记在贷方，减少额登记在借方。由于本期实现的收入要于期末全部转出，以便与相配比的费用相抵，从而确定当期利润或亏损，因此收入类账户在期末一般没有余额。利润类账户期末在结转前会有余额，余额可能在贷方，也可能在借方，表示本期所有者权益的变动额。若余额在贷方，则表示所有者权益的增加额；若余额在借方，则表示所有者权益的减少额。

费用类账户的增加额登记在借方，减少（或转销）额登记在贷方。由于与收入相配比的支出要在期末全部转出，以便与收入相抵，因此期末结转后一般没有余额，若有余额，则表示期末尚未结转的费用，一般在借方。

通过以上的账户结构可以看出，各类账户的期末余额通常都在记录增加额的一方，即资产类账户的期末余额在借方，负债与所有者权益类账户的期末余额在贷方。

在借贷记账法下，账户的基本结构是：左方为借方，右方为贷方。由于会计内容已经划分为会计要素，并按会计要素的进一步分类设置了会计科目和账户，因此借贷记账法在登记经济业务数据时，就按经济业务所属的会计要素及其发生的增加额和减少额，分别确定其在账户中的记录方向，即

(1) 属于资产要素的增加额记入借方，减少额记入贷方；

(2) 属于负债要素的增加额记入贷方，减少额记入借方；

(3) 属于所有者权益要素的增加额记入贷方，减少额记入借方。

由于资产在会计等式的左边，因此其增加额就登记在借方，减少额登记在贷方。负债和所有者权益在会计等式的右边，它们的增加额就登记在贷方，减少额登记在借方。按此种记录方法登记的结果，既保证了借方等于贷方，也保证了会计等式的平衡。在扩展会计平衡等式中，收入和费用要素的变动会导致利润要素的变动，利润在分配前属于所有者权益，收入使所有者权益增加，其增加额就登记在贷方，减少额登记在借方。费用会使所有者权益减少，其增加额就登记在借方，减少额登记在贷方。收入、费用和利润要素的增减变动登记在账户中的方向是：

(1) 属于收入要素的增加额记入贷方，减少额记入借方；

(2) 属于费用要素的增加额记入借方，减少额记入贷方；

(3)属于利润要素的增加额记入贷方,减少额记入借方。

将上述会计要素的增减变动在账户中的登记方向列示如下:

借方	账户名称(会计科目)	贷方
资产增加额		资产减少额
负债减少额		负债增加额
所有者权益减少额		所有者权益增加额

在借贷记账法下,账户的借方和贷方都可以登记经济业务发生时会计要素增加和减少的金额。记账时,账户的借贷两方必须做相反方向的记录,即对于每一个账户来说,如果借方用来登记增加额,则贷方就用来登记减少额;如果借方用来登记减少额,则贷方就用来登记增加额。在一个会计期间内,借方登记的合计数称为借方发生额,贷方登记的合计数称为贷方发生额。那么,究竟用哪一方来登记增加额,用哪一方来登记减少额呢?这要根据各个账户所反映的经济内容,也就是它的性质来确定。

(三)借贷记账法的记账规则

前已述及,按照复式记账法的原理,任何经济业务都要以相等的金额,在两个或两个以上相互联系的账户中进行记录。那么,如何记录经济业务呢?借贷记账法对于发生的每一项经济业务,首先要确定它所涉及的账户并判定其性质;其次要分析所发生的经济业务使各有关账户的金额是增加还是减少;最后要根据账户的基本结构确定其金额应记入所涉及账户的方向。

借贷记账法的记账规则,是指运用"借""贷"记账符号在账户中记录会计交易或事项时所产生的记账模式或规律。按照复式记账法的要求,对每一笔会计交易或事项,要在两个或两个以上相互联系的账户中以相等的金额进行记录;会计交易或事项对会计等式影响的规律,分九种情况和四种类型;结合借贷记账法下账户基本结构的原理,对每一笔会计交易或事项所涉及的账户以借贷相反的方向记录。因此,在借贷记账法下,对于发生的任何一笔会计交易或事项,都必须以相等的金额,沿着借、贷相反的方向,在两个或两个以上相互关联的账户中进行登记。由此不难得出借贷记账法的记账规则:"有借必有贷,借贷必相等。"借贷记账法的记账规则可借助图2-2来理解。

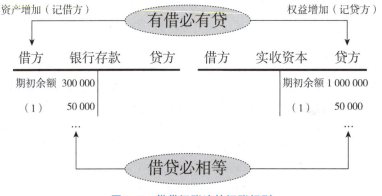

图2-2　借贷记账法的记账规则

（四）账户对应关系和会计分录

通过复式记账法，只有各项貌似孤立而实际上互有联系的经济业务，才能真实地反映在账户中，从而有效反映企业的生产经营活动及其同有关各方的经济关系。同时，运用复式记账法处理经济业务，一项经济业务所涉及的几个账户之间必然存在某种相互依存的对应关系，这种关系称为账户对应关系；存在对应关系的账户称为对应账户。由于账户对应关系反映了每项经济业务的内容，以及由此而引起的资金运动的来龙去脉，因此在采用借贷记账法登记某项经济业务时，应先通过编制会计分录来确定其所涉及的账户及其对应关系，从而保证账户记录的正确性。

1. 会计分录的含义

所谓会计分录（简称分录），是指预先确定每项经济业务所涉及的账户名称，以及记入账户的方向和金额的一种记录，它是会计语言的表达方式。

编制会计分录是会计工作的初始阶段，在实际工作中，这项工作一般是通过编制记账凭证或登记日记账来完成的。编制会计分录，就意味着对经济业务做会计确认，为经济业务数据记入账户提供依据。因此，为了确保账户记录的真实和正确，就必须严格把好会计分录这一关。

2. 会计分录的编制方法与步骤

首先，分析并确定该会计交易或事项所涉及的账户（至少要有两个）并判定其性质（账户属于哪一类会计要素）。

然后，分析并确定该会计事项使所涉及的账户是增加金额还是减少金额。

接着，根据会计账户借贷方向的基本结构的规定，确定其金额应记入所涉及账户的方向。

最后，根据记账规则写出分录内容，并检查借方金额和贷方金额是否相等。

3. 会计分录的编制举例

【例 2-1】企业从银行提取现金 10 000 元，备发工资。

分析：这项经济业务说明，提取现金使现金增加，应记入"库存现金"账户的借方；使银行存款减少，应记入"银行存款"账户的贷方。

会计分录如下。

借：库存现金　　　　　　　　　　　　　　　　　　　　　　　10 000
　　贷：银行存款　　　　　　　　　　　　　　　　　　　　　　10 000

【例 2-2】收到国家（投资者）投入资本 200 000 元，已存入银行。

分析：这项经济业务说明，收到了国家投资，使企业的所有者权益增加，形成企业的资本金；款项存入银行使银行存款增加。这项经济业务涉及"银行存款"和"实收资本"两个账户，银行存款增加是资产的增加，应记入"银行存款"账户的借方；国家对企业投资的增加是所有者权益中资本金的增加，应记入"实收资本"账户的贷方。

会计分录如下。

借：银行存款　　　　　　　　　　　　　　　　　　　　　　200 000
　　贷：实收资本　　　　　　　　　　　　　　　　　　　　　200 000

【例 2-3】企业收回客户前欠货款 300 000 元，已存入银行。

分析：这项经济业务说明，收回货款，使企业的应收账款减少，应记入"应收账款"账户的贷方；款项存入银行使银行存款增加，应记入"银行存款"账户的借方。

会计分录如下。

借：银行存款   300 000

    贷：应收账款   300 000

【例2-4】企业从银行借入短期借款100 000元，直接偿还前欠远航公司的货款。

分析：这项经济业务说明，从银行借款，使企业的短期借款增加，应记入"短期借款"账户的贷方；偿还前欠货款，使企业的应付账款减少，应记入"应付账款"账户的借方。

会计分录如下。

借：应付账款   100 000

    贷：短期借款   100 000

为了使账户对应关系一目了然，在借贷记账法下，应尽量编制一借一贷、一借多贷和一贷多借的会计分录，而一般不宜编制多借多贷的会计分录。这是因为，多借多贷的会计分录容易使账户之间的对应关系模糊不清，难以据此分析经济业务的实际情况。

（五）借贷记账法的试算平衡

为了保证或检查一定时期内所发生的经济业务在账户中登记的正确性和完整性，需要在一定时期终了时，对账户记录进行试算平衡。所谓试算平衡，是根据资产与权益（包括负债和所有者权益）的恒等关系及借贷记账法的记账规则，检查所有账户的记录过程和结果是否正确的专门方法。

1. 发生额试算平衡法

因为对任何经济业务都是按照"有借必有贷，借贷必相等"的记账规则记入各有关账户的，所以不仅每一笔会计分录借贷发生额相等，而且当一定会计期间的全部经济业务都记入相关账户后，所有账户的借方发生额合计数必然等于贷方发生额合计数。这个平衡关系用公式表示为

全部账户本期借方发生额合计 = 全部账户本期贷方发生额合计

这种利用借贷记账法的记账规则来检验一定时期内账户发生额是否正确的方法，称作发生额试算平衡法。

2. 余额试算平衡法

到某一会计期末，将所有账户的期末余额计算出来以后，由于所有账户的期初借方余额与贷方余额合计数是相等的，因此所有账户的期末借方余额合计数也必然等于贷方余额合计数。这个平衡关系用公式表示为

全部账户期末借方余额合计 = 全部账户期末贷方余额合计

这种利用会计等式的原理来检验一定会计期末账户余额是否正确的方法，称作余额试算平衡法。

借贷记账法的试算平衡就是利用这种必然出现的平衡关系，期末在结出各个账户本期发生额和期末余额后，通过编制总分类账户发生额及余额试算平衡表（如表2-4所示），来计算账户的借方发生额合计与贷方发生额合计是否相等，期初、期末借方余额合计与贷方余额合计是否相等，从而验证本期账户的记录是否正确。

表 2-4　总分类账户发生额及余额试算平衡表

单位：元

账户名称	期初余额		本期发生额		期末余额	
	借方	贷方	借方	贷方	借方	贷方
银行存款	200 000		210 000	60 000	350 000	
应收账款	200 000			160 000	40 000	
短期借款		60 000	60 000	90 000		90 000
应付账款		90 000	90 000			
实收资本		250 000		50 000		300 000
合计	400 000	400 000	360 000	360 000	390 000	390 000

必须指出，试算平衡只是通过借贷金额是否平衡来检查账户记录是否正确的一种方法。如果借贷双方发生额或余额相等，则可以表明账户记录基本正确，但不足以说明账户记录完全没有错误。因为有些错误并不影响借贷双方的平衡，如漏记或重记某项经济业务，或者应借应贷科目用错，或者借贷方向颠倒，或者借方和贷方都多记或少记相同的金额等。如果经算的借贷双方金额不等，则可以肯定账户记录或计算有误，需要进一步查实。

📖 **任务作答清单**

（1）阐述借贷记账法的记账规则	
（2）比较资产类账户期末余额和权益类账户期末余额的计算公式，指出二者的相同之处	
（3）举例说明会计分录的编制方法及步骤	
（4）阐述试算平衡的方法	
（5）在任务描述中，宏利公司应如何运用借贷记账法编制会计分录？	

教师点评			
小组成员			
小组得分		组长签字	
教师评分		教师签字	

知识链接 2-1

复式记账法的发展

知识链接 2-2

总账与明细账的平行记记

项目 3　会计循环

➤ **知识目标**

了解会计循环的概念和基本步骤；熟悉会计业务的特征，会计凭证的种类和作用；掌握会计凭证的基本内容、填制、审核，掌握会计账簿的分类和登记、财产清查的方法。

➤ **素质目标**

引导学生严格遵守会计准则及登账要求，杜绝虚假做账，树立正确的职业道德观。

➤ **技能目标**

理解账务处理程序的处理过程，能够客观审核会计凭证，并编审记账凭证，正确登记会计账簿。

知识点导图

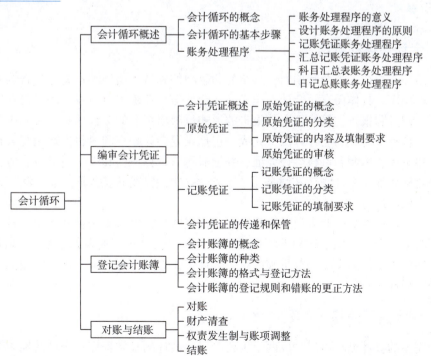

任务 1　会计循环概述

任务布置

任务描述	宏利公司是一家刚成立的公司，2022 年年末设立时没有发生业务，除了设立银行存款日记账，记录 10 万元的投资，没有其他账簿记录。2023 年业务增加，支付各项费用 28 000 元，取得收入 88 000 元，购置计算机 20 000 元，房屋租金 15 000 元，支付工资 25 000 元。会计人员没有明确的分工，很多账目在编报前临时填制，制单、审核存在随意填写和签字的现象。宏利公司的会计工作存在哪些问题？应如何设计会计账务处理程序？
任务目标	请根据学习的知识，解决上述问题。要完成的任务有：理解会计循环的概念，掌握会计账务处理程序的基本步骤，明确会计业务的特征
任务讨论	宏利公司应如何规划会计循环程序，改进会计核算工作？请提供方案
任务实施	学时建议：课上 0.5 学时、课下 0.5 学时
	任务分工：分组、布置任务、任务准备、查找资料
	实施方式：线上与线下相结合

知识参考

一、会计循环的概念

会计循环是指在一个会计期间，从交易和事项的确认开始到编报财务报告为止的一系列会计处理程序。具体而言，会计工作必须在会计信息系统中对所发生的经济业务进行确认、计量、记录和报告，最终以会计报告的形式反映出企业的会计信息，实际工作要在一系列程序、步骤和对应的会计方法下完成，包括设置会计账户和科目、运用复式记账原理分析交易和事项、编制和审核会计凭证、登记账簿、试算平衡和编报财务报告等，其过程主要围绕会计凭证、会计账簿和财务报表三个基本因素（简称为"证、账、表"）进行，且必须按次序依次进行。

对于一个新创办的企业来说，该程序始于设置账户，但只要企业开始生产经营，各账户的余额就从一个会计期结转到下一个会计期，所以会计程序通常始于账户的期初余额，其实际处理始于交易和事项的分析和确认。会计工作总是在每一个会计期间按照上述顺序周而复始，循环往复。

二、会计循环的基本步骤

一个完整的会计循环可以分成两个主要阶段：会计的日常程序和会计的期末程序。这两个阶段各自包含着相对应的技术和方法。

　　会计循环的起点是企业发生的各项经济业务。经济业务又称会计事项，是指在经济活动中使会计要素发生增减变动的交易或事项，可分为对外经济业务和内部经济业务两类。对外经济业务是指企业与外部主体之间发生的价值交换行为，即企业与其他企业或单位发生交易行为而产生的经济事项。例如，向投资者筹集资金、向供货方购货、向银行归还借款、向购货方销货等。内部经济业务是指企业内部有关部门之间发生的价值转移行为，即企业内部成本、费用的耗用，以及因各会计要素之间的调整而产生的经济事项。例如，生产经营过程中耗用的材料、机器设备的折旧、工资的分配及收入与费用的结转等。

　　从会计循环的主要程序来看，会计循环主要包括以下五个基本步骤，如图3-1所示。

　　①分析经济业务，填制、取得原始凭证：经济业务发生后，会计人员首先确认、计量交易或事项，填制或取得原始凭证，并审核其合法性、合规性。

　　②根据原始凭证，编制记账凭证：每项经济业务发生后，应该确定其应借记和应贷记的账户及金额，编制会计分录，填入记账凭证。

　　③根据记账凭证，登记会计账簿：根据记账凭证中所确定的会计分录，分别记入日记账和分类账中有关账户借方或贷方。总分类账户和所属明细分类账户的登记，可根据记账凭证来进行，有些明细分类账户也可以根据原始凭证来进行，如材料明细账。

　　④会计期末进行对账与结账：会计期末，对各账簿中的有关账户记录进行核对，结清收入、费用类账户，确定当期损益，并结出资产、负债、所有者权益类账户余额，结转至下期连续记录。

　　⑤根据账簿记录编制会计报表：会计期末要将本期所有经济业务的记录及其结果汇总编制出会计报表。会计报表是指按照一定的格式、依据账簿中的资料，总括地反映企业单位在某一特定日期的财务状况和某一期间经营成果的书面报告文件。根据我国会计规范的要求，企业需要编制的会计报表主要有资产负债表、利润表、现金流量表等。编制会计报表是会计循环的最后一个工作步骤，本书将在项目14和项目15中重点介绍。

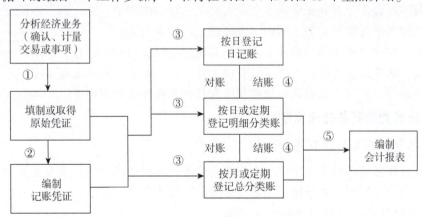

图 3-1　会计循环的基本步骤示意

三、账务处理程序

　　会计循环是一个会计主体以"证、账、表"为主要任务完成的会计工作，且必须按一定的次序进行。不同的会计主体所采用的会计凭证、会计账簿和会计报表的种类与格式不同，也就会形成在做法上各不相同的账务处理程序。

账务处理程序，又称会计核算组织程序或会计核算形式，是指会计凭证、会计账簿、财务报表相结合的方式，包括账簿组织和记账程序。账簿组织指会计凭证和会计账簿的种类、格式，会计凭证与账簿之间的联系方法；记账程序指由填制、审核原始凭证到填制、审核记账凭证，登记日记账、明细分类账和总分类账，编制财务报表的工作程序和方法等。

（一）账务处理程序的意义

账务处理程序是否科学合理，会对整个会计核算工作产生多方面的影响。确定科学合理的会计账务处理有利于规范会计工作，保证会计信息加工过程的严密性，提高会计信息质量；有利于保证会计记录的完整性和正确性，增强会计信息的可靠性；有利于减少不必要的会计核算环节，提高会计工作效率，保证会计信息的及时性；有利于降低会计核算工作成本，节约会计核算方面的支出。

（二）设计账务处理程序的原则

（1）应从本会计主体的实际情况出发。充分考虑本会计主体经济活动的性质、经济管理的特点、规模的大小、经济业务的繁简及会计机构和会计人员的设置等相关因素，使账务处理程序与本单位会计核算工作的需要相适应。

（2）应以保证会计核算质量为立足点。确定账务处理程序的目的是保证准确、及时、完整地提供系统而完备的会计信息资料，以满足会计信息使用者了解会计信息，并能够据此做出经济决策。因此，账务处理程序应以保证会计信息质量为根本立足点。

（3）应力求降低会计核算成本。在满足会计核算工作需要、保证会计核算工作质量、提高会计核算工作效率的前提下，力求简化会计核算手续，节省会计核算时间，降低会计核算成本。

（4）应有利于建立会计工作岗位责任制。设计账务处理程序，应有利于会计部门和会计人员的分工与合作，有利于明确各会计人员工作岗位的职责，并有利于不同程序之间的相互牵制，使各个处理环节分工明确、责任清楚、约束力强。

在实际工作中，由于各个会计主体的具体情况不同，因此会计核算的组织程序也不可能完全相同。常用的账务处理程序主要有以下几种：记账凭证账务处理程序、汇总记账凭证账务处理程序、科目汇总表账务处理程序和日记总账账务处理程序。

（三）记账凭证账务处理程序

1. 记账凭证账务处理程序的概念

记账凭证账务处理程序是指对发生的经济业务，先根据原始凭证或汇总原始凭证填制记账凭证，再直接根据记账凭证登记总分类账的一种账务处理程序。

2. 记账凭证账务处理程序的基本步骤

在记账凭证账务处理程序下，对经济业务进行账务处理大体要经过以下六个步骤，如图 3-2 所示。

（1）经济业务发生以后，根据有关的原始凭证或原始凭证汇总表填制各种记账凭证（收款凭证、付款凭证和转账凭证）。

（2）根据收款凭证和付款凭证，逐笔登记库存现金日记账和银行存款日记账。

(3)根据记账凭证并参考原始凭证或原始凭证汇总表,逐笔登记各种明细分类账。

(4)根据各种记账凭证,逐笔登记总分类账。

(5)期末,将库存现金日记账、银行存款日记账的余额,以及各种明细分类账余额合计数,分别与总分类账中有关科目的余额核对相符。

(6)期末,根据核对无误的总分类账和明细分类的记录,编制会计报表。

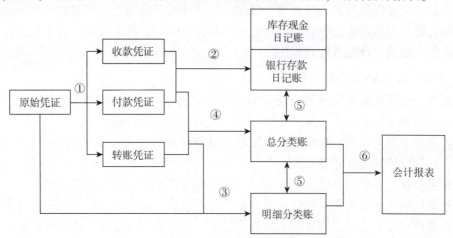

图 3-2　记账凭证账务处理程序的基本步骤示意

3. 记账凭证账务处理程序的优缺点及适用范围

(1)记账凭证账务处理程序的优点。

①记账凭证账务处理程序简单明了,能够清晰反映账户之间的对应关系,易于理解。当经济业务发生时,根据一张或多张原始凭证编制会计分录,在每一张记账凭证上,账户之间的对应关系都能一目了然。

②总分类账较详细地记录和反映经济业务的发生情况。在记账凭证账务处理程序下,对于总分类账的登记同各种日记账和明细分类账一样,采取逐笔登记的方法。因此,在总分类账上能够详细、清晰地反映所发生的经济业务的情况。

③总分类账登记方法简单,易于掌握。根据记账凭证直接逐笔登记总分类账,是记账凭证账务处理程序的特点,总分类账的登记方法与明细分类账的登记方法是一样的,因而也是最易于掌握的账户登记方法。

(2)记账凭证账务处理程序的缺点。

①总分类账登记工作量过大。对发生的每一笔经济业务,都要根据记账凭证逐笔在总分类账中进行登记,实际上与日记账和明细分类账登记的内容一致,是一种简单的重复登记,势必要增大登记总分类账的工作量,在经济业务量比较多的情况下更是如此。

②账页耗用多,预留多少账页难以把握。由于总分类账对发生的所有经济业务要重复登记一遍,因此势必会耗用更多的账页,造成一定的账页浪费。特别是在一个账簿上设置多个账户时,由于登记业务的多少很难预先确定,因此对于每一个账户应预留多少账页很难把握,预留过多会造成浪费,预留过少又会影响账户登记的连续性。

(3)记账凭证账务处理程序的适用范围。

记账凭证账务处理程序适用于规模较小、经济业务量较少、需要编制的记账凭证不是很多的会计主体。如果业务量过小，也可使用通用记账凭证，以避免因凭证种类的多样化而造成凭证购买上的过多支出。

（四）汇总记账凭证账务处理程序

1. 汇总记账凭证账务处理程序的概念

汇总记账凭证账务处理程序是指先根据原始凭证或汇总原始凭证填制记账凭证，定期根据记账凭证分类编制汇总收款凭证、汇总付款凭证和汇总转账凭证，再根据汇总记账凭证登记总分类账的一种账务处理程序。

2. 汇总记账凭证账务处理程序的基本步骤

在汇总记账凭证账务处理程序下，对经济业务进行账务处理大体要经过以下七个步骤，如图3-3所示。

①经济业务发生以后，根据有关的原始凭证或原始凭证汇总表填制各种记账凭证（收款凭证、付款凭证和转账凭证）。

②根据收款凭证和付款凭证，逐笔登记库存现金日记账和银行存款日记账。

③根据记账凭证并参考原始凭证或原始凭证汇总表，逐笔登记各种明细分类账。

④根据各种记账凭证分别编制汇总收款凭证、汇总付款凭证和汇总转账凭证。

⑤根据各种汇总记账凭证汇总登记总分类账。

⑥期末，将库存现金日记账、银行存款日记账的余额，以及各种明细分类账余额合计数，分别与总分类账中有关科目的余额核对相符。

⑦期末，根据核对无误的总分类账和明细分类账的记录，编制会计报表。

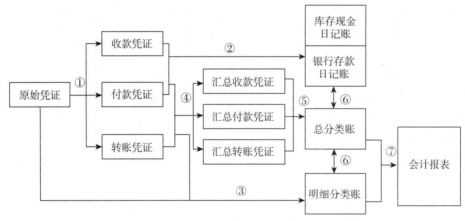

图3-3　汇总记账凭证账务处理程序的基本步骤示意

3. 汇总记账凭证账务处理程序的优缺点及适用范围

（1）汇总记账凭证账务处理程序的优点。

①汇总记账凭证能够清晰地反映账户之间的对应关系。在汇总记账凭证账务处理程序下，所采用的是专用记账凭证和汇总记账凭证。汇总记账凭证采用按会计科目对应关系进行分类汇总的办法，能够清晰地反映出有关会计账户之间的对应关系。

②可以大大减少登记总分类账的工作量。在汇总记账凭证账务处理程序下，可以根据汇总记账凭证上有关账户的汇总发生额，定期或期末一次性登记总分类账，从而使登记总

分类账的工作量大为减少。

（2）汇总记账凭证账务处理程序的缺点。

①定期编制汇总记账凭证的工作量较大。对发生的每一笔经济业务，不仅要填制专用记账凭证，即收款凭证、付款凭证和转账凭证，在此基础上，还需要定期分类地对这些专用记账凭证进行汇总，编制作为登记总分类依据的汇总记账凭证，增加了编制汇总记账凭证的工作量。

②对汇总过程中可能存在的错误难以发现。编制汇总记账凭证是一项比较复杂的工作，容易产生汇总错误。而且汇总记账凭证本身又不能体现出有关数字之间的平衡关系，即使存在汇总错误也很难发现。

（3）汇总记账凭证账务处理程序的适用范围。

由于汇总记账凭证账务处理程序具有能够清晰地反映账户之间的对应关系和能够减轻登记总分类账的工作量等优点，因此它一般只适用于规模较大、经济业务量较多、专用记账凭证也比较多的会计主体。

（五）科目汇总表账务处理程序

1. 科目汇总表账务处理程序的概念

科目汇总表账务处理程序是指根据各种记账凭证，先定期按会计科目汇总编制科目汇总表，然后根据科目汇总表登记总分类账，并定期编制会计报表的账务处理程序。

2. 科目汇总表账务处理程序的基本步骤

在科目汇总表账务处理程序下，对经济业务进行账务处理大体要经过以下七个步骤，如图 3-4 所示。

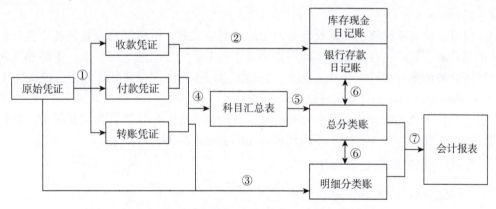

图 3-4 科目汇总表账务处理程序的基本步骤示意

①经济业务发生以后，根据有关的原始凭证或原始凭证汇总表填制各种记账凭证（收款凭证、付款凭证和转账凭证）。

②根据收款凭证和付款凭证，逐笔登记库存现金日记账和银行存款日记账。

③根据记账凭证并参考原始凭证或原始凭证汇总表，逐笔登记各种明细分类账。

④根据各种记账凭证汇总编制科目汇总表。

⑤根据科目汇总表汇总登记总分类账。

⑥期末，将库存现金日记账、银行存款日记账的余额，以及各种明细分类账余额合计

数，分别与总分类账中有关科目的余额核对相符。

⑦期末，根据核对无误的总分类账和明细分类账的记录，编制会计报表。

3. 科目汇总表账务处理程序的优缺点及适用范围

（1）科目汇总表账务处理程序的优点。

①可以利用该表的汇总结果进行账户发生额的试算平衡。科目汇总表上的汇总结果体现了一定会计期间内所有账户的借方发生额和贷方发生额之间的相等关系，利用这种发生额的相等关系，可以进行全部账户记录的试算平衡，借以检验账户发生额的准确性。

②在试算平衡的基础上记账能够保证总分类账登记的正确性。在科目汇总表账务处理程序下，总分类账是根据科目汇总表上的汇总数字登记的。由于在登记总分类账之前，能够通过科目汇总表的汇总结果检验所填制的记账凭证是否正确，就等于在记账前进行了一次试算平衡，对汇总过程中可能存在的错误也容易发现。在所有账户借、贷方发生额相等的基础上再记账，在一定程度上能够保证总分类账登记的正确性。

③可以大大减少登记总分类账的工作量。在科目汇总表账务处理程序下，可以根据科目汇总表上有关账户的汇总发生额，定期或者期末一次性登记总分类账，从而使登记总分类账的工作量大为减少。

④适用性比较强。与记账凭证账务处理程序和汇总记账凭证账务处理程序相比，由于科目汇总表账务处理程序优点较多，任何规模的会计主体都可以采用。

（2）科目汇总表账务处理程序的缺点。

①编制科目汇总表的工作量较大。对发生的每一笔经济业务不仅要填制专用记账凭证，即收款凭证、付款凭证和转账凭证，在此基础上，还需要定期分类地对这些专用记账凭证进行汇总，编制作为登记总分类依据的科目汇总表，增加了编制科目汇总表的工作量。

②科目汇总表不能够清晰地反映账户之间的对应关系。科目汇总表是按各个会计科目归类汇总其发生额的，在该表中不能清楚地显示各个账户之间的对应关系，不能够清晰地反映经济业务的来龙去脉。在这一点上，科目汇总表不及专用记账凭证和汇总记账凭证。

（3）科目汇总表账务处理程序的适用范围。

由于科目汇总表账务处理程序清楚，又具有能够进行账户发生额的试算平衡、减轻总分类账登记工作量等优点，因而不论规模大小的会计主体都可以采用。

（六）日记总账账务处理程序

1. 日记总账账务处理程序的概念

日记总账账务处理程序是指设置日记总账，根据经济业务发生以后所填制的各种记账凭证直接逐笔登记日记总账，并定期编制会计报表的一种账务处理程序。

2. 日记总账账务处理程序的基本步骤

在日记总账账务处理程序下，对经济业务进行账务处理大体要经过以下六个步骤，如图3-5所示。

①经济业务发生以后，根据有关的原始凭证或原始凭证汇总表填制各种专用记账凭证（收款凭证、付款凭证和转账凭证）。

②根据收款凭证和付款凭证，逐笔登记库存现金日记账和银行存款日记账。

③根据记账凭证并参考原始凭证或原始凭证汇总表，逐笔登记各种明细分类账。

④根据各种记账凭证逐笔登记日记总账。

⑤期末，将库存现金日记账、银行存款日记账的余额，以及各种明细分类账余额合计数，分别与日记总账中有关科目的余额核对相符。

⑥期末，根据核对无误的日记总账和明细分类账的记录，编制会计报表。

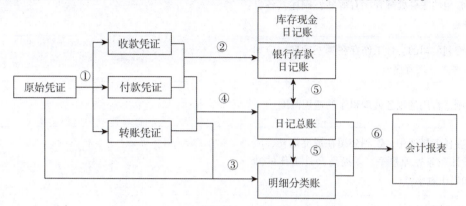

图 3-5　日记总账账务处理程序的基本步骤示意

3. 日记总账账务处理程序的优缺点及适用范围

（1）日记总账账务处理程序的优点。

①可以大大简化总分类账的登记手续。日记总账账务处理程序，是将日记账与总分类账结合在一起，直接根据记账凭证登记总分类账，并且将所有会计科目都集中在一张账页上，而不是分设在各个账簿中，因而可以简化登记总分类账的手续。

②在日记总账上能够清晰地反映会计账户之间的对应关系。在日记总账账务处理程序下，当经济业务发生以后，要按照预先设置的会计科目栏，在相应栏次的同一行进行登记，可以集中反映经济业务的全貌，反映会计账户之间的对应关系，便于进行会计检查和会计分析。

（2）日记总账账务处理程序的缺点。

①增大了登记日记总账的工作量。与记账凭证账务处理程序一样，在日记总账账务处理程序下，对发生的每一笔经济业务都要根据记账凭证逐笔在日记总账中进行登记，实际上与日记账和明细分类账登记的内容一致，属于重复登记，势必要增大登记日记总账的工作量。

②不便于记账分工和查阅。对于使用会计科目比较多的会计主体，日记总账的账页势必要设计得很大，既不便于进行记账和查阅，也容易出现登记串行等记账错误。如果会计人员较多，也不便于他们在记账上的业务分工。

（3）日记总账账务处理程序的适用范围。

日记总账账务处理程序一般只适用于规模较小、经济业务量少、使用会计科目不多的会计主体。但在使用电子计算机进行账务处理的企业中，由于账簿登记等工作是由计算机完成的，因而很容易克服这种账务处理程序的缺点，所以在一些大中型企业也可以应用这种账务处理程序。

📖 **任务作答清单**

（1）会计循环包括哪些步骤？	
（2）常用的账务处理程序有哪些？阐述其各自的优缺点	
（3）宏利公司的会计工作存在哪些问题，应如何设计账务处理程序？	
（4）阐述常用的账务处理程序的适用范围	
（5）在任务描述中，宏利公司在成立之初，应如何设计账务处理程序，以提高会计工作的准确性和工作效率？	

教师点评			
小组成员			
小组得分		组长签字	
教师评分		教师签字	

任务 2　编审会计凭证

🌸 **任务布置**

任务描述	宏利公司采用转账支票结算方式向本市联华机械公司销售产品。开具的增值税专用发票上注明：普通车床 5 台、单价 86 000 元、价款 430 000 元、税额 55 900 元，数控机床 4 台、单价 90 000 元、价款 360 000 元，税额 46 800 元。产品已发出，价税合计 892 700 元，收到转账支票一张并送存银行。此项业务中，宏利公司开具的增值税专用发票属于哪种会计凭证，如何填制？收到的转账支票属于哪种会计凭证，收到时需要审核哪些内容？	
任务目标	请根据学习的知识，解决上述问题。要完成的任务有：理解会计凭证的意义、概念、分类，掌握原始凭证和记账凭证的含义、种类、内容及填制方法，熟悉原始凭证和记账凭证的审核，会计凭证的传递与保管	
任务讨论	宏利公司在开具、审核原始凭证时，应采取哪些措施防范风险？请提供方案	
任务实施	学时建议：课上 1 学时、课下 1 学时	
	任务分工：分组、布置任务、任务准备、查找资料	
	实施方式：线上与线下相结合	

知识参考

一、会计凭证概述

为了保证会计信息的可靠性和可稽核性，企业发生的每一项经济业务，都要经办人员或有关部门填制或取得能证明经济业务内容、数量、金额的凭证。正确地填制和审核会计凭证，是会计核算的基本方法之一，是进行会计核算工作的起点和基本环节，也是对经济业务进行日常监督的重要环节。

会计凭证是记录经济业务完成情况、明确经济责任，并据以登记账簿的书面证明，是登记账簿的依据。

会计凭证的意义主要体现在以下三个方面。

1. 记录经济业务，提供记账依据

通过会计凭证的填制和审核，可以如实反映各项经济业务的具体情况。但是，会计凭证只是对经济业务所做的初步归类记录。要全面反映经济活动情况，还必须对经济业务在账户中做出进一步归类和系统化的记录。任何单位都不能凭空记账，登记账簿必须以经过审核无误的会计凭证为依据。

2. 明确经济责任，强化内部控制

由于每一项经济业务都要填制或取得会计凭证，并由有关部门和人员签章，从而明确了有关部门和人员的责任，这必然增强经办人员以及其他有关人员的责任感，同时有利于之后发现问题时查明责任归属。

3. 监督经济活动，控制经济运行

通过会计凭证的审核，可以检查企业的每一项经济业务是否符合国家有关政策、法律法规和制度等的规定，是否符合企业计划和预算进度，是否有违法乱纪、铺张浪费等行为，监督经济活动的真实性、合法性、合理性。及时对经济活动进行事中控制，保证经济活动健康运行，从而严肃财经纪律，有效地发挥会计的监督作用。

由于经济业务的复杂性，会计凭证种类繁多，其用途、性质、填制的程序乃至格式等都因经济业务的需要不同而具有多样性，因此按照不同的标准可对会计凭证进行分类。按照填制的程序和用途不同，分为原始凭证和记账凭证两类。

二、原始凭证

(一)原始凭证的概念

原始凭证俗称单据，是在经济业务发生或完成时，由经办人直接取得或填制的，用以记录或证明经济业务的发生或完成情况，明确经济责任的书面证明。它是记账的原始依据，具有法律效力，是会计核算的重要资料。

在会计核算过程中，凡是能够证明某项经济业务已经发生或完成的书面单据，都可以作为原始凭证，如有关发票、收据、银行结算凭证、收料单、发料单等；凡是不能证明某项经济业务已经发生或完成的书面文件，都不能作为原始凭证，如购销合同、购料申请单等。

（二）原始凭证的分类

原始凭证按来源不同，可以分为自制原始凭证和外来原始凭证。

1. 自制原始凭证

自制原始凭证是指在经济业务事项发生或完成时，由本单位内部经办部门或人员填制的凭证，例如，收料单、领料单、入库单，以及限额领料单、产成品出库单、借款单、工资发放明细表、折旧计算表等。

自制原始凭证按其填制手续和完成情况的不同，可分为一次凭证、累计凭证、汇总原始凭证、记账编制凭证。

（1）一次凭证。

一次凭证是指只反映一项经济业务或同时记录若干项同类性质经济业务的原始凭证，其填制手续是一次完成的，如企业有关部门领用材料的领料单（见表3-1）、职工的借款单等。购进材料的入库单以及根据账簿记录和经济业务的需要而编制的记账凭证，如材料费用分配表等，都是一次凭证。

表 3-1　领料单

领料单位：第一车间　　　　　　　　　　　　　　　　　　　　　　凭证编号：0010
用　　途：生产A产品　　　　　　2023年2月3日　　　　　　　仓　　库：2号

材料类别	材料编号	材料名称	规格	计量单位	数　　量		单价	金额
					请领	实领		
型钢	0345	圆钢	25 mm	公斤	1 500	1 500	4.40	6 600
型钢	0348	圆钢	10 mm	公斤	1 000	1 000	4.40	4 400
合计					2 500	2 500	4.40	11 000

发料　姜同　　　　领料　王立　　　　领料单位负责人　刘宁　　　　记账　赵东

（2）累计凭证。

累计凭证是指在一定时期内连续发生的同类经济业务的自制原始凭证，其填制手续是随着经济业务事项的发生而分次进行的。例如，限额领料单是累计凭证（见表3-2）。

表 3-2　限额领料单

领料部门：生产车间　　　　　　　　　　　　　　　　　　　　　　发料仓库：2号
用　　途：B产品生产　　　　　　2023年2月　　　　　　　　　编　　号：008

材料类别	材料编号	材料名称及规格	计量单位	领料限额	实际领用	单价	金额	备注
型钢	0348	圆钢 φ10 mm	公斤	500	480	4.40	2 112	

日期	请领		实发			限额结余	退库	
	数量	签章	数量	发料人	领料人		数量	退库单
2.3	200		200	姜同	王立	300		
2.12	100		100	姜同	王立	200		
2.20	180		180	姜同	王立	20		
合计	480		480			20		

供应部门负责人　李微　　　　生产计划部门负责人　佟伟　　　　仓库负责人签章　刘俊

（3）汇总原始凭证。

汇总原始凭证是指根据一定时期内反映相同经济业务的多张原始凭证，汇总编制而成的自制原始凭证，以集中反映某项经济业务总括发生情况。汇总原始凭证既可以简化会计核算工作，又便于进行经济业务的分析比较。例如，工资汇总表、现金收入汇总表、发料凭证汇总表、领料单汇总表（见表3-3）等都是汇总原始凭证。

表3-3　领料单汇总表

2023 年 3 月 31 日

用　途 （会计科目）	上　旬	中　旬	下　旬	月　计
生产成本	3 000	3 000	2 712	8 712
甲产品	2 000	2 000	2 600	6 600
乙产品	1 000	1 000	112	2 112
制造费用			120	120
管理费用			110	110
在建工程			100	100
合　计	3 000	3 000	3 042	9 042

会计主管　李鸣　　　　　复核　张满　　　　　制表　曲信

（4）记账编制凭证。

记账编制凭证是由会计人员根据一定时期内某一账户的记录结果，对某一特定事项进行归类、整理，以满足会计核算或经济管理的需要而编制的，如制造费用分配表（见表3-4）。

表3-4　制造费用分配表

2023 年 2 月

会计科目		生产工时	分配率	分配金额
生产成本	甲产品	2 000	4	8 000
	乙产品	1 500	4	6 000
合　计	—	3 500	—	14 000

2. 外来原始凭证

外来原始凭证是指在同外单位发生经济往来事项时，从外单位取得的凭证，如飞机和火车的票据，银行收付款通知单，企业购买商品、材料时从供货单位取得的增值税专用发票（见图3-6）等。外来原始凭证一般均属于一次凭证。

图 3-6　增值税电子普通发票

（三）原始凭证的内容及填制要求

原始凭证的基本内容通常称为凭证要素，主要有原始凭证名称、填制凭证的日期、凭证的编号（含数量、单价、金额等）、填制单位盖章、有关人员（部门负责人、经办人员）签章、填制凭证单位名称或者填制人姓名、凭证附件。

按照《会计法》和《会计基础工作规范》的规定，原始凭证的填制应做到以下几点。

（1）记录要真实可靠。

（2）内容要完整。业务经办人员必须在原始凭证上签名或盖章，对原始凭证的真实性和正确性负责。

（3）手续要完备。单位自制的原始凭证，必须有经办单位领导人或者其他指定人员的签名盖章；对外开出的原始凭证，必须加盖本单位公章；从外部取得的原始凭证，必须盖有填制单位的公章；个人取得的原始凭证，必须有填制人员的签名盖章。

（4）书写要清楚、规范，编号要连续，不得涂乱擦、挖补。

（5）填制要及时。出纳人员在办理收款或付款后，应在有关原始凭证上加盖"收讫"或"付讫"的戳章，以避免重收重付。

（四）原始凭证的审核

（1）审核原始凭证的真实性：包括对凭证日期是否真实、业务内容是否真实、数据是否真实等内容的审核。对外来原始凭证，必须有填制单位公章和填制人员签章。此外，对通用原始凭证，还应审核凭证本身的真实性，防止以假冒的原始凭证记账。

（2）审核原始凭证的合法性：审核原始凭证所记录的经济业务是否有违反国家法律法规的问题；是否符合规定的审计权限；是否履行了规定的凭证传递和审查程序；是否有贪污腐化等行为。

（3）审核原始凭证的合理性：审核原始凭证所记录的经济业务是否符合企业生产经营活动的需要；是否符合有关的计划和预算等。

（4）审核原始凭证的完整性、正确性、及时性。

对于完全符合要求的原始凭证，应及时编制记账凭证入账；对于真实、合理、合法但不完整的会计原始凭证，应退回有关经办人，由其负责将有关凭证补充完整，更正错误或重开后，再办理会计手续；对于不真实、不合法的原始凭证，会计机构、会计人员有权不予接受，并向单位负责人报告。

三、记账凭证

（一）记账凭证的概念

记账凭证是由会计人员根据审核无误的原始凭证或原始凭证汇总表编制的，用以确定会计分录，作为记账的直接依据的书面文件。企业原始凭证的格式和内容不一，且数量很多，直接根据它们来记账容易发生差错，而记账凭证是对原始凭证按照复式记账原理和规则来进行的整理和记录，与记账内容一致，因此记账前一般先根据原始凭证来编制记账凭证。

（二）记账凭证的分类

记账凭证一般分为专用记账凭证和通用记账凭证。

1. 专用记账凭证

专用记账凭证是专门用来记录某一特定种类经济业务的记账凭证，按其所记录的经济业务是否与货币资金收付有关又可以进一步分为收款记账凭证、付款记账凭证和转账记账凭证。

（1）收款记账凭证。

收款记账凭证（见表3-5）是用来反映货币资金增加的经济业务而编制的记账凭证，分为库存现金收款记账凭证和银行存款收款记账凭证。库存现金收款记账凭证是根据现金收入业务的原始凭证编制的收款凭证，如现金结算的发票记账联；银行存款收款记账凭证是根据银行存款收入业务的原始凭证填制的收款记账凭证，如银行进账通知单。

表3-5 收款记账凭证

借方科目：银行存款　　　　　　2023 年 3 月 25 日　　　　　　编号：收字第 3 号

摘要	贷方科目		金额	记账符号
	总账科目	明细科目		
收回前欠贷款	应收账款	甲公司	100 000	
合计			100 000	

（附件 贰 张）

会计主管 李鸣　　记账 张清　　稽核 沈严　　填制 方新　　出纳 廉明　　交款人 赵伟

（2）付款记账凭证。

付款记账凭证（见表3-6）是用来反映货币资金减少的经济业务而编制的记账凭证，分为现金付款凭证和银行存款付款凭证。现金付款凭证是根据现金付出业务的原始凭证填制的付款凭证，如以现金结算的发票联；银行存款付款凭证是根据银行存款付出业务的原始凭证编制的付款凭证，如现金支票存根、转账支票存根。

表 3-6　付款记账凭证

贷方科目：库存现金　　　　　　　　　2023 年 3 月 28 日　　　　　　　　　编号：付字第 10 号

摘要	借方科目		金额	记账符号
	总账科目	明细科目		
购买办公用品	管理费用	办公用品	200	
合计			200	

附件壹张

会计主管 李鸣　　记账 张清　　稽核 沈严　　填制 方新　　出纳 廉明　　领款人 赵威

（3）转账记账凭证。

转账记账凭证（见表 3-7）是用来反映不涉及货币资金增减变动的经济业务而编制的记账凭证，也就是记录与现金和银行存款的收、付款业务没有关系的转账业务的凭证。

表 3-7　转账记账凭证

　　　　　　　　　　　　　　　2023 年 3 月 28 日　　　　　　　　　编号：转字第 8 号

摘要	借方科目		金额	记账符号
	总账科目	明细科目		
生产领用材料	生产成本	A 产品	5 000	
合计			5 000	

附件壹张

会计主管 李鸣　　　　记账 张清　　　　稽核 沈严　　　　填制 方新

2. 通用记账凭证

通用记账凭证（见表 3-8）是采用一种通用格式记录各种经济业务的记账凭证，这种通用记账凭证既可以反映收、付款业务，也可以反映转账业务。

表 3-8　通用记账凭证

　　　　　　　　　　　　　　　2023 年 1 月 1 日　　　　　　　　　凭证编号　1

摘要	借方科目		贷方科目		金额	记账符号
	总账科目	明细科目	总账科目	明细科目		
收到投资	库存现金		实收资本	李达	50 000	
附单据　张	合计				50 000	

会计主管人员：　　　　记账：　　　　稽核：　　　　制单：　　　　出纳：　　　　缴领款人：

一个企业采用何种凭证格式，取决于企业交易规模的大小和管理的繁简程度。对于业务量较小的企业，为了简化凭证类别，可以只采用通用记账凭证，即将收款、付款、转账凭证统一为一种转账凭证的格式，名称统一为"记账凭证"。

为了简化登记总分类账户的工作，还可以根据记账凭证按账户名称进行汇总，编制记账凭证汇总表或汇总记账凭证，然后据以登记总账。

（三）记账凭证的填制要求

（1）记账凭证各项内容必须完整。

（2）记账凭证应连续编号。凭证应由主管该项业务的会计人员，按业务发生顺序并按不同种类的记账凭证连续编号。如果一笔经济业务需要填列多张记账凭证，可采用"分数编号法"。为了便于监督，反映收付款业务的会计凭证不得由出纳人员编号。

（3）记账凭证的书写应清楚、规范。

（4）记账凭证可以根据每一张原始凭证填制，或者根据若干张同类原始凭证汇总编制，也可以根据原始凭证汇总表填制，但不得将不同内容和类别的原始凭证汇总填制在一张记账凭证上。

（5）除结账和更正错误的记账凭证可以不附原始凭证外，其他记账凭证必须附有原始凭证。如一张原始凭证需填制两张记账凭证，应在未附原始凭证的记账凭证上注明其原始凭证在哪张记账凭证下，以便查阅。

四、会计凭证的传递和保管

会计凭证的传递是指会计凭证从取得或填制时起至归档保管过程中，在单位内部有关部门和人员之间的传送程序。科学的传递程序应该使会计凭证沿着最迅速、最合理的流向运行。

会计凭证应定期装订成册，防止散失，封面要内容完整，项目齐全。若发现从外单位取得的原始凭证遗失，应取得原签发单位盖有公章的证明，并注明原始凭证的号码、金额、内容等，由经办单位会计机构负责人、会计主管人员和单位负责人批准后，才能代作原始凭证。若确定无法取得证明，如车票丢失，则应由当事人写明详细情况，由经办单位会计机构负责人、会计主管人员和单位负责人批准后，代作原始凭证。

📖 任务作答清单

（1）举例说明原始凭证和记账凭证的含义及分类	
（2）总结原始凭证与记账凭证的区别与联系	
（3）宏利公司开具的增值税专用发票属于哪种会计凭证，如何填制？	

续表

（4）宏利公司收到的转账支票属于哪种会计凭证，收到时需要审核哪些内容？	
（5）如何理解原始凭证的重要性？	
（6）开具、审核会计凭证时，应采取哪些措施防范风险？	

教师点评			
小组成员			
小组得分		组长签字	
教师评分		教师签字	

任务 3　登记会计账簿

任务布置

任务描述	宏利公司采用转账支票结算方式向本市联华机械公司销售产品。开具的增值税专用发票上注明：普通车床 5 台、单价 86 000 元、价款 430 000 元、增值税税额 55 900 元，数控机床 4 台，单价 90 000 元，价款 360 000 元，增值税税额 46 800 元；产品已发出；价税合计 892 700 元，收到转账支票一张并送存银行。此项业务中，会计人员应在哪些账簿中进行登记，如何登记？
任务目标	请根据学习的知识，解决上述问题。要完成的任务有：理解会计账簿的概念，掌握会计账簿的种类、格式及登记方法，熟悉会计账簿的登记规则和错账的更正方法
任务讨论	宏利公司在登记账簿时，应采取哪些措施防范风险？请提供方案
任务实施	学时建议：课上 1 学时、课下 1 学时
	任务分工：分组、布置任务、任务准备、操作
	实施方式：线上与线下相结合

知识参考

　　编制会计凭证只是会计工作的第一步，虽然会计凭证在记录经济业务方面很详细、具体，但是很分散。为了连续、系统、综合地反映企业单位的经济活动，需要把会计凭证中

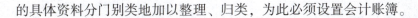

的具体资料分门别类地加以整理、归类，为此必须设置会计账簿。

一、会计账簿的概念

会计账簿是以会计凭证为依据，由一定格式并相互联系的账页组成的，用以全面、系统、连续地记录各项经济业务的簿籍，简称账簿。它是会计账户的表现形式。

设置和登记账簿，是编制会计报表的基础，是连接会计凭证和会计报表的桥梁。账簿与账户的关系是形式和内容的关系，簿籍是账簿的外表形式，账户记录是账簿的内容。

二、会计账簿的种类

1. 按用途的不同分类

按用途的不同，会计账簿可分为序时账簿、分类账簿和备查账簿。

(1)序时账簿也称日记账，是指按照经济业务发生时间的先后顺序逐日、逐笔登记的账簿。序时账簿按其记录内容的不同，又可分为普通日记账和特种日记账。普通日记账是指用来逐日逐笔记录全部经济业务的序时账簿；特种日记账是指用来逐日逐笔记录某一类经济业务的序时账簿。在实际工作中，为了加强货币资金的管理，每个单位必须设置库存现金日记账和银行存款日记账。

(2)分类账簿是指对发生的全部经济业务按照会计科目进行分类分别登记的账簿。分类账簿按其反映内容的详细程度不同，又可分为总分类账簿和明细分类账簿。总分类账簿简称总账，是根据一级会计科目设置的，用以总括反映经济业务的账簿。明细分类账簿简称明细账，是根据明细会计科目设置的，用以详细反映经济业务的账簿。总账对明细账具有统驭和控制作用，明细账是对总账的补充和具体化。在实际工作中，每个会计主体可以根据经营管理的需要，为不同的总账账户设置所属的明细账。

(3)备查账簿也称辅助账簿，是指对在日记账和分类账中未记录或记录不全的经济业务进行补充登记的账簿。它不是根据会计凭证登记的账簿，也没有固定的格式，如租入的固定资产登记簿、应收票据的备查账等。

2. 按外形的不同分类

按外形的不同，会计账簿可分为订本式账簿、活页式账簿和卡片式账簿。

(1)订本式账簿简称订本账，是指在启用前就把一定数量的账页固定装订成册的账簿。订本账可以避免账页散失和防止抽换账页，确保账簿资料的完整，但在同一时间只能由一人登账，不便于记账人员的分工。总分类账、库存现金日记账和银行存款日记账必须采用订本账。

(2)活页式账簿简称活页账，是指年度内账页不固定装订成册，而置于活页账夹中，可以根据需要随时增加或抽减账页的账簿。活页账可以随时抽换、增减账页，便于记账人员的分工、记账，但账页容易散失、抽换。活页账在会计年度终了时，应及时装订成册，妥善保管。明细账多采用活页账。

(3)卡片式账簿简称卡片账，是指由若干具有相同格式的卡片作为账页组成的账簿。卡片账的卡片通常装在卡片箱内，不用装订成册，随时可取可放可移动，也可跨年度长期使用，但卡片容易丢失。一般情况下，固定资产的明细账采用卡片账。

三、会计账簿的格式与登记方法

会计账簿由封面、扉页、账页三部分组成，其中封面注明账簿的名称，扉页列示目录表和账簿使用登记表，账页列示会计科目、记账日期、记账依据、内容摘要及金额等。不同的会计账簿反映的经济业务内容和详细程度不同，因而其账页格式也有一定的区别。

1. 序时账簿的格式与登记方法

企业设置的序时账簿主要是指特种日记账，包括库存现金日记账和银行存款日记账，一般采用三栏式订本式账簿。

（1）库存现金日记账的格式及登记方法。

库存现金日记账的常用格式是三栏式，通常设置借方、贷方、余额三个主要栏目，用来登记现金的增减变动及其结果。由企业的出纳员根据库存现金收款凭证、付款凭证以及银行存款的付款凭证，按照现金收、付款业务和银行存款付款业务发生时间的先后顺序逐日、逐笔登记（见表3-9）。

表3-9　库存现金日记账

单位：元

2023 年		凭证号数	摘要	对应科目	借方	贷方	余额
月	日						
1	1	现收 1	李达投资	实收资本	50 000		50 000
	1	现付 1	存现	银行存款		50 000	0
	2	银付 1	提现	银行存款	12 500		12 500
			（略）				

（2）银行存款日记账的格式及登记方法。

银行存款日记账的常用格式也是三栏式。为了反映具体的结算方式以及相关的单位，需要在三栏式的基础上增设结算方式和对方单位名称等具体栏目。由企业的出纳员根据银行存款的收款凭证、付款凭证以及库存现金的付款凭证，按照发生时间的先后顺序逐日、逐笔登记（见表3-10）。

表3-10　银行存款日记账

单位：元

2023 年		凭证号数	摘要	对应科目	结算凭证	收入	付出	结余
月	日							
5	1		月初余额					80 000
	6	银付 2	提现	银行存款	现支 56	16 000		64 000
	7	银收 6	收回货款	应收账款	转支 89	30 000		94 000
	10	银付 9	还借款	短期借款	转支 96		40 000	54 000
			（略）					

2. 总分类账簿的格式与登记方法

总分类账一般采用三栏式的订本式账簿，其中又分为不反映对应科目的三栏式和反映对应科目的三栏式。总分类账的登记方法取决于所采用的账务处理程序，由于账务处理程序的不同而不同，可根据记账凭证逐笔登记，也可以把记账凭证进行汇总，编制汇总记账凭证或科目汇总表，根据汇总记账凭证或科目汇总表定期登记(见表3-11)。

表 3-11 总分类账

会计科目：库存商品 单位：元

2023 年		凭证号数	摘要	借方	贷方	借或贷	余额
月	日						
1	10	转 1	赊购商品	45 000		借	45 000
	30	转 2	结转成本		20 500	借	24 500
			（略）				
	31		本月合计	45 000	20 500	借	20 500

3. 明细分类账的格式与登记方法

明细分类账一般采用活页式账簿，其格式主要有三栏式、多栏式和数量金额式。

(1)三栏式明细分类账。

三栏式明细分类账的格式与三栏式总分类账格式相同，是在账页内只设"借方""贷方""余额"三个金额栏的明细账。它适用于只要求提供价值指标的账户，一般适用于债权债务类明细账，如应收账款、应付账款、预付账款、预收账款、其他应收款、其他应付款等账户的明细分类账。

(2)多栏式明细分类账。

多栏式明细分类账是根据经营管理的需要和经济业务的特点，在借方栏或贷方栏下设置多个栏目用以记录某一会计科目所属的各明细科目的内容。按照登记经济业务的内容的不同又分为"借方多栏式"明细分类账、"贷方多栏式"明细分类账和"借方、贷方多栏式"明细分类账。它一般适用于成本、费用类明细账，如管理费用、生产成本、制造费用等账户的明细分类账(见表3-12)。

表 3-12 制造费用明细分类账(只按借方发生额设置专栏的多栏式)

单位：元

2023 年		凭证号数	摘要	借方					合计
月	日			工资	福利费	折旧费	办公费	（略）	
3	1		月初余额	3 000	420	2 800	200		6 420
	5	转 5	分配工资	5 500					11 920
	5	转 6	提取福利费		770				12 690
	15	转 7	购办公用品				300		12 990
	31	转 33	提取折旧			3 200			16 190
	31	转 34	分配	8 500	1 190	6 000	500		16 190
	31		月末余额	0	0	0	0		0

（3）数量金额式明细分类账。

数量金额式明细分类账是在账页的"借方""贷方""余额"各栏中再分别设置"数量""单价""金额"栏目的明细账。它适用于既要提供价值指标又要提供数量指标的账户，如原材料、库存商品等账户的明细分类账（见表3-13）。

表3-13 明细分类账

会计科目：原料及主要材料　　　　　　　　　　　　　　　　　　计量单位：元/千克

材料名称：G材料　　　　　　　　　　　　　　　　　　　　　　最高储备：6 000

材料规格：5厘米　　　　　　　　　　　　　　　　　　　　　　最低储备：5 000

2023年		凭证号数	摘要	借方			贷方			借或贷	余额		
月	日			数量	单价	金额	数量	单价	金额		数量	单价	金额
5	1		月初余额							借	500	2	1 000
	6	转4	车间领用				100	2	200	借	400	2	800
	10	转5	购入	1 000	2	2 000				借	1 400	2	2 800
	12	转7	车间领用				500	2	1 000	借	900	2	1 800
			（略）										
	31		本月合计	1 000	2	2 000	600	2	1 200	借	900	2	1 800

不同类型经济业务的明细分类账，可以根据各单位业务量的大小和管理需要，依据记账凭证、原始凭证或汇总原始凭证逐日逐笔定期汇总登记。固定资产、债权、债务的明细分类账一般应逐日逐笔登记；库存商品、原材料、产成品以及收入、费用等明细分类账，既可以逐笔登记，也可以定期汇总登记。

四、会计账簿的登记规则和错账的更正方法

1. 会计账簿的登记规则

由于会计账簿是储存数据资料的重要会计档案，因此登记会计账簿应由专人负责。启用会计账簿时，要在封面上写明单位名称和账簿，在扉页上附启用表，注明启用日期、账簿页数、记账人员、会计机构负责人、会计主管人员姓名、加盖名章和单位公章。

登记会计账簿时，会计人员必须以经过审核无误的会计凭证为依据，按页次顺序连续登记，不得跳行、隔页，若有则应注明"此行空白"；登记账簿时，要用蓝黑墨水或碳素墨水书写，不得用圆珠笔或铅笔；账簿中书写的文字和数字上面要留有适当空格，不要写满格；账簿登记完毕后，记账人员要签名或盖章，并在记账凭证中注明已登账的符号（"√"），表示已经记账；凡有需要结出余额的账户，结出余额后，在"借"栏或"贷"栏写"借"或"贷"；每页登记完毕结转下页时，应当结出本页合计数及余额，写在本页最后一行和下一页第一行有关栏内，并注明"过次页"和"承前页"字样。账簿登记发生错误时，不准涂改、挖补、刮擦或用药水消除字迹，必须按规定的方法进行更正。

2. 错账的更正方法

会计人员在记账过程中，难免会发生各种各样的错误。对于记账凭证本身的错误，不

需要做出具体的更正，只需要将错误的凭证撕掉，然后编一个正确的凭证即可；如果记账凭证没有错误，但账簿记录有错误，或记账凭证和账簿同时发生错误，则需要采用专门的方法进行更正。更正错账的方法一般有三种，即划线更正法、红字更正法、补充登记法。

(1)划线更正法。

划线更正法也称红线更正法。在结账以前，如果发现账簿记录中数字或文字错误，过账笔误或数字计算错误，而记账凭证没有错误，可用划线更正法进行更正。此种方法适用于记账凭证填制正确而账簿登记(数字、文字)错误的情形。

更正的具体方法是：先将账页上错误的文字或数字划一条红线，表示予以注销，再将正确的文字或数字用蓝字写在被注销的文字或数字的上方，并由记账人员在更正处盖章。需注意的是，更正时必须将错误数字全部划销，而不能只划销更正其中个别错误的数码，并应保持原有字迹仍可辨认，以备查考。

(2)红字更正法。

红字更正法又叫红字冲销法，是指用红字冲销原有错误的账户记录或凭证记录，以更正或调整账簿记录的一种方法。此方法适用于记账凭证的会计科目错误、记账方向错误、金额多记，且已登记入账的情形。

更正的具体方法是：先用红字填制一张与错误记账凭证内容完全相同的记账凭证，并据以红字入账，冲销原有错误的账簿记录；然后用蓝字填制一张正确的记账凭证，据以用蓝字或黑字登记入账。

对于记账凭证的会计科目、记账方向正确，只是金额多记的情况，只需将多记的金额用红字填制一张与原错误凭证中科目、借贷方向相同的记账凭证，金额是错误金额与正确金额二者的差额，并登记入账。

(3)补充登记法

补充登记法又称补充更正法。在记账以后，如果发现账簿记录和原会计凭证中应借、应贷账户虽然没有错误，但所写金额小于正确的金额，可用补充登记法进行更正。

更正的具体方法是：用蓝字填制一张应借、应贷会计科目与原错误记账凭证相同的记账凭证，金额是正确金额与错误金额二者的差额，并据以登记入账，以补充少记的金额。

采用红字更正法和补充登记法更正错账时，都要在凭证的摘要栏注明原错误凭证号、日期和错误原因，以便日后核对。

📖 **任务作答清单**

(1)阐述不同种类的会计账簿的格式及登记方法	
(2)宏利公司的会计人员应在哪些账簿中进行登记，如何登记?	
(3)会计账簿的登记规则有哪些?	

续表

（4）错账应如何更正？	
（5）在登记账簿时，应采取哪些措施防范错账风险？	

教师点评		
小组成员		
小组得分	组长签字	
教师评分	教师签字	

任务 4　对账与结账

任务布置

任务描述	宏利公司 2023 年 1 月 31 日有如下业务： ①结转本月实现的各项收入（采用账结法），其中主营业务收入 300 000 元，其他业务收入 7 000 元； ②结转本月发生的各项费用，其中主营业务成本 240 000 元，其他业务成本 5 000 元，管理费用 30 000 元，财务费用 9 000 元，销售费用 5 000 元（假设不考虑相关税费）。 宏利公司在 1 月末应如何进行结账工作？
任务目标	请根据学习的知识，解决上述问题。要完成的任务有：理解对账与结账的概念，掌握对账和结账的工作内容和方法，熟悉结账的程序
任务讨论	宏利公司在期末时，应完成哪些工作内容，为编制资产负债表提供有关的依据？请提供方案
任务实施	学时建议：课上 1 学时、课下 1 学时
	任务分工：分组、布置任务、任务准备、查找资料
	实施方式：线上与线下相结合

知识参考

为了总结某一会计期间的经营活动情况，考核经营成果，便于准确编制财务报表，必须定期进行对账与结账工作。

一、对账

1. 对账的概念

对账是指核对账目，即对账簿所记录的有关数据加以检查和核对，从而保证会计记录真实可靠、正确无误。会计人员要按照各种账簿记录的具体情况，分别进行经常和定期的对账。对账工作一般是在会计期末进行的，如果遇到特殊情况，如有关人员办理调动时或发生非常事件后，应随时进行对账。

2. 对账的内容

核对账目是保证账簿记录正确性的一项重要工作，对账的内容一般包括账证核对、账账核对和账实核对。

(1)账证核对是指账簿记录同记账凭证及其所附的原始凭证核对。账证核对在日常记账过程中就应进行，以便及时发现错账并进行更正。这是保证账账相符、账实相符的基础。

(2)账账核对是指对各种会计账簿记录的内容进行核对，以做到账账相符。账账核对的具体内容如下。

①总分类账簿中全部账户的借方发生额合计与贷方发生额合计、期末借方余额合计与贷方余额合计分别核对相符，以检查总分类账户的登记是否正确。核对方法是编制总分类账户发生额及余额试算平衡表进行核对。

②库存现金日记账和银行存款日记账的本期借方、贷方的发生额合计数及期末余额，应与总分类账中"库存现金"和"银行存款"账户的记录核对相符，以检查日记账的登记是否正确。

③总分类账户的本期借方、贷方的发生额及期末余额，应与其所属的各明细分类账户本期借方、贷方的发生额及期末余额的合计数核对相符，以检查总分类账户和明细分类账户的登记是否正确。核对方法一般是编制总分类账户与明细分类账户发生额及余额对照表进行核对。

④会计部门有关财产物资明细分类账的期末结存数，应与财产物资保管或使用部门相应的保管账(卡)的结存数核对相符，以检查双方登记是否正确。

(3)账实核对是指将账面结存数同财产物资、款项等的实际结存数核对。这种核对是通过财产清查进行的。具体内容如下。

①库存现金日记账的账面余额与库存现金实存数每日核对相符。

②银行存款日记账的账面记录与银行对账单核对相符，每月至少核对一次。

③财产物资明细账的结存数定期与财产物资实存数核对相符。

④各种应收款项、应付款项的明细分类账的账面余额，与有关单位或个人核对相符。

企业的各项经济活动，都是根据审核无误的会计凭证登记账簿来反映的，应定期核对账簿记录，做到账证相符、账账相符。但是在实际工作中，即使账簿记录正确，账证、账账相符，也会由于多种原因不能完全保证各项财产物资、货币资金和债权的账实相符。若要保证账实相符，一般通过财产清查来进行。

二、财产清查

1. 财产清查的概念

财产清查是指通过实地盘点、核对、查询等方法，确定各项财产物资、货币资金、往来款项的实际结存数，并与账面结存数相核对，以确定账实是否相符的一种会计核算的专门方法。

造成账实不符的原因主要有以下几种。

(1)财产物资收发时，由于度量衡具的误差造成的差异。

(2)工作人员在填制凭证、登记账簿的过程中，出现重记、漏记、错记或计算错误。

(3)财产物资在保管中发生自然损耗，如鲜活商品的腐烂变质、易挥发物资的自然挥发等造成数量上的减少或质量上的降低。

(4)由于管理不善或工作人员失职，而发生的财产物资残损、变质、短缺，如将物资露天堆放，遭受雨淋发生霉变等。

(5)由于贪污盗窃、营私舞弊而造成财产损失。

(6)由于发生自然灾害，如水灾、火灾、地震等，造成财产物资损失。

(7)在结算过程中，由于往来双方记账时间不一致，造成记录上的差异。

这些造成账实不符的原因有些是正常的、难以避免的，有些是非正常的、可以避免的。为了掌握财产物资的真实情况，必须对各项财产物资进行定期或不定期的盘点与核对，确保账实相符。若在财产清查中发现账实不符，应根据实存数调整账面记录，并查明原因，采取相应措施，改进财产物资的保管工作，保障财产物资的安全完整。

2. 财产清查的种类

财产清查按不同分类标准，可分为不同的类别。

(1)按清查的范围和对象，可分为全面清查和局部清查两种。

①全面清查是指对属于本企业的所有实物财产、货币资金和往来款项等进行全面彻底的盘点、核对。全面清查涉及的范围较大，参加的部门人员多，一般在年终决算之前，单位撤销、合并、改变隶属关系之前，单位主要负责人变动之前，开展清产核资时采用。

②局部清查是指根据实际需要，对部分财产物资及往来款项进行盘点、核对。各单位可以根据需要对其部分资产或负债进行局部清查，常见于以下几种情况：对流动性强又易于发生短缺的原材料、在产品、产成品等，要定期盘点；对现金，应在每日营业终了，由出纳员进行清点、核对，以及时发现长、短款情况；对银行存款，每月末要与银行对账单核对，并编制"银行存款余额调节表"；对往来款项，每年至少要核对一至两次。通过局部清查，及时发现和解决财产物资在保管中存在的问题。

(2)按清查的时间，可分为定期清查和不定期清查。

①定期清查指按预先规定好的时间进行的财产清查，一般在月度、季度、年度末对账时进行。对于定期清查的范围和对象，可以根据实际需要，进行局部清查，如在月末、季末进行的清查；也可以是全面清查，如在年末进行的清查。

②不定期清查指事先未规定好清查日期，根据实际需要而进行的临时性清查。不定期清查的范围和对象，可以根据需要，进行全面清查或局部清查。例如，更换财产保管人员

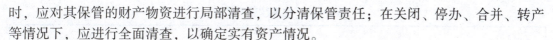

时，应对其保管的财产物资进行局部清查，以分清保管责任；在关闭、停办、合并、转产等情况下，应进行全面清查，以确定实有资产情况。

（3）按财产清查的执行单位，可分为内部清查和外部清查两种。

①内部清查指由本单位内部人员对本单位的财产物资进行的清查。大多数财产清查都是内部清查。

②外部清查指由上级主管部门、审计机关、司法部门、注册会计师等，根据国家有关的规定或实际需要进行的财产清查。一般来讲，进行外部清查时，应有本单位有关人员参加。

3. 财产清查的内容和方法

（1）货币资金的清查。

货币资金的清查包括库存现金、银行存款和其他货币资金的清查。库存现金的清查是先确定库存现金的实存数，再与库存现金日记账的账面余额进行核对，以查明盈亏情况。库存现金的盘点要采用实地盘点法进行，应由清查人员会同现金出纳人员共同负责。银行存款的清查是采用核对的方法，将银行对账单与企业银行存款日记账相互核对，以查明银行存款是否正确。银行存款应至少每月与银行核对一次。

（2）实物资产的清查。

实物资产包括原材料、在产品、库存商品和固定资产等。由于各种存货的实物形态、体积大小和堆放方式不尽相同，因而对其实际数量的确定可采用实地盘点和技术推算盘点两种方法。

实地盘点是对存货堆放现场进行逐一清点数量或用计算仪器确定实存数的一种方法。多数存货的清查可采用这种方法。

技术推算盘点是利用量方、计尺等技术方法，来推算存货的结存数量。这种方法适用于盘点大量成堆、难以逐一清点的物资，如散装的化肥、棉花。

为了明确经济责任，在进行盘点时，实物保管人员必须在场并参加盘点工作。对盘点的结果，应如实登记"盘存单"，并由盘点人员和实物保管人员签章。"盘存单"是记录实物盘点结果的书面证明，也是反映财产物资实有数的原始凭证。

为进一步查明盘点结果与账面结存是否一致，确定盘盈或盘亏情况，在盘点出各种存货的实存数以后，会计人员还要根据"盘存单"和有关账簿记录，填制"实存账存对比表"，分析各种存货实存同账存之间的差异及产生差异的原因，明确经济责任。该表是调整账簿记录的原始凭证。

对于委托外单位加工、保管的财产物资，出租的固定资产，可通过信件询证的办法来证实。

（3）结算往来款项的清查。

各项结算往来款项的清查，一般采用函证核对方法进行。也就是在检查本单位各项往来结算账目正确、完整的基础上，按每一个经济往来单位编制"往来款项对账单"，送往对方单位进行账目核对。该对账单一式两联，其中一联作为回联单，对方单位核对相符后，在回联单上加盖公章退回，表示已核对；如发现数字不符，对方单位应在对账单中注明情况，或另抄对账单退回本单位，进一步查明原因，再行核对，直到相符为止。

往来款项对账单的一般格式和内容见表3-14所示。

表 3-14　往来款项对账单

×××单位：

　　你单位 2023 年 9 月 12 日到我公司购 A 产品 800 件，货款 29 800 元尚未支付，请核对后将回联单寄回。

　　　　　　　　　　　　　　　　　　　　　　　　　　　　　清查单位：（盖章）
　　　　　　　　　　　　　　　　　　　　　　　　　　　　　　　年　月　日

沿此虚线裁开，将以下回联单寄回！

往来款项对账单（回联）

×××清查单位：

　　你单位寄来的"往来款项对账单"已收到，经核对相符无误。

　　　　　　　　　　　　　　　　　　　　　　　　　　　　　×××单位：（盖章）
　　　　　　　　　　　　　　　　　　　　　　　　　　　　　　　年　月　日

　　财产清查的结果有三种情况：一是账存数与实存数相符；二是账存数大于实存数，即盘亏；三是账存数小于实存数，即盘盈。财产清查结果的处理一般指的是对账实不符，即盘盈或盘亏情况的处理，相关账务处理方法在后续项目中会讲解。

三、权责发生制与账项调整

　　在一个确定的会计期间内，收入的获得、费用的发生和与其相关款项的实际收支存在以下几种可能：一是本期获得收入同时收款、本期发生费用同时付款；二是本期获得收入但未收款、本期发生费用但未付款；三是本期收款但未获得收入、本期付款但未发生费用。

　　上述的第一种情况，由于收入和费用的归属期间与款项的实际收支期间一致，因而将其确认为该期间的收入和费用是合理的。对于第二、第三种情况，是否将其确认为该期间的收入和费用则有两种会计处理基础可供选择，即权责发生制和收付实现制。

　　在权责发生制的要求下，本期的收入和费用不仅包括上述第一、第二种情况的收入和费用，而且包括以前会计期间收款而在本期获得的收入及以前会计期间付款而应由本期负担的费用，但不包括第三种情况。采用权责发生制核算企业收支，能够合理地计算和确定企业某一期间的财务成果，真实地反映企业的财务状况，虽然核算比较复杂，但反映本期的收益和费用比较真实，因此《企业会计准则——基本准则》第九条规定："企业应当以权责发生制为基础进行会计确认、计量和报告。"

　　根据权责发生制确认收入和费用的标准，我们可以看出，账簿上所记录的本期收入并不一定都在本期收款（可能在以前预收、本期收款或以后收款），账簿上所记录的本期费用也并不一定都在本期付款（可能在以前付款、本期付款或以后付款），为了准确地确定各个会计期间的收入和费用，使之归属于应该归属的会计期间，以便更好地按照配比原则的要求进行配比，进而确定各个期间的经营成果，在会计期末结账时，就需要对某些跨期间的账项进行调整，包括收入的调整和费用的调整两部分内容。

1. 收入的调整

　　收入的调整可以具体分为应计未收收入的调整和应计预收收入的调整。

　　（1）应计未收收入是指本会计期间已经获得但本期尚未收到款项的收入，应在期末结账时将其调整为本期收入，即一方面增加本期的收入，另一方面增加本期的资产(债权)。现举例说明如下：

【例 3-1】甲公司赊销一批产品给 A 公司(假设不考虑相关税费)，售价为 5 000 元，已发货，货款一个月后收取。甲公司应编制的会计分录如下。

　　借：应收账款——A 公司　　　　　　　　　　　　　　　　　5 000
　　　　贷：主营业务收入　　　　　　　　　　　　　　　　　　　　5 000

(2)应计预收收入是指以前已经预收款项并满足收入合同成立条件，本期提供商品或劳务，本期确认收入，因而应在期末结账时将其调整为本期收入，即一方面增加本期收入，另一方面冲减本期负债(合同负债)。现举例说明如下。

【例 3-2】甲公司销售一批产品给 B 公司(假设不考虑相关税费)，售价为 10 000 元，已发货，之前已经预收货款 5 000 元，其余款项在发货时收到，存入银行。甲公司应编制的会计分录如下。

　　借：合同负债　　　　　　　　　　　　　　　　　　　　　　　5 000
　　　　银行存款　　　　　　　　　　　　　　　　　　　　　　　5 000
　　　　贷：主营业务收入　　　　　　　　　　　　　　　　　　　10 000

2. 费用的调整

费用的调整包括应计未付费用的调整和应计预付费用的调整。

(1)应计未付费用是指本期已经发生但尚未支付款项的各种费用，应在期末结账时将其调整为本期费用，即一方面增加本期的费用，另一方面增加本期的负债。现举例说明如下。

【例 3-3】1 月 31 日，甲公司计算提取之前短期借款的利息 5 000 元。甲公司应编制的会计分录如下。

　　借：财务费用　　　　　　　　　　　　　　　　　　　　　　　5 000
　　　　贷：应付利息　　　　　　　　　　　　　　　　　　　　　　5 000

(2)应计预付费用是指以前期间已经付款但在本期发生的费用，应在期末结账时将其调整为本期的费用，即一方面增加本期的费用，另一方面冲减本期的资产(债权)。现举例说明如下。

【例 3-4】1 月 31 日，甲公司摊销应由本月负担的房租 3 000 元。甲公司应编制的会计分录如下。

　　借：管理费用　　　　　　　　　　　　　　　　　　　　　　　3 000
　　　　贷：长期待摊费用　　　　　　　　　　　　　　　　　　　　3 000

企业按照权责发生制的要求在会计期末需要调整的账项除以上内容之外，还有计提固定资产折旧、计提有关资产的减值准备等。经过这些调整，各账户不仅能够正确地反映本期应赚取的收入和应发生的费用，使收入和相关费用在时间上、因果关系上得到恰当的配比，进而正确地确定该期间的经营成果，而且真实地反映企业在该期末的财务状况(债权、债务)。

调整分录包括对收入的调整和对费用的调整两类内容，收入和费用的发生会影响所有者权益的变动，然而所有者权益不能独自变动，当其发生变化时，必定涉及资产或负债的变化，因此每一笔调整分录既影响利润表账户(收入或费用)，又影响资产负债表账户(资产或负债）。调整分录是基于权责发生制会计处理基础的，相比记录常规性业务的会计分录，编制调整分录要求必须更深刻地理解权责发生制这一特殊的会计处理基础。

四、结账

为了正确反映一定时期内在账簿中记录的经济业务，总结有关经济业务活动和财务状况，各单位必须在每一个会计期末结账。

1. 结账的概念和内容

结账是在把一定时期内发生的全部经济业务登记入账的基础上，计算并记录本期发生额和期末余额，并将其余额结转下期或者转入新账的过程。结账分月度结账（月结）、季度结账（季结）和年度结账（年结）三种。

结账工作通常包括两项内容。

（1）结转收入、费用类账户。对于收入和费用两类账户，会计期末应将其余额结平，据以确定本期的利润或亏损，将经营成果在账面上提示出来，为编制利润表提供有关的依据。

（2）结算资产、负债和所有者权益类账户。对于资产、负债和所有者权益三类账户，会计期末应分别结出其总分类账和明细分类账的本期发生额及期末余额，并将期末余额结转为下一期的期初余额，为编制资产负债表提供有关的依据。

2. 结账的主要程序

（1）结账时，首先检查本期内所发生的经济业务是否已经全部根据会计凭证记入有关账簿。不能为赶编报表而提前结账，也不能先编财务报表后结账。

（2）按照权责发生制进行调整账项。对于应由本期负担的费用，应按规定的标准摊入本期费用；对于应由本期负担尚未支付的费用，应按规定的标准计入本期费用；对于属于本期的应收收入和预收收入，也应按规定标准确认，计入本期收入。

（3）编制结账分录。将本期发生的收入、费用类账户余额，期末结转"本年利润"账户，以计算和确定企业最终的财务成果。

（4）计算出资产、负债和所有者权益类账户的本期发生额和期末余额，以反映企业本期的财务状况。

3. 结账的方法

会计期末结账主要采用划线结账法，即期末结出各账户的本期发生额和期末余额后，加以划线标记，将期末余额结转下期。应注意的是，结账时在账簿中划红线的目的，是突出有关数字，表示本期的会计记录已截止或结束，并将本期与下期的记录明显分开，因此必须划通栏红线，不能只在金额栏下划线。结账时，在不同账簿中可能会有一至多次划线，月结时应全部划通栏单红线，表示本月记录结束，以下账页用以登记下一月份的相关经济业务。年结时除最后一次划线外，均划通栏单红线，最后一次划线为通栏双红线，表示本年度会计记录结束，一般应更换新账簿并将本账簿中的期末余额结转入新账簿。

当更换新账时，对旧账中有年末余额的账户，应将其余额结转下年。结转的方法是：在旧账年结双红线下行摘要栏内注明"结转下年"字样，将账户余额直接记入新账第一行余额栏，并在摘要栏内注明"上年结转"字样。结转余额时无须编制记账凭证，也无须将余额再记入本年账户的借方或贷方，使本年有余额的账户结平。

任务作答清单

(1)举例说明对账的含义及工作内容	
(2)阐述结账的概念和内容	
(3)阐述对账和结账的工作程序及方法	
(4)宏利公司1月实现的各项收入(采用账结法),在1月末应如何进行收入的结账工作?	
(5)宏利公司1月发生的各项费用(假设不考虑相关税费),在1月末应如何进行结账工作?	
(6)期末时,宏利公司应完成哪些工作内容,为编制资产负债表提供有关的依据?	

教师点评			
小组成员			
小组得分		组长签字	
教师评分		教师签字	

知识链接 3-1

会计循环的特殊步骤

知识链接 3-2

错账的查找方法

项目 4　货币资金

学习目标

▶ 知识目标
了解货币资金的概念、特点、分类；了解库存现金的内部控制制度；明确库存现金的定义、使用范围；掌握库存现金、银行存款、其他货币资金的会计核算。

▶ 素质目标
以"现金的使用规定"为出发点，培养学生遵守原则、爱岗敬业的态度，树立诚实守信的意识，提高会计从业人员的职业道德。

▶ 技能目标
认知货币资金的形态和特征，能够熟练进行库存现金、银行存款、其他货币资金的账务处理；掌握库存现金清查方法；熟练编制银行存款余额调节表。

知识点导图

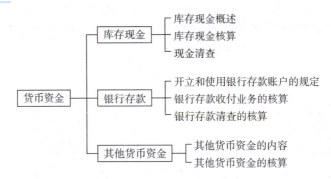

货币资金是指企业在生产经营过程中处于货币形态的资产，是一种流动性强、流通性广的资产。例如，购买材料、支付员工薪酬、支付管理费用、归还借款、收回应收款等所发生的业务，都可以通过货币资金完成。货币资金包括库存现金、银行存款和其他货币资金三种类型。

任务 1　库存现金

任务布置

任务描述	宏利公司有如下业务：2023 年 2 月 2 日，购买乙公司材料，价值 1 000 元，用库存现金支付；2 月 15 日，用现金给职工发放工资 50 000 元；4 月 30 日，发现现金短款 200 元，应由出纳人员赔偿；5 月 2 日，销售产品一台，获得产品销售收入 10 000 元，对方给付现金。对于以上业务，宏利公司应怎样进行会计业务处理？
任务目标	请根据学习的知识，解决上述问题。要完成的任务有：了解库存现金的概念，熟悉库存现金的使用范围，掌握库存现金的会计核算和业务处理方法
任务讨论	库存现金流动性强，宏利公司如何加强对库存现金的管理？请提供方案
任务实施	学时建议：课上 1 学时、课下 1 学时
	任务分工：分组、布置任务、任务准备、查找资料
	实施方式：线上与线下相结合

知识参考

一、库存现金概述

现金是流动性最强的资产，是通用的交换媒介，具有通用性和无限制可流通性。库存现金是指企业、单位存放在财会部门，由出纳人员保管，用于日常零星开支使用的现金。这里的现金是狭义的，仅指存放在企业，由出纳人员保管的纸币、硬币、电子货币及外币等，包括人民币现金和外币现金。广义的现金包括库存现金、银行存款以及其他货币资金。

二、库存现金核算

为了总括地反映和监督企业库存现金的收支结存情况，需要设置"库存现金"账户。该账户借方登记现金收入数，贷方登记现金的付出数，余额在借方，反映库存现金的实有数。企业应设置和登记库存现金日记账，根据现金的收支业务逐日、逐笔地记录现金的增减及结存情况，从而全面、连续地了解和掌握企业每日现金的收支动态和库存余额，为日常分析、检查企业的现金收支活动提供资料。有外币现金的企业，还应当分别按人民币和外币设置库存现金日记账进行明细核算。对于同时存在不同币种的企业，在会计上只能选择一个币种作为记账本位币，但应该分别按币种设立明细账，进行明细核算。

企业单位由于销售商品、提供劳务以及从银行提取现金等而发生现金收款业务时，出纳员应根据审核无误的原始凭证收讫现金后，在有关的原始凭证上加盖"现金收讫"戳记。发生现金支出业务时，出纳员应根据审核无误的原始凭证支付现金后，在有关的原始凭证上加盖"现金付讫"戳记。

【例4-1】甲公司于2023年2月1日从银行提取库存现金3 000元。甲公司应编制的会计分录如下。

借：库存现金   3 000

 贷：银行存款   3 000

【例4-2】甲公司于2023年4月5日销售一批商品，开具的专用发票上注明的价款是20 000元，应交的增值税销项税额是2 600元，收到22 600元现金。甲公司应编制的会计分录如下。

借：库存现金   22 600

 贷：主营业务收入   20 000

  应交税费——应交增值税(销项税额)   2 600

【例4-3】甲公司于2023年7月2日用库存现金2 000元购买行政管理部门的办公用品。甲公司应编制的会计分录如下。

借：管理费用   2 000

 贷：库存现金   2 000

结合项目2中借贷记账法的记账原理，例4-1中库存现金的金额增加3 000元，账户类别属于资产类，故登记在借方；银行存款也属于资产类账户，但银行存款的金额减少了3 000元，故登记在贷方。同理，例4-2中企业收到22 600元的现金，表示库存现金的金额增加，记入借方；而企业的产品被销售出去，使得主营业务收入增加了20 000元，账户类别属于收入类，故记入贷方；产生的应交税费为2 600元，引起负债增加，故记在贷方。例4-3中的库存现金减少了2 000元，记入贷方；购买行政管理部门的办公用品，表明费用增加了2 000元，就记入借方。由此可知，在解决此类问题时，均应按照判断应记入什么账户、记入账户的借方还是贷方这样的思路考虑。

三、现金清查

现金的流动性强，由于零散、收付速度快等原因，容易出现长款和短款现象，即现金管理的账实不符。造成现金账实不符的原因有两大类：一类是会计人员操作失误；另一类是人为舞弊。具体有以下几种情况：出纳员收、付现金时出现差错；出纳员在保管现金的过程中由于疏忽而丢失了现金；发生现金收、付业务时，实际收到或付出了现金，但未做现金收款凭证或付款凭证；发生现金收、付业务时，所编制的会计分录中金额产生错误或记错了账户；依据现金收款、付款凭证登记库存现金日记账时发生错误；库存现金被盗等。

为加强对现金的管理，应定期或不定期进行清查。由清查小组的工作人员通过实地盘点法对现金进行清查。在具体清查时，出纳员必须在场，实地盘点确定库存现金实有数，然后与库存现金日记账的余额核对相符。清查之后，应将清查后情况填入"库存现金盘点报告表"，并由现金清查人员和出纳员签字盖章，保证有效性。对现金清查中发现的长款（盘盈）、短款（盘亏）金额，必须认真查明原因，及时报请管理人员和相关部门批准，并按规定进行账务处理。

针对不同的原因造成的现金长款或短款，要采取不同的方法进行处理。

在现金长款时，有以下处理方法：

①对于无法查明原因的现金长款即现金溢余，经批准后记入"营业外收入"账户；

②对于应付给其他单位或个人的长款，应记入"其他应付款"账户。

在现金短款时，有以下处理方法：

①如果是应由责任人赔偿或由保险公司赔偿的部分，应记入"其他应收款"账户；

②如果是由经营管理不善造成、非常损失或无法查明原因的部分，应记入"管理费用"账户；

③如果是偶然发生的损失，应记入"营业外支出"账户。

企业应同时设置"待处理财产损溢——待处理流动资产损溢"账户进行核算，用以登记盘盈、盘亏的现金情况。当现金长款时，增加"库存现金"账户的记录，同时记入"待处理财产损溢——待处理流动资产损溢"账户，等待批准处理；当现金短款时，减少"库存现金"账户的记录，同时记入"待处理财产损溢——待处理流动资产损溢"账户，等待批准处理。在现金盘点问题处理完毕后，"待处理财产损溢——待处理流动资产损溢"账户应无余额。

在清查过程中发现有长款或短款情况，应根据"库存现金盘点报告表"以及有关的批准文件，进行批准前和批准后的账务处理。

【例 4-4】 甲公司于 2023 年 7 月末在财产清查中发现现金短款 1 500 元。甲公司应编制的会计分录如下。

　　借：待处理财产损溢——待处理流动资产损溢　　　　　　　1 500
　　　　贷：库存现金　　　　　　　　　　　　　　　　　　　　　　1 500

如果现金短款是由出纳员张某造成的，应编制的会计分录如下。

　　借：其他应收款——张某　　　　　　　　　　　　　　　　1 500
　　　　贷：待处理财产损溢——待处理流动资产损溢　　　　　　　1 500

如果现金短款无法查明原因，记入"管理费用"，应编制的会计分录如下。

　　借：管理费用　　　　　　　　　　　　　　　　　　　　　1 500
　　　　贷：待处理财产损溢——待处理流动资产损溢　　　　　　　1 500

【例 4-5】 甲公司在财产清查时发现库存现金长款 2 200 元，应编制的会计分录如下。

　　借：库存现金　　　　　　　　　　　　　　　　　　　　　2 200
　　　　贷：待处理财产损溢——待处理流动资产损溢　　　　　　　2 200

如果现金长款原因不明，记入"营业外收入"，应编制的会计分录如下。

　　借：待处理财产损溢——待处理流动资产损溢　　　　　　　2 200
　　　　贷：营业外收入　　　　　　　　　　　　　　　　　　　2 200

📖 **任务作答清单**

(1) 在任务描述中，宏利公司用现金购买乙公司材料，价值 1 000 元，怎样进行会计业务处理？	
(2) 在任务描述中，宏利公司用现金给职工发放工资 50 000 元，怎样进行会计业务处理？	

续表

（3）在任务描述中，宏利公司发现现金短款200元，应由出纳人员赔偿，怎样进行会计业务处理？	
（4）在任务描述中，宏利公司销售产品一台，获得产品销售收入 10 000 元，对方给付现金，怎样进行会计业务处理？	
（5）如何做好库存现金清查？怎样合理保持现金持有量？	

教师点评			
小组成员			
小组得分		组长签字	
教师评分		教师签字	

任务 2　银行存款

任务布置

任务描述	宏利公司有如下业务：2023 年 4 月，从工商银行取得 6 个月的借款 35 000 元；通过银行转账付款的方式购买材料，材料不含税价格为 10 000 元；用银行存款支付本月销售部门的水电费 600 元。针对以上业务，宏利公司怎样进行会计业务处理？	
任务目标	请根据学习的知识，解决上述问题。要完成的任务有：理解银行存款的概念，掌握银行存款的核算方法，熟悉银行存款票据结算方式	
任务讨论	银行存款余额调节表是否能作为会计记账时的原始凭证？	
任务实施	学时建议：课上 1 学时、课下 1 学时	
	任务分工：分组、查找资料、作答清单	
	实施方式：线上与线下相结合	

一、开立和使用银行存款账户的规定

银行存款是企业存入本地银行和其他金融机构的各种款项。广义的银行存款包括银行结算户存款、其他货币资金和专项存款等一切存入银行及其他金融机构的款项；狭义的银行存款仅指存入银行结算户的款项。

银行是全国结算中心，企业必须在银行开设账户，进行存款、取款、转账等业务。企业应根据中国人民银行制定的《人民币银行结算账户管理办法》和《支付结算办法》的规定，在银行开立基本存款账户、一般存款账户、临时存款账户和专用存款账户。基本存款账户是指企业办理日常转账结算和现金收付业务的账户，企业职工薪酬等现金的支取只能通过本账户办理；一般存款账户是指企业在基本存款账户以外的银行借款转存、与基本存款账户的存款人不在同一地点的附属非独立核算单位开立的账户，企业可以通过本账户办理转账结算和现金缴存业务，但不能办理现金支取业务；临时存款账户是企业因临时经营活动需要而开立的账户，企业可以通过本账户办理转账结算和根据国家现金管理的规定办理现金的收付业务；专用存款账户是指企业因特定用途的需要而开立的账户，企业特定用途的资金包括基建资金、更改资金、特准储备资金等。一个单位只能选择一家银行的一个营业机构开立一个基本存款账户，不得在多家银行机构开立基本存款账户，也不得在同一家银行的几个分支机构分别开立一般存款账户。

我国国内银行的转账结算方式主要分为两大类：一类是银行票据结算方式；另一类是银行其他结算方式。目前，企业可以采用以下几种主要的结算方式：银行汇票、银行本票、商业汇票、支票、汇兑、委托收款、托收承付等。

二、银行存款收付业务的核算

银行存款结算方式应用普遍，为了随时掌握银行存款的增减变化情况，合理调度资金和组织货币资金的收支平衡，需要设置"银行存款"账户，同时必须设置银行存款总账和银行存款日记账。在不同的结算方式下，企业应当根据不同的原始凭证编制银行存款的收款、付款记账凭证，据以登记银行存款日记账和总账。企业将款项存入银行等金融机构时，应根据有关原始凭证，借记"银行存款"账户，贷记"库存现金"等账户；提取在银行等金融机构中的存款时，借记"库存现金"等账户，贷记"银行存款"账户；用银行存款购买材料、固定资产等项目或支付费用时，贷记"银行存款"账户，借方记入相关业务账户。

【例4-6】甲公司于2023年1月2日把库存现金600元存入银行。甲公司应编制的会计分录如下。

借：银行存款 600
　　贷：库存现金 600

【例4-7】甲公司于2023年6月10日收到投资者投入的300 000元，通过银行入账。甲公司应编制的会计分录如下。

借：银行存款 300 000
　　贷：实收资本 300 000

【例4-8】甲公司于2023年6月18日开出转账支票支付当月行政管理部门的办公用品费2 000元。甲公司应编制的会计分录如下。

借：管理费用 2 000
　　贷：银行存款 2 000

【例4-9】甲公司于2023年9月1日购买一批原材料，取得的专用发票注明价款是30 000元，增值税进项税额是3 900元，用银行存款支付，材料入库。甲公司应编制的会计分录如下。

```
借：原材料                                           30 000
    应交税费——应交增值税(进项税额)                    3 900
    贷：银行存款                                              33 900
```

例 4-6 中银行存款账户上的金额增加 600 元，账户类别属于资产类，就登记在借方；库存现金的金额减少 600 元，并且库存现金也属于资产类账户，就登记在贷方。例 4-7 中企业通过银行入账收到款项 300 000 元，表明银行存款增加，银行存款属于资产类账户，登记在借方；而这笔 300 000 元的款项是投资人投入的，应列入"实收资本"账户，账户类别属于所有者权益类，登记在贷方。例 4-8 中管理费用增加，属于费用类账户，记入借方；而银行存款减少，属于资产类账户，记入贷方。例 4-9 中的原材料账户属于资产类，增加记入借方；这里的应交税费记录的是增值税进项税额 3 900 元，是销项税额的抵扣项目，记入借方；而银行存款减少了 33 900 元，故记入贷方。

企业需设置银行存款日记账，按照银行存款收付业务发生时间的先后顺序逐日、逐笔登记，每日业务终了应结出余额。

三、银行存款清查的核算

银行存款清查是指企业银行存款日记账与开户银行开出的对账单二者的核对，应定期(至少每月一次)将二者进行核对。如果二者余额相符，则说明基本正确；如果二者余额不符，则可能是企业或银行某一方记账过程有错误或者存在未达账项，要调整未达账项，并保证二者余额相符。要注意的是，在对银行存款日记账与银行开出的对账单进行核对时，应首先将截至核对日的所有银行存款的收、付款业务登记入账，并对发生的错账、漏账及时查清更正，再与银行对账单逐笔核对。

所谓未达账项，是指企业和开户银行双方之间，由于传递单证时间差异、确认收付的口径不一致等原因，对于同一笔款项收付业务，银行和企业中一方已经接到有关的结算凭证登记入账，另一方尚未接到有关的结算凭证、尚未入账的款项。未达账项有以下四种情况。

(1)企业收款记账，银行未收款未记账，如企业收到其他单位的购货支票等。

(2)企业付款记账，银行未付款未记账，如企业开出付款支票，但持票人尚未到银行办理转账手续等。

(3)银行收款记账，企业未收款未记账，如托收货款，银行已入账，而企业未得通知。

(4)银行付款记账，企业未付款未记账，如银行代企业支付公用事业费等。

上述情形中，当发生(1)、(4)两种情况时，企业的银行存款日记账账面余额将大于银行对账单余额；当发生(2)、(3)两种情况时，企业的银行存款日记账账面余额将小于银行对账单余额。所以，在与银行对账时首先应查明是否存在未达账项，如果存在未达账项，就应该编制银行存款余额调节表对有关的账项进行核对。银行存款余额调节表是在企业银行存款日记账余额和银行对账单余额的基础上，分别加或减未达账项，确定调节后余额，如果调节后双方余额相符，就说明企业和银行双方记账过程基本正确，也要注意企业是否有漏记、重记、错记或串记等情况，及时查正。银行存款余额调节表只起对账的作用，不能根据银行存款余额调节表调整账面记录，账面记录的调整必须待收到有关收款或付款的结算凭证之后再进行。

【例 4-10】甲公司 2023 年 6 月 30 日的银行存款日记账显示的银行存款余额为 439 800

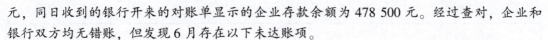

元，同日收到的银行开来的对账单显示的企业存款余额为 478 500 元。经过查对，企业和银行双方均无错账，但发现 6 月存在以下未达账项。

(1)6 月 24 日，企业委托银行代收的销货款 30 000 元，银行已收妥入账，但企业尚未接到银行的收款通知。

(2)6 月 25 日，企业开出转账支票购买材料总计 52 500 元，持票人尚未到银行办理转账手续。

(3)6 月 26 日，银行代企业支付本月的水电费 15 000 元，银行尚未通知企业。

(4)6 月 27 日，企业存入银行的其他企业转来的转账支票 65 250 元，而银行未入账。

(5)6 月 30 日，银行收到保险公司赔偿本企业的火灾损失款 36 450 元，银行尚未通知本企业。

要求：根据上述未达账项内容，将相应结果填写到银行存款余额调节表中。

填好后的银行存款余额调节表见表 4-1。

表 4-1　银行存款余额调节表

2023 年 6 月 30 日　　　　　　　　　　　　　　　　　单位：元

项目	金额	项目	金额
银行存款日记账余额	439 800	银行对账单余额	478 500
加：银行收款公司未收的　未达账项	30 000　36 450	加：公司已收银行未收的　未达账项	65 250
减：银行付款公司未付的　未达账项	15 000	减：公司已付银行未付的　未达账项	52 500
调节后余额	491 250	调节后余额	491 250

如果调整后二者余额仍然不等，应进一步查明原因，采取相应的方法进行更正。即使调整后二者余额相等，也未必保证完全正确，也可能存在两个差错正好相等、抵销为零等情况。

📖 **任务作答清单**

(1)总结银行存款结算方式的优点	
(2)在任务描述中，宏利公司从工商银行取得 6 个月的借款 35 000 元，怎样进行会计业务处理？	
(3)在任务描述中，宏利公司通过银行转账付款的方式购买材料，材料不含税价格为 10 000 元，怎样进行会计业务处理？	
(4)在任务描述中，宏利公司用银行存款支付本月销售部门的水电费 600 元，怎样进行会计业务处理？	

续表

教师点评			
小组成员			
小组得分		组长签字	
教师评分		教师签字	

任务 3　其他货币资金

📋 任务布置

任务描述	宏利公司有如下业务：2023 年 4 月 2 日，委托当地开户银行汇款 60 000 元给采购地银行开立采购专户；4 月 6 日，因经济业务需要，向银行申请办理信用卡，开出转账支票一张，金额 200 000 元，收到进账单第一联和信用卡。宏利公司应怎样进行会计业务处理？
任务目标	请根据学习的知识，解决上述问题。要完成的任务有：熟悉其他货币资金的内容，掌握其他货币资金的核算方法，明确其他货币资金与银行存款的区别
任务讨论	宏利公司在取得借款时，应采取哪些措施防范风险？请提供方案
任务实施	学时建议：课上 1 学时
	任务分工：分组、查找资料、作答清单
	实施方式：线上与线下相结合

📖 知识参考

一、其他货币资金的内容

企业在经营过程中，为了应付日常开支、购买物资、结算债权债务等，除了需要现金和银行存款之外，还需要其他货币资金。其他货币资金是指性质与现金、银行存款相同，但其存放地点和用途与现金和银行存款不同的货币资金，包括外埠存款、银行汇票存款、银行本票存款、存出投资款、信用证保证金存款和在途货币资金等。

外埠存款是指企业到外地进行临时或零星采购时，汇往采购地银行开立采购专户的款项；银行汇票存款是指企业为了取得银行汇票，按照规定存入银行的款项；银行本票存款是指企业为取得银行本票，按规定存入银行的款项；存出投资款是指企业已存入证券公司但尚未进行投资的款项；信用证保证金存款是指企业为取得信用证而按照规定存入银行的保证金；在途货币资金是指企业同所属单位之间和上下级之间的汇解款项，在月终时尚未

到达，处于在途状态的款项。

二、其他货币资金的核算

为了核算其他货币资金的变动及结余情况，需要设置"其他货币资金"账户，并相应设置"外埠存款""银行汇票存款""银行本票存款""存出投资款""在途货币资金"等明细账户，进行明细核算。这里以"外埠存款"和"存出投资款"为例，说明其他货币资金的会计核算过程。

【例 4-11】甲公司委托当地开户银行汇款 750 000 元给采购地银行开立采购专户。甲公司应编制的会计分录如下。

借：其他货币资金——外埠存款　　　　　　　　　　750 000
　　贷：银行存款　　　　　　　　　　　　　　　　　　　750 000

采购员交来购货发票，注明价款 420 000 元，增值税税额 54 600 元。应根据购货发票等单据编制的会计分录如下。

借：在途物资　　　　　　　　　　　　　　　　420 000
　　应交税费——应交增值税(进项税额)　　　　54 600
　　贷：其他货币资金——外埠存款　　　　　　　　　　474 600

待材料入库时应编制的会计分录如下。

借：原材料　　　　　　　　　　　　　　　　420 000
　　贷：在途物资　　　　　　　　　　　　　　　　　　420 000

采购员完成了采购任务，将剩余的外埠存款 275 400 元转回本地银行。应根据银行的收账通知等编制的会计分录如下。

借：银行存款　　　　　　　　　　　　　　　　275 400
　　贷：其他货币资金——外埠存款　　　　　　　　　　275 400

【例 4-12】甲公司将银行存款 800 000 元划入某证券公司准备进行短期股票投资。应根据有关凭证编制会计分录的如下。

借：其他货币资金——存出投资款　　　　　　　　800 000
　　贷：银行存款　　　　　　　　　　　　　　　　　　800 000

📖 任务作答清单

(1)总结其他货币资金的核算内容	
(2)列举其他货币资金所包括项目的记账规则	
(3)在任务描述中，宏利公司委托当地开户银行汇款 60 000 元给采购地银行开立采购专户，怎样进行会计业务处理？	
(4)查找当前货币支付手段，总结电子支付手段的重要作用，做成 PPT，并进行交流。	

续表

教师点评			
小组成员			
小组得分		组长签字	
教师评分		教师签字	

 知识育人探讨

健全"货币资金"管理制度——维护财经纪律

　　货币资金是指以货币形态存在的资产，也是流动性最强的资产，其涉及面最宽、应用性和流通性最广，故极易发生短缺、盗窃、挤占、挪用等行为。加强货币资金的内部控制、规范货币资金的使用行为、确保货币资金的正确使用具有极其重要的意义。企业应通过建立预算制度、严设审批权限、采取不相容的岗位分离制度、建立收入和支出环节的监控机制、定期清查、线上线下双向联动备案和监管等手段和方式，加强对货币资金的控制与管理，以维护企业、事业单位的资金安全。相关管理及会计工作人员要具备强烈的责任心，维护财经纪律和经营秩序，共同净化经济环境。

 知识链接 4-1　　　　　　 **知识链接 4-2**

银行存款和移动支付

教学视频

项目 5　应收项目

学习目标

> **知识目标**

了解应收项目的形成原因，熟悉应收项目的分类，掌握应收账款、应收票据、其他应收款的概念与核算内容；掌握应收账款、应收票据、其他应收款的会计业务处理方法。

> **素质目标**

从"应收账款形成和坏账"入手，让学生养成信守承诺、履责守法的态度，培养学生维护社会诚信风气的思想意识。

> **技能目标**

认知应收业务中的债权债务关系，能够熟练进行应收账款业务、应收票据业务、其他应收款业务的核算与账务处理。

知识点导图

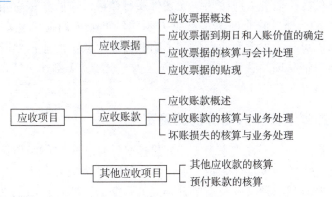

在市场经济条件下，企业之间的商品交易多是以商业信用为基础的，商业信用的使用和发展促进了商品生产和流通，企业在日常生产经营过程中发生赊销形成的各项债权构成了企业的应收项目，应收项目包括应收票据、应收账款、其他应收项目等。

任务 1 应收票据

任务布置

任务描述	宏利公司有如下业务：2023 年 4 月 1 日，宏利公司销售一批电器产品，发票注明的价款为 200 000 元，增值税税额为 26 000 元，收到一张已承兑的商业汇票，汇票持有时间是 50 天。分别计算这张商业汇票不带息及带息（带息年利率 5%）的情况下，怎样进行会计核算和业务处理
任务目标	请根据学习的知识，解决上述问题。要完成的任务有：熟悉应收票据内容的确定，掌握应收票据的核算方法，明确应收票据在企业之间收付款时的作用
任务讨论	应收票据作为一种信用方式，对债权人有什么保证？讨论应收票据的作用
任务实施	学时建议：课上 1 学时、课下 1 学时
	任务分工：分组、布置任务、任务准备、查找资料
	实施方式：线上与线下相结合

知识参考

一、应收票据概述

应收票据是指企业因销售商品、提供劳务而持有的尚未到期或未兑现的商业票据，是持票企业拥有的一项债权，具有较强的法律约束力。应收票据载有一定的付款日期、付款金额、付款地点等信息，债务人应按约定无条件履行债务。应收票据常指商业汇票，商业汇票的期限不超过 6 个月。商业汇票按承兑人不同，可分为商业承兑汇票和银行承兑汇票；按其是否附息，可分为附息商业汇票和不附息商业汇票。商业汇票既可以依法背书转让，也可以向银行申请贴现。其他的银行票据（支票、本票）等都作为货币资金核算，而不作为本任务的票据核算。

二、应收票据到期日和入账价值的确定

应收票据的到期日按如下方式来确定：如果按日计算，按实际经历天数确定，但出票日和到期日只能算其中的一天，即采取"算头不算尾"或"算尾不算头"的方式计算；如果按月计算，在计算时以到期月份中与出票日相同的日期为到期日；如果是月末签发的，则以到期月的月末日为到期日。

应收票据的入账价值目前按照面值记账，对于带息票据，在会计期末（主要是指中期期末和年度终了）按应收票据的票面价值和规定的利率计提利息，相应地增加应收票据的账面余额。

三、应收票据的核算与会计处理

企业应设置"应收票据"账户，其借方登记应收票据的面值和期末计提的利息，贷方登记到期收回、背书转让或申请贴现的票据价值，借方余额表示尚未到期和尚未收回的票据价值。由于票据是一种无条件付款，可以随时背书或贴现的书面凭证，对于以某一特定单位或个人为对象的明细分类核算已无必要，因此不需要设置明细分类账户。但为了便于管理和分析票据的具体情况，应该设置"应收票据"备查簿，逐笔记录商业汇票的种类、号数、出票日、交易合同号、付款人、承兑人、背书人、到期日、背书转让日、收款日、收款金额等信息，以备查考。商业汇票到期结清票款或退票后，应在备查簿中予以注销。

应收票据在核算上分为不带息应收票据和带息应收票据两种情况。

1. 不带息应收票据的核算

不带息应收票据是指无利率约定，即票据的到期价值等于应收票据的面值。企业收到票据时，应借记"应收票据"账户，贷记"主营业务收入""应收账款"等有关账户；票据到期收回款项时，应借记"银行存款"账户，贷记"应收票据"账户。

【例5-1】2023年6月1日甲公司销售一批产品，发票注明的价款为100 000元，增值税税额为13 000元，收到一张已承兑不带息商业汇票。应编制的会计分录如下。

借：应收票据　　　　　　　　　　　　　　　　　　113 000
　　贷：主营业务收入　　　　　　　　　　　　　　　　100 000
　　　　应交税费——应交增值税(销项税额)　　　　　　13 000

上述票据到期日是当月20日，当日收回款项，并存入银行。应编制的会计分录如下。

借：银行存款　　　　　　　　　　　　　　　　　　113 000
　　贷：应收票据　　　　　　　　　　　　　　　　　113 000

2. 带息应收票据的核算

带息应收票据需要在中期期末、年度终了和票据到期时，根据票面金额和票面利率计算利息，增加应收票据的账面价值，同时冲减财务费用。应收票据利息的计算公式为：

$$应收票据利息 = 应收票据面值 \times 票面利率 \times 时间$$

上式中的"票面利率"一般指年利率，"时间"是指票据的签发日至利息的计算日的时间间隔，如果按月，计算时使用用月利率(年利率/12)，如果按日，计算时利率应换算成日利率，参照前面讲述的到期日确定方法，通常将1年定为360天，简化了核算工作。

【例5-2】2023年11月1日，甲公司销售一批产品，发票注明的价款为100 000元，增值税税额为13 000元，收到一张已承兑商业汇票，汇票期限为5个月，票面年利率为6%。相关账务处理如下。

(1)收到票据时。

借：应收票据　　　　　　　　　　　　　　　　　　113 000
　　贷：主营业务收入　　　　　　　　　　　　　　　　100 000
　　　　应交税费——应交增值税(销项税额)　　　　　　13 000

(2)年度终了时。

计算应收票据利息如下。

应收票据利息 = 113 000 × 6% × 2 ÷ 12 = 1 130(元)。

其应编制的会计分录如下。

借：应收票据　　　　　　　　　　　　　　　　　　　　1 130
　　贷：财务费用　　　　　　　　　　　　　　　　　　　　　1 130

（3）票据到期收回款项时。

到期收款金额为 115 825（113 000＋113 000×6%×5÷12）元，其中应计入收款年度损益的利息为 1 695（113 000×6%×3÷12）元，其应编制的会计分录如下。

借：银行存款　　　　　　　　　　　　　　　　　　　　115 825
　　贷：应收票据　　　　　　　　　　　　　　　　　　　　　114 130
　　　　财务费用　　　　　　　　　　　　　　　　　　　　　　1 695

（4）如果该票据到期不能按时收回款项，需要转入"应收账款"账户，其应编制的会计分录如下。

借：应收账款　　　　　　　　　　　　　　　　　　　　115 825
　　贷：应收票据　　　　　　　　　　　　　　　　　　　　　114 130
　　　　财务费用　　　　　　　　　　　　　　　　　　　　　　1 695

四、应收票据的贴现

商业汇票是可以背书转让的，当企业资金短缺时，就可以采取这一方式融通资金。而企业将商业汇票（在我国主要是银行承兑汇票）背书转让给银行，就属于贴现行为。所谓应收票据贴现，又称银行贴现，是指票据持有人将未到期的票据在背书后转让给银行，银行受理后，从票据中扣除按银行贴现率计算确定的贴现利息，然后将余款付给持票人的行为，也就是贴现银行作为受让方买入未到期的票据，预先扣除贴现日起至票据到期日止的利息，而将余额付给贴现者的一种交易行为。

📖 任务作答清单

（1）总结应收票据的到期日确定方法		
（2）辨析应收票据和其他银行结算方式的区别		
（3）在任务描述中，宏利公司销售产品，发票注明的价款为 200 000 元，增值税税额为 26 000 元，收到一张已承兑的商业汇票，这张商业汇票持有时间是 50 天，年利率为 5%，分别计算这张商业汇票不带息或带息（带息年利率为 5%），分别列出收到票据和票据到期时，怎样进行会计核算和业务处理		
教师点评		
小组成员		
小组得分		组长签字	
教师评分		教师签字	

<h1 style="text-align:center">任务 2　应收账款</h1>

🌸 任务布置

任务描述	宏利公司有如下业务：2023 年 5 月 2 日赊销给乙企业一批产品，发票注明产品的价款为 10 000 元，增值税税额为 1 300 元，并用银行存款 800 元为购买单位垫付了运杂费，符合收入和应收账款确认条件；如果给了乙企业 3/10、2/20、*N*/30 的现金折扣，5 月末发生坏账 5 000 元，怎样进行会计核算和业务处理？
任务目标	请根据学习的知识，解决上述问题。要完成的任务有：熟悉应收账款的内容，掌握应收账款的核算方法，明确应收账款的形成原因
任务讨论	宏利公司应采取哪些措施防范应收账款的风险？请提供方案
任务实施	学时建议：课上 1 学时、课下 1 学时
	任务分工：分组、布置任务、任务准备、查找资料
	实施方式：线上与线下相结合

一、应收账款概述

1. 应收账款的确认

应收账款是企业因销售商品、材料或提供劳务等，而应向购货单位或接受劳务的单位收取的款项，是企业经营过程中形成的一项债权。应收账款表示企业被购货单位或接受劳务的单位所占用的资金，故赊销是产生应收账款的主要原因。企业应加强应收账款的回收，保证资金环境的顺畅运营。

应收账款的范围一般包括销售商品、提供劳务等应收取的价款、增值税税款和代垫的运杂费等。在实际工作中，遵循重要性原则，对应收账款都是以其成交价格计量，即按照交易日的实际发生额确认应收账款的入账价值，其入账时间应结合收入实现的时间进行确认。在实际销售活动中，还应考虑商业折扣、现金折扣、销售退回等情况。

2. 商业折扣、现金折扣

（1）商业折扣。

商业折扣是指企业为促进商品销售而在商品标价上给予的价格扣除，是企业最常用的促销方式之一。在有商业折扣的情况下，应按扣除商业折扣后的金额入账，计算增值税时，也应该将扣除商业折扣后的金额作为计税依据，即商业折扣对会计核算不产生任何影响，不需要在买卖双方账上反映。例如，某企业销售一批产品，价目表上标明的金额为 10 000 元（不含税价），出售时给予买家 10% 的商业折扣，货款尚未收到，A 企业为一般纳税人，使用的增值税税率为13%，有关账务处理如下。

借：应收账款　　　　　　　　　　　　　　　　　　　　　　10 170

　　贷：主营业务收入　　　　　　　　　　　　　　　　　　　9 000

　　　　应交税费——应交增值税（销项税额）　　　　　　　1 170

（2）现金折扣。

现金折扣是指在赊销的情况下，债权人为了鼓励债务人在赊销期内尽早付款而给予债务人的一种债务扣除，债务人在赊销期内的不同时间付款，可享受不同比例的折扣。现金折扣的表示方式一般是"折扣/付款期限"，如"3/10、2/20、N/30"等，其含义是：10天内付款，给予3%的折扣；20天内付款，给予2%的折扣；30天内付款，则不给折扣。在有现金折扣的情况下，对应收账款入账价值的确定有两种方法，即总价法和净价法。

总价法是将未扣减现金折扣前的金额作为应收账款的入账金额。现金折扣只有客户在折扣期内支付货款时才予以确认。采用总价法时，销售方把给予客户的现金折扣视为融资的理财费用，作为"财务费用"处理。总价法可以较好地反映企业销售的总体情况，但可能会因客户享受现金折扣而高估应收账款和销售收入。典型账务处理方法还可参考《企业会计准则第14号——收入》（2017年修订）相关规定。

净价法是将扣减最大现金折扣后的金额作为应收账款的入账金额。在净价法下，销售方认为客户一般会提前付款，而如果客户超过折扣期限付款，未享有现金折扣，进而多收入的款项视为提供信贷获得的收入，在收到货款时作为理财收益冲减财务费用。净价法可以避免总价法的不足，但在期末结账时，对已超过期限尚未收到的应收账款，需要按客户未享受的现金折扣进行调整，实际操作较为烦琐。

我国企业会计准则规定，企业对现金折扣的核算应采用总价法。

二、应收账款的核算与业务处理

企业因销售商品、提供劳务等发生应收账款业务时，对全部应收取的款项借记"应收账款"账户，对于价款贷记"主营业务收入"账户，对于增值税，应作为销项税额贷记"应交税费——应交增值税（销项税额）"账户，对于代垫运费等款项贷记"银行存款"等账户；企业改用商业汇票结算应收账款时，应借记"应收票据"账户，贷记"应收账款"账户；收回应收账款时，应借记"银行存款"等账户，贷记"应收账款"账户；如果为借方余额，表明尚未收回的应收账款。

【例5-3】甲公司赊销给乙企业一批产品，发票注明产品的价款为30 000元，增值税税额为3 900元，并用银行存款1 200元为购买单位代垫了运杂费。公司采用托收承付结算方式，已办妥托收手续。应编制的会计分录如下。

借：应收账款　　　　　　　　　　　　　　　　　　　　　　35 100

　　贷：主营业务收入　　　　　　　　　　　　　　　　　　30 000

　　　　应交税费——应交增值税（销项税额）　　　　　　　3 900

　　　　银行存款　　　　　　　　　　　　　　　　　　　　1 200

【例5-4】承上例，经过双方商定，上述应收账款改用商业汇票结算，公司已收到商业汇票。其应编制的会计分录如下。

  借：应收票据   35 100

    贷：应收账款   35 100

【例 5-5】承上例，甲公司规定的现金折扣条件为"2/10、1/20、N/30"，产品交付并办妥托收手续，企业采用总价法核算现金折扣(假设计算现金折扣时不考虑增值税)。

  (1)如果上述货款在 10 天内收到，其应编制的会计分录如下。

  借：银行存款   34 398

    财务费用   702

    贷：应收账款   35 100

  (2)如果上述货款在 20 天内收到，其应编制的会计分录如下。

  借：银行存款   34 749

    财务费用   351

    贷：应收账款   35 100

  (3)如果超过了现金折扣的最后期限收到货款，其应编制的会计分录如下。

  借：银行存款   35 100

    贷：应收账款   35 100

三、坏账损失的核算与业务处理

企业之间采用商业信用进行赊销和赊购，增加了货款回收风险。无法收回的应收账款称为企业的坏账，由于发生坏账而造成的损失称为坏账损失。对于坏账损失的核算，有两种方法，即直接转销法和备抵法。

(1)直接转销法。

直接转销法是在实际发生坏账时，作为一种损失直接计入期间费用，同时冲销应收账款，其账务处理为借记"信用减值损失"账户，贷记"应收账款"账户。这种核算方法用于平时账务处理比较简单，但是不符合权责发生制和配比原则的要求。

(2)备抵法。

备抵法是按期估计坏账损失，计入期间费用，同时建立坏账准备金，待实际发生坏账时，冲销已经提取的坏账准备金。这种核算方法避免了直接转销法的缺点。企业应该采用备抵法核算坏账损失，计提坏账准备金。坏账准备金的计提方法包括应收账款余额百分比法、账龄分析法、销货百分比法等，具体采用哪一种方法由企业自行确定。

在会计核算过程中，企业需要设置"坏账准备"账户。该账户的性质从属于"应收账款"账户，即属于资产类，其贷方登记提取的坏账准备(包括首次计提和以后补提的准备)、已转销的坏账又收回时恢复的坏账准备，借方登记实际发生坏账时冲销的坏账准备、年末冲销多提的坏账准备。年内期末余额如果在借方，表示实际发生的坏账损失大于已提取的坏账准备的差额(也就是提取不足的坏账准备)；余额如果在贷方，表示已提取但未使用的坏账准备。期末计算提取坏账准备金时，其计算公式为：

    期末应提取的坏账准备金＝应收账款期末余额×坏账准备的计提比例

  当期确认的坏账损失金额＝期末应提取的坏账准备金额－坏账准备账户的贷方金额

  备抵法下坏账损失的账务处理方法是：提取坏账准备时，借记"信用减值损失"账户，贷记"坏账准备"账户；冲销多提的坏账准备时，借记"坏账准备"账户，贷记"信用减值损失"账户；实际发生坏账冲销坏账准备金时，借记"坏账准备"账户，贷记"应收账款"账户；已经转销的坏账如果又收回，应首先借记"应收账款"账户，贷记"坏账准备"账户，然后借记"银行存款"账户，贷记"应收账款"账户。

【例 5-6】甲公司在 2023 年 2 月应收 B 公司款项 100 万元，但 B 公司面临重大财务危机，预计所有款项均无法收回，需计提坏账准备。相关账务处理如下。

借：信用减值损失　　　　　　　　　　　　　　　　　　　1 000 000
　　贷：坏账准备　　　　　　　　　　　　　　　　　　　　　1 000 000

甲公司经了解、取证，确定无法收回上述款项，则可确认损失，应编制的会计分录如下。

借：坏账准备　　　　　　　　　　　　　　　　　　　　　　1 000 000
　　贷：应收账款——B 公司　　　　　　　　　　　　　　　　1 000 000

如果 B 公司财务危机好转，并且甲公司能收回上述款项，应编制的会计分录如下。

借：应收账款——B 公司　　　　　　　　　　　　　　　　　1 000 000
　　贷：坏账准备　　　　　　　　　　　　　　　　　　　　　1 000 000
借：银行存款　　　　　　　　　　　　　　　　　　　　　　1 000 000
　　贷：应收账款——B 公司　　　　　　　　　　　　　　　　1 000 000

【例 5-7】2023 年 12 月 31 日，甲公司应收 C 公司账款 200 万元，但 C 公司财务困难，预计款项有可能无法收回，坏账准备的计提比例为 8%。2022 年 12 月 31 日，该笔应收款的坏账准备贷方余额为 2 万元。采用应收账款余额百分比法核算，则该年年末对应收账款计提坏账准备的会计处理如下。

借：信用减值损失　　　　　　　　　　　　　　　　　　　140 000
　　贷：坏账准备　　　　　　　　　　　　　　　　　　　　　140 000

有关计算为 $200 \times 8\% - 2 = 14$（万元）。

如果年初应收款的坏账准备为借方余额 2 万元，则计算为 $200 \times 8\% - (-2) = 18$（万元），则该年年末对应收账款计提坏账准备的会计处理如下。

借：信用减值损失　　　　　　　　　　　　　　　　　　　180 000
　　贷：坏账准备　　　　　　　　　　　　　　　　　　　　　180 000

如果年初应收款的坏账准备为贷方余额 19 万元，则计算为 $200 \times 8\% - 19 = -3$（万元），表明需要在借方冲减 3 万元的坏账准备，则该年年末对应收账款计提坏账准备的会计处理如下。

借：坏账准备　　　　　　　　　　　　　　　　　　　　　　30 000
　　贷：信用减值损失　　　　　　　　　　　　　　　　　　　30 000

📖 **任务作答清单**

（1）在任务描述中，宏利公司赊销给乙企业一批产品，价款为 10 000 元，增值税税额为 1 300 元，并用银行存款 800 元为购买单位垫付了运杂费，怎样进行业务处理？	

续表

（2）宏利公司如果给了乙企业"3/10、2/20、N/30"的现金折扣，乙企业在 15 天内付款，宏利公司怎样进行会计核算和业务处理？	
（3）在任务描述中，宏利公司在 5 月末发生坏账 5 000 元，怎样进行会计业务处理？	
教师点评	
小组成员	
小组得分	组长签字
教师评分	教师签字

任务 3　其他应收项目

任务布置

任务描述	宏利公司有如下业务：2023 年 4 月 6 日，用现金为职工李某垫支应由其个人负担的医药费 1 500 元；收到之前付给丙公司，现在退还的包装物押金 400 元；从丁公司购买一批材料，预付了订购材料的货款 4 000 元，用银行存款转账支付。对于这些业务，宏利公司应怎样进行会计核算和业务处理？
任务目标	请根据学习的知识，解决上述问题。要完成的任务有：熟悉其他应收款和预付账款的内容，掌握其他应收项目的核算方法
任务讨论	预付账款是购买方支付，为何是一项流动资产？
任务实施	学时建议：课上 1 学时、课下 1 学时
	任务分工：分组、布置任务、任务准备、查找资料
	实施方式：线上与线下相结合

一、其他应收款的核算

企业的应收项目除了应收账款、应收票据、预付账款、应收股利、应收利息等以外，还会形成其他各种应收款项，如应向职工收取的各种垫付款项、存出保证金（如租入包装物支付的押金）、应收保险赔偿款、备用金、应收的出租包装物租金、其他各种应收和暂付款项等，这些项目归属于其他应收款的核算内容。

企业应设立"其他应收款"账户。发生其他应收、暂付款项时，应借记"其他应收款"

账户，贷记"库存现金""银行存款""其他业务收入""待处理财产损溢""营业外收入"等账户；收回其他应收、暂付款项时，借记"库存现金""银行存款"等账户，贷记"其他应收款"账户。

【例5-8】甲公司职工王某出差预借差旅费1 000元，付给库存现金。其应编制的会计分录如下。

借：其他应收款——王某   1 000

    贷：库存现金   1 000

【例5-9】甲公司收到保险公司转入的保险赔款2 500元，款项通过银行转账。其应编制的会计分录如下。

借：银行存款   2 500

    贷：其他应收款——保险公司   2 500

【例5-10】甲公司租入一批包装物，支付对方1 500元的包装物押金。其应编制的会计分录如下。

借：其他应收款   1 500

    贷：库存现金   1 500

二、预付账款的核算

预付账款是指企业按照购货合同的规定，由购货方预先支付一部分货款给供货方的款项，一般包括预付的货款、预付的购货定金。预付账款是由购货而非销货所引起的一种短期债权，对购货企业来说，预付账款是一项流动资产。

企业应设立"预付账款"账户。按照购货规定向供货单位预付货款时，借记"预付账款"账户，贷记"银行存款"等账户；收到供货单位发来的货物时，根据发票账单等凭证载明的价款、税款等，借记"原材料""在途物资"（或"材料采购"）、"应交税费——应交增值税（进项税额）"等有关账户，贷记"预付账款"账户；需要补付货款时，借记"预付账款"账户，贷记"银行存款"账户；如果是退回多余款，则做相反的账务处理。

【例5-11】甲公司从乙公司购买一批材料，按合同约定产品销售价格为20 000元，预付给乙企业订购材料的货款5 000元，用银行存款转账支付。其会计分录如下。

借：预付账款——乙企业   5 000

    贷：银行存款   5 000

【例5-12】承上例，购买的材料现已到货并入库，发票注明其价款为20 000元，增值税税额为2 600元，不足款项随后通过银行支付。该公司材料按实际成本核算。

(1)收到货物时的会计分录如下。

借：原材料   20 000

    应交税费——应交增值税（进项税额）   2 600

    贷：预付账款——乙公司   22 600

(2)补付货款时的会计分录如下。

借：预付账款——乙公司   17 600

    贷：银行存款   17 600

📖 **任务作答清单**

（1）在任务描述中，宏利公司用现金为职工垫支医药费 1 500 元，应怎样进行业务处理？	
（2）在任务描述中，宏利公司收到之前付给丙公司，现在退还的包装物押金 400 元，应怎样进行会计核算和业务处理？	
（3）在任务描述中，宏利公司从丁公司购买一批材料，预付了订购材料的货款 4 000 元，用银行存款转账支付，应怎样进行会计核算和业务处理？	
（4）企业如何加快应收款的回收，降低坏账风险？制作案例分析并相互交流	

教师点评		
小组成员		
小组得分	组长签字	
教师评分	教师签字	

 🌷 **知识育人探讨 5**　　 🌷 **知识链接 5-1**　　 🌷 **知识链接 5-2**

企业诚信与社会责任

应收账款与应收票据的区别和联系

应收款账的风险与防范

项目 6 存 货

学习目标

> **知识目标**

熟悉存货的概念、分类、特点；明确存货的确认条件；掌握存货取得时的会计核算方法、存货发出的方法及计算；掌握计划成本法的原理、计算方法、会计业务处理；掌握存货的期末计价方法及会计处理方法。

> **素质目标**

因为存货的采购环节容易发生管理漏洞，所以企业严抓采购环节，杜绝虚开发票，保护财务环境，切勿触碰虚假底线。

> **技能目标**

认知存货的分类及确认条件，能够熟练进行存货发出时的先进先出法、个别计价法、加权平均法的核算与业务处理，区分各种方法的适用条件。

知识点导图

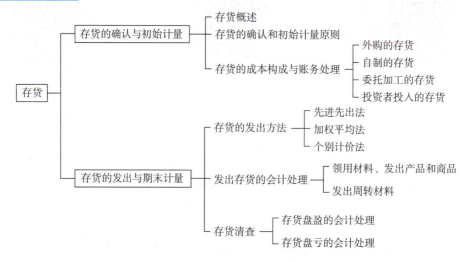

任务1 存货的确认与初始计量

🌸 任务布置

任务描述	宏利公司有如下业务：2023年2月1日购入一批原材料，取得的增值税专用发票上注明的材料价款为20 000元，增值税税额为2 600元，货款通过银行转账支付，材料未入库，在2月16日材料验收入库；5月6日购入一批原材料，材料已运达企业并已验收入库，但发票、账单等结算凭证尚未到达；5月12日基本生产车间生产完成一批成品，已验收入库，该批产成品的实际成本为10 000元；发出一批成本为80 000元的材料，委托丙公司加工成新型应税消费品，支付加工费及往返运杂费2 000元。对于上述业务，宏利公司应怎样进行会计业务处理？
任务目标	请根据学习的知识，解决上述问题。要完成的任务有：了解存货的概念和特征，熟悉存货的分类和存货成本构成，掌握取得存货的会计核算和业务处理方法
任务讨论	存货广泛存在于企业生产经营各环节，如何从管理细节上加强对存货的管理？
任务实施	学时建议：课上1学时、课下1学时
	任务分工：分组、布置任务、任务准备、操作
	实施方式：线上与线下相结合

📖 知识参考

一、存货概述

1. 存货的概念

存货是指企业在日常活动中持有以备出售的产成品或商品、处在生产过程中的在产品、在生产过程或提供劳务过程中耗用的材料或物料等，具体包括各类材料、在产品、半成品、产成品和库存商品，以及包装物、低值易耗品、委托加工物资等。存货通常在1年或超过1年的一个营业周期内被消耗或经出售转换为现金、银行存款或应收账款等，具有明显的流动性，属于流动资产。大多数制造企业的存货在流动资产中占有很大比重，是流动资产的重要组成部分。

随着企业生产经营过程的进行，有的存货被耗用后形成了在产品成本、产成品成本等；有的存货被销售后形成产品或商品的销售成本；有的存货以管理费用的形式被耗用；有的存货仍以原有形态存在。因此，存货的会计核算所生成的会计信息是否真实、可靠，不仅影响资产的价值确定，也影响损益的确定。

企业应以所有权的归属而不以物品的存放地点为依据来界定企业的存货范围，即在盘存日，法定所有权归属企业的一切存货，无论其存放于何处，都应作为企业的存货。依所有权的归属确定存货范围时，应特别注意以下四点。

（1）商品所有权以及相应的风险和报酬已经转移的物品，即使暂时存放于本企业，也不能将其作为本企业的存货，如已售出的待运商品等。

（2）未转移所有权以及风险和报酬的发出商品，即使未存放于本企业，也应将其作为本企业的存货，如委托其他单位代销的存货、未出售的外出展销存货等。

（3）所有权以及相应的风险和报酬已经归属于本企业的购入存货，即使未存放于本企业，也应作为本企业的存货列报，如已经购入而尚未收到的运输途中的货物等。

（4）不属于本企业所有以及企业未控制的货物，即使存放于本企业，也不能作为本企业的存货，如受托代销的存货、收取加工费方式的受托加工存货等。

2. 存货的分类

存货的构成内容很多，不同存货的具体特点和管理要求各不相同。为了有效进行各项存货的会计处理，应对存货进行科学分类。从会计处理角度看，存货至少有以下两种分类方法。

（1）按存货的具体内容分类。

存货按具体内容，通常分为原材料、在产品、半成品、产成品（商品）、周转材料等。

①原材料是指用于生产产品并构成产品主要实体的原料及主要材料、辅助材料、外购半成品、修理用备件、包装材料、燃料等。用于固定资产建造工程的专项材料不能作为存货。

②在产品是指处于生产阶段尚未完工的生产物，包括处于各生产工序正在加工的在制品，以及尚未办理入库手续的制成品等。

③半成品是指经过一定生产过程并由半成品库验收入库保管，但尚未制造完成，仍需进一步加工的中间产品。这部分中间产品能够单独计价。从一个生产车间转到另一个生产车间继续加工制造的自制半成品，以及不能单独计价的自制半成品，属于在产品，不作为半成品对待。

④产成品是指已经全部完成生产过程并验收入库，达到可出售或交货状态，可以作为商品对外销售或按合同规定的条件交订货单位的产品。产成品既包括存放在成品库的产品，也包括存放在企业所属门市部备售的产品、交展览会展出的产品，还包括企业接受外来原材料加工制成的代制品，以及为外单位加工修理完成的代修品等。产成品和商品流通企业用于销售的物品具有类似性质，因此产成品和商品也可统称为商品。

⑤周转材料是指能够多次使用但不符合固定资产条件的用品，主要包括用于包装本企业商品的各种包装物、工具、管理用具、玻璃器皿、劳动保护用品、在生产经营过程中周转使用的容器等低值易耗品，以及建造承包商的钢模板、木模板、脚手架等周转材料。多数周转材料从性质上讲具有固定资产特征，经多次使用不改变其实物形态，因而只要周转材料符合固定资产标准，就应作为固定资产对待。

（2）按取得存货的不同来源分类。

按取得存货的不同来源，存货可以分为外购取得的存货、加工制造取得的存货（含委托外单位加工的存货）和其他方式取得的存货。

外购取得的存货是从企业外部购入的存货，如商业企业的外购商品，工业企业的外购材料、外购零部件等。加工制造取得的存货是由企业制造的存货，如工业企业的自制材料、在产品、产成品等。委托外单位加工的存货也是一种自制存货，是指企业将外购或自制的某些存货通过支付加工费的方式委托外单位进行加工生产的存货，如工业企业的委托加工物资、委托加工商品等。其他方式取得的存货主要是外购和加工制造以外的方式取得的存货，这些方式主要有投资者投入、接受捐赠、非货币性资产交换换入、债务重组方式取得等。

二、存货的确认和初始计量原则

按照企业会计准则的相关要求，符合以下持有目的或用途的资产才能作为存货：

（1）在正常生产经营过程中持有以备出售的资产（如产成品）；

（2）为销售而生产，但仍在生产过程中的资产（如在产品）；

（3）在生产或提供服务的过程中将消耗的资产（如周转材料、物料用品等）。

《企业会计准则》要求，企业对存货进行初始确认要同时满足两个条件：一是对存货有控制权；二是预期存货带来未来经济利益，以及存货的成本能够可靠计量。因此，只有符合存货持有目的或用途条件，且同时满足企业对存货拥有控制权、预期存货带来未来经济利益及存货成本能够可靠计量的资产，才可以作为存货项目予以确认。

按照这一存货确认原则，制造业企业通过各种方式取得以备出售的商品、为销售而处于生产过程中的在制品，以及在生产或提供劳务过程中将被消耗的原材料、物料用品和低值易耗品等，都属于应确认的存货。

 知识育人探讨

诚信为本、行稳致远

存货是企业重要的资产项目，种类繁多、计量方法多样，广泛存在于采购、耗用、发出等流转环节，并且存货期末计价和存货保管也是非常重要的会计任务。

案例：某集团股份有限公司成立于20世纪90年代，公司以水产养殖为主，是综合性海洋食品企业，并于2006年在深交所上市。2014年，公司宣布对部分存货进行核销处理，计提存货跌价准备2.8亿元。2018年，公司对存货再次进行核销处理，合计影响净利润超过亿元。

2019年，中国证监会对该公司下发《中国证券监督管理委员会行政处罚及市场禁入事先告知书》。经中国证监会调查显示，该公司之前声称的存货核销等事项是对其财务舞弊行为的掩饰。公司于2016年虚增相应金额的资产和利润，于2017年将部分2016年成本调至2017年度进行结转，致使2017年度虚增营业成本，进而虚减当年相应金额的资产和利润。调查同时发现，集团董事长的亲戚在采购原材料时收受贿赂。

该公司因涉嫌财务造假、虚假记载、未及时披露信息等问题，中国证监会拟对其进行60万元的顶格处罚，对相关人员处以3万~30万元罚款，对董事长开出终身证券市场禁入的处罚。

（资料来源：根据新浪财经、百度资料进行整理）

三、存货的成本构成与账务处理

企业会计准则要求，存货以成本进行初始计量。不同来源取得的存货，其成本的构成各不相同。

（一）外购的存货

1. 外购存货成本

对于外购的存货，企业以其采购成本入账，存货的采购成本包括购货价格、相关税费以及其他可直接归属于存货采购成本的费用，具体如下。

（1）购货价格是因购货而支付的对价，但不包括按规定可以抵扣的增值税额。支付的对价一般按照购货发票上注明的货款价格（不包括准予抵扣的增值税）确定。

（2）相关税费，指企业外购货物应支付的进口关税、消费税、资源税、不能抵扣的增值税等。

（3）其他可直接归属于存货采购成本的费用，主要包括外购存货到达仓库以前发生的仓储费、包装费、运输费、保险费、运输途中合理损耗以及入库前的挑选整理费用等。

发生这些可归属于存货采购成本的费用时，一般根据这些费用的受益对象，直接计入或选择合理分配标准计入各受益对象。

2. 外购存货的会计处理

企业在外购存货时，可能采用预付款购货方式、赊购方式等，存在购买的材料、商品已入库或没入库等情形，应根据具体情况，分别进行账务处理。

（1）存货已验收入库、货款已结算。

企业应于支付货款或开出、承兑商业汇票，并且存货验收入库后，按发票账单等结算凭证确定的存货成本，借记"原材料""周转材料""库存商品"等账户，按增值税专用发票上注明的增值税进项税额，借记"应交税费——应交增值税（进项税额）"账户，按实际支付的款项或应付票据面值，贷记"银行存款""应付票据"等账户。

【例6-1】甲公司购入一批原材料，增值税专用发票上注明的材料价款为30 000元，增值税税额为3 900元，货款通过银行转账支付，材料已验收入库。应编制的会计分录如下。

借：原材料 30 000

　　应交税费——应交增值税（进项税额） 3 900

　　贷：银行存款 33 900

（2）如果存货尚在运输途中或未验收入库，借记"在途物资"账户。待存货运达企业并验收入库后，再根据有关验货凭证，借记"原材料""周转材料""库存商品"等账户，贷记"在途物资"账户。例6-1中，如果存货尚在运输途中，应编制的会计分录如下。

借：在途物资 30 000

　　应交税费——应交增值税（进项税额） 3 900

　　贷：银行存款 33 900

待存货运达企业并验收入库，应编制的会计分录如下。

借：原材料　　　　　　　　　　　　　　　　　　　　　　　　30 000
　　贷：在途物资　　　　　　　　　　　　　　　　　　　　　　　30 000

（3）如果没进行货款结算（即采用赊购方式购入存货），企业按应付未付的货款，贷记"应付账款"账户；待支付款项或开出、承兑商业汇票后，再根据实际支付的货款金额或应付票据面值，借记"应付账款"账户，贷记"银行存款""应付票据"等账户。

【例6-2】甲公司购入原材料一批，进货价格为100 000元，增值税税额为13 000元，货款总额为113 000元，款未付。应编制的会计分录如下。

借：原材料　　　　　　　　　　　　　　　　　　　　　　　　100 000
　　应交税费——应交增值税（进项税额）　　　　　　　　　　　13 000
　　贷：应付账款　　　　　　　　　　　　　　　　　　　　　　113 000

如果赊销附有现金折扣条件，则其会计处理有总价法和净价法两种方法。在我国的会计实务中，由于现金折扣的使用并不普遍，因此企业会计准则要求采用总价法进行会计处理。

在例6-2中，如果付款时现金折扣条件为"1/20，N/30"；该公司在20天内付款，获得现金折扣1%，计1 130（113 000×1%）元，实际支付价款111 870元，应编制的会计分录如下。

借：应付账款　　　　　　　　　　　　　　　　　　　　　　　113 000
　　贷：银行存款　　　　　　　　　　　　　　　　　　　　　　111 870
　　　　财务费用　　　　　　　　　　　　　　　　　　　　　　　1 130

（4）存货已验收入库但货款尚未结算。

如果发票、账单等结算凭证尚未到达，货款尚未结算，而存货已运达企业并验收入库，可先不进行会计处理；如果在本月内结算凭证能到达企业，可在结算凭证到达时，正常进行会计处理；如果月末时结算凭证仍未到达，应对收到的存货按估价入账，贷记"应付账款——暂估应付账款"账户，下月初再编制相同的红字记账凭证予以冲回；待结算凭证到达，企业付款或开出、承兑商业汇票后，按发票账单等结算凭证确定的存货成本进行账务处理，参照上述（1）中的处理方法。

【例6-3】甲公司5月购入一批原材料，材料已运达企业并已验收入库，但发票账单等结算凭证尚未到达，甲公司可以不进行会计处理。5月末时，该批货物的结算凭证仍未到达，对该批材料按估价5 000元入账。相关账务处理如下。

（1）5月底入账时，应编制的会计分录如下。

借：原材料　　　　　　　　　　　　　　　　　　　　　　　　5 000
　　贷：应付账款——暂估应付账款　　　　　　　　　　　　　　5 000

（2）甲公司应于6月1日编制红字记账凭证冲回估价入账，应编制的会计分录如下。

借：原材料　　　　　　　　　　　　　　　　　　　　　　　　5 000
　　贷：应付账款——暂估应付账款　　　　　　　　　　　　　　5 000

（3）如果6月5日结算凭证到达甲公司，增值税专用发票上注明的价款为6 000元，增值税税额为780元，已通过银行付款，收到结算凭证，应编制的会计分录如下。

借：原材料　　　　　　　　　　　　　　　　　　　　　　　　6 000
　　应交税费——应交增值税（进项税额）　　　　　　　　　　　780
　　贷：银行存款　　　　　　　　　　　　　　　　　　　　　　6 780

3. 外购存货发生短缺的处理

企业在存货采购过程中，如果发生了存货短缺、毁损等情况，应及时查明原因，区分不同情况进行处理。

（1）属于运输途中的合理损耗，应计入有关存货的采购成本。

（2）属于供货单位或运输单位的责任造成的存货短缺，应由责任人补足存货或赔偿货款，不计入存货的采购成本。

（3）属于自然灾害或者意外事故等非常原因造成的存货毁损，报经批准处理后，将扣除保险公司和过失人赔款后的净损失，计入营业外支出。

（4）尚待查明原因短缺存货，先将其成本转入"待处理财产损溢"账户核算。待查明原因后，再按上述要求进行会计处理。上列短缺存货涉及增值税的，还应进行相应处理。

（二）自制的存货

1. 自制存货的成本

企业自制存货的成本主要由采购成本和加工成本构成，某些存货还包括使存货达到目前场所和状态发生的其他成本，具体如下。

（1）采购成本是由自制存货所使用或消耗的原材料采购成本而来的，即自制存货成本计量的重点是确定存货的加工成本。

（2）加工成本是指存货制造过程中发生的直接人工和制造费用。

（3）其他成本是指除采购成本、加工成本以外，使存货达到目前场所和状态所发生的其他支出。

例如，为特定客户设计产品所发生的、可直接认定的设计费用；非正常消耗的直接材料、直接人工和制造费用等，要直接计入当期损益，不应当计入存货成本。

2. 自制存货的会计处理

企业自制并已验收入库的存货，按计算确定的实际生产成本，借记"周转材料""库存商品"等账户，贷记"生产成本"账户。

【例6-4】甲公司基本生产车间生产完成一批成品，已验收入库，该批产成品的实际成本为40 000元。应编制的会计分录如下。

借：库存商品   40 000
　　贷：生产成本——基本生产成本   40 000

（三）委托加工的存货

委托加工存货的成本主要包括加工过程中实际耗用的原材料或半成品成本、加工费、运输费、装卸费等，以及按规定应计入加工成本的税金。

企业委托其他单位加工存货时，按发出材料物资的实际成本，借记"委托加工物资"账户，贷记"原材料""库存商品"等账户；支付加工费和往返运杂费时，借记"委托加工物资"账户，贷记"银行存款"账户；应由受托加工方代收代交的增值税，借记"应交税费——应交增值税（进项税额）"账户，贷记"银行存款""应付账款"等账户。

委托加工存货时，如果由受托方代收代交消费税，应分以下情况处理。

（1）委托加工收回后直接用于销售，由委托方代收代交的消费税应借记"委托加工物资"账户，贷记"银行存款""应付账款"等账户，待销售委托加工存货时，不需要再交纳消费税。

（2）委托加工收回后用于连续生产应税消费品，由委托方代收代交的消费税按规定准予抵扣的，应借记"应交税费——应交消费税"账户，贷记"银行存款""应付账款"等账户；待连续生产的应税消费品生产完成并销售时，从生产完成的应税消费品应纳消费税额中抵扣。

委托加工的存货加工完成验收入库并收回剩余物资时，按委托加工存货的实际成本和剩余物资实际成本，借记"原材料""周转材料""库存商品"等账户，贷记"委托加工物资"账户。

【例 6-5】甲公司发出一批 A 材料，实际成本为 20 000 元，委托乙公司加工成 B 材料（属于应税消费品）。甲公司支付加工费及往返运杂费 12 000 元，支付由受托加工方代收代交的增值税 4 894.12 元、消费税 5 647.06 元。加工完成的 B 材料收回后用于连续生产应税消费品。相关账务处理如下。

（1）发出委托加工的 A 材料时。

借：委托加工物资　　　　　　　　　　　　　　　　　　　20 000
　　贷：原材料——A 材料　　　　　　　　　　　　　　　　　　　20 000

（2）支付加工费和往返运杂费时。

借：委托加工物资　　　　　　　　　　　　　　　　　　　12 000
　　贷：银行存款　　　　　　　　　　　　　　　　　　　　　12 000

（3）支付增值税和消费税时。

借：应交税费——应交增值税（进项税额）　　　　　　　　4 894.12
　　贷：银行存款　　　　　　　　　　　　　　　　　　　　　4 894.12
借：应交税费——应交消费税　　　　　　　　　　　　　　5 647.06
　　贷：银行存款　　　　　　　　　　　　　　　　　　　　　5 647.06

（4）收回加工完成的 B 材料时。

B 材料实际成本＝20 000+12 000＝32 000（元）。

借：原材料——B 材料　　　　　　　　　　　　　　　　　32 000
　　贷：委托加工物资　　　　　　　　　　　　　　　　　　　32 000

（四）投资者投入的存货

投资者投入存货的成本，应当按照投资合同或协议约定的价值确定，但合同或协议约定价值不公允的除外。在投资合同或协议约定价值不公允的情况下，将该项存货的公允价值作为其入账价值。企业收到投资者投入的存货时，其账务处理可参照购买存货的情形，按投资者在注册资本中应占有的份额，贷记"实收资本"或"股本"账户，并按其差额贷记"资本公积"账户。

【例 6-6】甲公司收到丙公司投入的一批原材料，增值税专用发票上注明的原材料价格为 60 000 元，增值税税额为 7 800 元，投入资本按原材料发票金额确定，可折换甲公司每股面值 1 元的普通股股票 50 000 股。应编制的会计分录如下。

借：原材料　　　　　　　　　　　　　　　　　　　　　　60 000
　　应交税费——应交增值税（进项税额）　　　　　　　　　7 800
　　贷：股本——丙公司　　　　　　　　　　　　　　　　　　50 000
　　　　资本公积——股本溢价　　　　　　　　　　　　　　　17 800

📖 **任务作答清单**

（1）在任务描述中，宏利公司购入原材料，材料价款为 20 000 元，增值税税额为 2 600 元，货款通过银行转账支付，材料未入库，应怎样进行会计业务处理？	
（2）在任务描述中，在 2 月 16 号材料验收入库，应怎样进行会计业务处理？	
（3）在任务描述中，宏利公司在 5 月 6 日购入一批原材料，材料已运达企业并已验收入库，但发票、账单等结算凭证尚未到达，应怎样进行会计业务处理？	
（4）在任务描述中，宏利公司在 5 月 12 日，基本生产车间生产完成一批成品，已验收入库，该批产成品的实际成本为 10 000 元，应怎样进行会计业务处理？	
（5）存货流动性强、范围广，如何理解存货管理体现了会计人员职业道德？制作 PPT 并相互交流	

教师点评			
小组成员			
小组得分		组长签字	
教师评分		教师签字	

任务 2　存货的发出与期末计量

🌷 **任务布置**

任务描述	宏利公司有如下业务：2023 年 4 月 1 日，公司期初结存 A 材料 150 件，单位成本为 22 元；4 月 5 日购进 A 材料 100 件，单位成本为 25 元；4 月 16 日发出 A 材料 200 件；4 月 20 日购进 A 材料 120 件，单位成本为 26 元；4 月 21 日发出 A 材料 120 件；4 月 29 日发出 A 材料 140 件。财务人员分别采用先进先出法、个别计价法、加权平均法计算 A 材料的发出成本和月末结存成本

续表

任务目标	请根据学习的知识，解决上述问题。要完成的任务有：理解存货发出程序，掌握存货发出的核算方法		
任务讨论	存货发出时，如何正确进行发出的计量，减少记账过程误差？请提供方案		
任务实施	学时建议：课上 2 学时、课下 2 学时		
	任务分工：分组、布置任务、任务准备、查找资料		
	实施方式：线上与线下相结合		

 知识参考

一、存货的发出方法

存货是企业的一项流动资产，在日常经营活动中，存货存在于被耗用或销售等流转环节中。存货的成本流转应当与实物流转相一致，即取得存货时确定的各项存货入账成本应当随着各该存货的销售或耗用而同步结转。但在会计实务中，由于存货品种繁多，流进流出数量大，而且同一存货因发生的时间、地点、方式等不同，存货单位成本的结果各异，很难保证存货的成本流转与实物流转完全一致，故在会计工作中，假定按照一个假定的成本流转方式来确定发出存货的成本，而不强求存货的成本流转与实物流转相一致，这就是存货成本流转假设。

采用不同的存货成本流转假设在期末结存存货与本期发出存货之间分配，就产生了不同的存货计价方法。《企业会计准则》规定，企业在确定发出存货的成本时，按照实际成本记录，可以采用先进先出法、加权平均法（包括月末一次加权平均法和移动加权平均法）或者个别计价法。选择不同的存货计价方法，对企业的财务状况和经营成果产生的影响也不同。

1. 先进先出法

先进先出法是以先入库的存货先发出为假定前提，对先发出的存货按最先购进的存货单位成本进行计价，后发出的存货按后购进的存货单位成本进行计价，据以确定本期发出存货和期末结存存货成本的一种方法，其特点是存货的账面结存价值接近于近期市场价值。计算公式如下：

发出存货成本 = 发出存货数量 × 先入库存货的单位成本

期末结存存货成本 = 期初结存存货成本 + 本期收入存货成本 − 本期发出存货成本

【例 6-7】2023 年 5 月 1 日，甲公司期初结存 A 材料 1 500 件，单位成本为 25 元；5 月 6 日购进 A 材料 1 000 件，单位成本为 24 元；5 月 15 日发出 A 材料 1 900 件；5 月 18 日购进 A 材料 1 100 件，单位成本为 26 元；5 月 20 日发出 A 材料 900 件；5 月 22 日入库 A 材料 1 000 件，单位成本为 22 元；5 月 26 日发出 A 材料 1 300 件。请采用先进先出法计算 A 材料的发出成本和月末结存成本。计算如下。

（1）发出材料成本计算如下。

以 15 日为例，共需要领出 A 材料 1 900 件，其中期初 1 500 件都要领出，还需从 6 日购进的材料里领出 400 件；其他领出情况类同。

15 日发出材料成本＝25×1 500＋24×400＝47 100（元）。

20 日发出材料成本＝24×(1 000－400)＋26×300＝22 200（元）。

26 日发出材料成本＝26×(1 100－300)＋22×500＝31 800（元）。

总共发出材料成本＝47 100＋22 200＋31 800＝101 100（元）。

（2）月末结存材料成本为(1 000－500)×22＝11 000（元），

或 1 500×25＋24×1 000＋1 100×26＋1 000×22－101 100＝11 000（元）。

2. 加权平均法

（1）月末一次加权平均法。

月末一次加权平均法的计算原理为：以期初结存存货实际成本与本期增加存货实际成本之和，除以期初结存存货数量与本期增加存货数量之和，求得存货加权平均单价，再根据加权平均单价和发出、结存的数量，确定存货发出成本和结存成本。其计算公式如下：

$$加权平均单位成本＝\frac{期初结存存货实际成本＋本期增加的存货实际成本}{期初结存存货数量＋本期增加的存货数量}$$

$$本月发出存货成本＝加权平均单位成本×本月发出存货的数量$$

$$月末结存存货成本＝加权平均单位成本×本月结存存货的数量$$

在实务工作中，如果结果除不尽，应当先按加权平均单位成本计算月末结存存货成本，然后倒减出本月发出存货成本，即：

$$月末结存存货成本＝加权平均单位成本×本月结存存货的数量$$

$$本月发出存货成本＝(月初结存存货成本＋本月增加的存货成本)－月末结存存货成本$$

采用这种方法一般是在期末计算存货的加权平均单价，并对发出的存货进行计价，进而计算存货结存的成本。虽然平时从存货明细账中看不出存货的结存情况，不利于存货的日常管理，但这种计价方法能够降低工作量。

【例 6-8】甲公司于 2023 年 4 月 2 日结存甲材料 700 件，单位成本为 24 元；4 月 6 日入库甲材料 500 件，单位成本为 26 元；4 月 10 日发出甲材料 800 件；4 月 12 日发出甲材料 600 件；4 月 16 日入库甲材料 400 件，单位成本为 28 元。采用月末一次加权平均法计算公司 4 月份发出甲材料的成本和 4 月末结存甲材料的成本。计算如下。

加权平均单位成本＝(24×700＋26×500＋28×400)÷(700＋500＋400)＝25.625（元）。

发出甲材料成本＝(800＋600)×25.625＝35 875（元）。

月末结存甲材料成本＝(700＋500＋400－800－600)×25.625＝5 125（元）。

（2）移动加权平均法。

移动加权平均法，是指平时每入库一批存货，就以原有存货数量和本批入库存货数量为权数，计算一个加权平均单位成本，据以对其后发出存货进行计价的一种方法。移动加权平均单位成本、本批发出存货成本和期末结存存货成本的计算公式如下：

$$移动加权平均单位成本＝\frac{原有存货成本＋本批入库存货成本}{原有存货数量＋本批入库存货数量}$$

$$本批发出存货成本＝最近移动加权平均单位成本×本批发出存货的数量$$

$$期末结存存货成本＝期末移动加权平均单位成本×本期结存存货的数量$$

和月末一次加权平均法类似，采用移动加权平均法也应采用倒挤的方法，将计算尾差

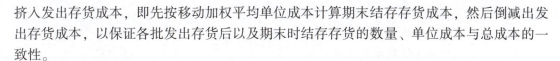

挤入发出存货成本，即先按移动加权平均单位成本计算期末结存存货成本，然后倒减出发出存货成本，以保证各批发出存货后以及期末时结存存货的数量、单位成本与总成本的一致性。

3. 个别计价法

个别计价法是指将某批存货的实际单位成本作为发出存货的单位成本，计算发出存货成本的一种方法。这种方法的计算准确，能随时掌握实际库存情况。采用这种方法，要求确认发出存货和期末结存存货所属购进的批别，必须按购进批别设置存货明细账，对其进行详细记录。这种方法只适用于价值高、数量少的存货，如房产、船舶、飞机、重型设备、珠宝、名画等。信息化技术管理条件下，更多的存货可以采用个别计价法进行核算。

【例 6-9】甲公司在 2023 年 8 月份 M 商品的购进、发出和结存情况为：4 日发出的 400 件商品中，有 100 件属于期初结存的商品，有 300 件属于 2 日购进的商品；8 日发出的 800 件商品中，有 100 件属于期初结存的商品，有 100 件属于 2 日购进的商品，其余 600 件属 7 日购进的商品；28 日发出的 300 件商品均属于 25 日购进的商品；期末结存 300 件商品中，有 100 件属于期初结存，200 件属于 25 日购进。如果期初结存、2 日购进、7 日购进、25 日购进的 M 商品单价分别为 50 元/件、60 元/件、70 元/件、65 元/件，如果采用个别计价法，计算 M 商品的本月发出和月末结存成本。具体计算过程如下。

8 月 4 日发出 M 商品的成本 = 50×100+60×300 = 23 000(元)。

8 月 8 日发出 M 商品的成本 = 50×100+60×100+70×600 = 53 000(元)。

8 月 28 日发出 M 商品的成本 = 65×300 = 19 500(元)。

月末结存 A 商品成本 = 50×100+65×200 = 18 000(元)。

> **小贴士**：采用个别计价法时，要明确每次领出和结存的存货是哪个批次的，按实际批次进行核算。即使有的存货最先买进，如果没有被领出，最后也会剩余，这一点和先进先出法、加权平均法差别较大。

二、发出存货的会计处理

前面学习了存货发出方法的核算，那么经计算得出结果以后，怎样进行账务处理呢？根据规定，存货的项目较多，经济用途各异，企业应当根据各类存货的用途进行相应账务处理。

1. 领用材料、发出产品和商品

企业领用原材料进行加工时，原材料的实物形态会发生改变乃至消失，其成本也随之形成相关资产成本或直接转化为费用。根据发出原材料的用途，按其成本直接计入相关资产成本或当期费用，借记"生产成本""制造费用""管理费用""销售费用""委托加工物资""在建工程""其他业务成本"等账户，贷记"原材料"账户；对于销售的产成品、商品，相应的产品、商品的实际成本要计入当期损益，借记"主营业务成本"账户，贷记"库存商品"账户。

【例 6-10】甲公司本月发出原材料的实际成本为 220 000 元。其中，基本生产车间领用 120 000 元，辅助生产车间领用 60 000 元，车间一般性消耗领用 25 000 元，在建工程项目领用 9 000 元，管理部门领用 4 000 元，专设销售机构领用 2 000 元。应编制的会计分录如下。

借：生产成本——基本生产成本　　　　　　　　　　　　120 000
　　　　　　——辅助生产成本　　　　　　　　　　　　 60 000
　　制造费用　　　　　　　　　　　　　　　　　　　　 25 000
　　在建工程　　　　　　　　　　　　　　　　　　　　 9 000
　　管理费用　　　　　　　　　　　　　　　　　　　　 4 000
　　销售费用　　　　　　　　　　　　　　　　　　　　 2 000
　　贷：原材料　　　　　　　　　　　　　　　　　　　　　　 220 000

2. 发出周转材料

周转材料一般是指企业能够多次使用，逐渐转移其价值但仍保持原有形态不确认为固定资产的包装物和低值易耗品等。企业应根据周转材料的消耗方式、价值大小、耐用程度等，选择适当的摊销方法，将其账面价值一次或分次计入有关成本费用。常用的周转材料摊销方法有一次转销法、五五摊销法、分次摊销法等，下文将简单介绍一次转销法和五五摊销法。在会计处理时，企业应设置"周转材料"账户核算各种周转材料的实际成本或计划成本，也可以单独设置"包装物""低值易耗品"账户分别核算企业的包装物和低值易耗品。

（1）一次转销法。

一次转销法的原理是：企业在领用周转材料时，将其实际成本一次计入相关成本、费用中，在报废时，将回收的残料价值冲减报废当月的有关成本或者损益。领用周转材料时，应按其账面价值，借记"生产成本""制造费用""其他业务成本""销售费用""管理费用"等账户，贷记"周转材料"账户；周转材料报废时，应按其残料价值冲减有关资产成本或当期损益，借记"原材料""银行存款"等账户，贷记"生产成本""制造费用""其他业务成本""销售费用""管理费用"等账户。该方法适用于价值较低的管理用具、小型工具、专用工具等，以及生产领用的包装物和随同商品出售的包装物。

【例6-11】甲公司的管理部门某月领用一批低值易耗品，账面价值为2 000元，当月报废一批管理用低值易耗品，残料作价50元，作为原材料入库。采用一次转销法，相关账务处理如下。

（1）当月领用低值易耗品。

借：管理费用　　　　　　　　　　　　　　　　　　　　 2 000
　　贷：周转材料　　　　　　　　　　　　　　　　　　　　　 2 000

（2）报废低值易耗品，回收的残料作价入库。

借：原材料　　　　　　　　　　　　　　　　　　　　　　 50
　　贷：管理费用　　　　　　　　　　　　　　　　　　　　　　 50

（2）五五摊销法。

五五摊销法的原理是：企业在领用周转材料时先摊销其账面价值的50%，待报废时再摊销其账面价值的50%。采用五五摊销法核算时，在"周转材料"的账户下，应分别设"在库""在用""摊销"明细账户进行明细核算。领用周转材料时，按其账面价值，借记"周转材料——在用"账户，贷记"周转材料——在库"账户，同时，摊销其账面价值的50%，借记"制造费用""其他业务成本""销售费用""管理费用"等账户，贷记"周转材料——摊销"账户；周转材料报废时，摊销其余50%的账面价值，借记"制造费用""其他业务成本""销售费用""管理费用"等账户，贷记"周转材料——摊销"账户，同时，转销周转材料全部已提摊销额，借记"周转材料——摊销"账户，贷记"周转材料——在用"账户；报废周转材料的残料价值应冲减有关成本费用，借记"原材料""银行存款"等账户，贷记"制造费用""其他业务成本""销售费用""管理费用"等账户。

【例6-12】 甲公司把一批包装物免费给往来客户乙企业使用，包装物账面价值为60 000元，采用五五摊销法摊销。该批包装物报废时，回收残料估价2 500元作为原材料。相关账务处理如下。

(1)包装物出库并摊销50%的账面价值。

借：周转材料——在用　　　　　　　　　　　　　　　60 000
　　贷：周转材料——在库　　　　　　　　　　　　　　　60 000
借：销售费用　　　　　　　　　　　　　　　　　　　30 000
　　贷：周转材料——摊销　　　　　　　　　　　　　　　30 000

(2)包装物报废，摊销其余50%的账面价值并转销全部已提摊销额。

借：销售费用　　　　　　　　　　　　　　　　　　　30 000
　　贷：周转材料——摊销　　　　　　　　　　　　　　　30 000
借：周转材料——摊销　　　　　　　　　　　　　　　60 000
　　贷：周转材料——在用　　　　　　　　　　　　　　　60 000

(3)回收报废包装物的残料作价入库。

借：原材料　　　　　　　　　　　　　　　　　　　　2 500
　　贷：销售费用　　　　　　　　　　　　　　　　　　　2 500

三、存货清查

存货具有较强的流动性，在日常耗用、销售、保管过程中，可能导致存货实际结存数量与账面结存数量不符，为减少这种情况，企业应定期进行存货盘点和清查，及时查明原因，并进行账务处理，加强存货管理。存货清查结果可分为存货盘盈、盘亏、毁损等情形。

1. 存货盘盈的会计处理

存货盘盈是指存货的实存数量超过账面结存数量的差额。发生存货盘盈时，应按其重置成本作为入账价值，及时予以登记入账，借记"原材料""周转材料""库存商品"等账户，贷记"待处理财产损溢——待处理流动资产损溢"账户待查明原因，按管理权限报经批准处理后，冲减当期管理费用。

【例6-13】 2023年3月末，甲公司在清查时发现盘盈一批材料，其重置成本为5 000元。应编制的会计分录如下。

借：原材料　　　　　　　　　　　　　　　　　　　　5 000
　　贷：待处理财产损溢——待处理流动资产损溢　　　　　5 000

当查明盘盈原因，报经批准处理后，相关账务处理如下。

借：待处理财产损溢——待处理流动资产损溢　　　　　5 000
　　贷：管理费用　　　　　　　　　　　　　　　　　　　5 000

2. 存货盘亏的会计处理

存货盘亏是指存货的实存数量少于账面结存数量的差额。发生存货盘亏时，应将其账面价值及时转销，借记"待处理账户财产损溢——待处理流动资产损溢"账户，贷记"原材料""周转材料""库存商品"等账户；盘亏存货涉及增值税的，还应进行相应处理。待查明原因时，分为以下情况。

（1）属于定额内自然损耗造成的短缺，计入管理费用。

（2）属于因收发计量差错和管理不善等而造成的短缺或毁损，将扣除可收回的保险公司和过失人赔款以及残料价值后的净损失，计入管理费用。其中，因管理不善造成被盗、丢失、霉烂变质的存货，相应的进项税额不得从销项税额中抵扣，应当予以转出。

（3）属于自然灾害等非常原因造成的毁损，将扣除可收回的保险公司和过失人赔款以及残料价值后的净损失，计入营业外支出。

【例6-14】2023年3月末，甲公司在存货清查中发现盘亏一批材料，账面成本为85 000元。相关账务处理如下。

借：待处理财产损溢——待处理流动资产损溢　　　　　　85 000
　　贷：原材料　　　　　　　　　　　　　　　　　　　　　　85 000

查明原因，报经批准后，假定为以下几种情况，分别处理。

①假定属于收发计量差错造成存货短缺。

借：管理费用　　　　　　　　　　　　　　　　　　　　85 000
　　贷：待处理财产损溢——待处理流动资产损溢　　　　　　85 000

②假定因为管理不善造成存货变质，由过失人赔偿部分损失20 000元。

借：银行存款　　　　　　　　　　　　　　　　　　　20 000
　　管理费用　　　　　　　　　　　　　　　　　　　76 050
　　贷：待处理财产损溢——待处理流动资产损溢　　　　　　85 000
　　　　应交税费——应交增值税(进项税额转出)　　　　　　11 050

③假定属于自然灾害造成的毁损，应收保险公司赔款45 000元。

借：其他应收款——保险赔款　　　　　　　　　　　　　45 000
　　营业外支出　　　　　　　　　　　　　　　　　　　40 000
　　贷：待处理财产损溢——待处理流动资产损溢　　　　　　85 000

📖 任务作答清单

（1）总结存货发出的三种方法各自的适用条件	
（2）在任务描述中，宏利公司购入原材料，如果采用先进先出法，应怎样进行会计业务处理？	
（3）在任务描述中，宏利公司购入原材料，如果采用月末一次加权平均法，应怎样进行会计业务处理？	

续表

(4)在任务描述中，宏利公司购入原材料，如果采用个别计价法，应怎样进行会计业务处理？	
(5)查找移动加权平均法核算案例，总结核算原理	

教师点评			
小组成员			
小组得分		组长签字	
教师评分		教师签字	

 知识链接 6-1

提高存货周转速度的办法

知识链接 6-2

教学视频

项目 7　投资

学习目标

> **知识目标**

了解投资的概念、特点；明确投资的投资方和被投资方、投资时间、投资主要内容；熟悉投资的分类；掌握交易性金融资产、债权投资、其他金融工具投资、长期股权投资的含义、核算方法与会计业务处理。

> **素质目标**

从交易性金融资产、长期股权投资入手，向学生传达过度投资的风险，培养学生的风险意识，考量投入与回报的配比。

> **技能目标**

认知投资关系和投资要求，能够熟练进行交易性金融资产、债权投资、其他金融工具投资、长期股权投资的核算与会计账务处理。

知识点导图

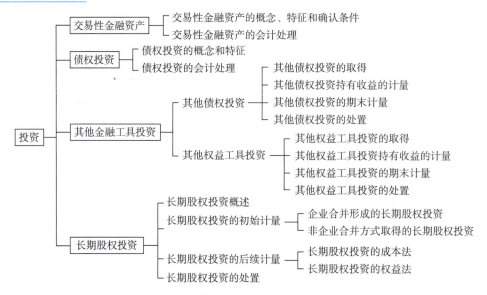

任务 1　交易性金融资产

任务布置

任务描述	宏利公司有如下业务：2023 年 8 月 1 日，以每股 11 元的价格(其中包括已宣告但尚未发放的现金股利 0.2 元)购进 A 公司股票 10 万股。购买该股票支付手续费等 10 000 元。公司打算短期持有该公司股票，将其划分为交易性金融资产。宏利公司应怎样进行会计业务处理？
任务目标	请根据学习的知识，解决上述问题。要完成的任务有：了解交易性金融资产的概念，熟悉交易性金融资产的使用范围，掌握交易性金融资产的会计核算和业务处理方法
任务讨论	交易性金融资产是一项短期获利的投资项目，为企业规避了哪些风险？
任务实施	学时建议：课上 2 学时、课下 1 学时
	任务分工：分组、布置任务、任务准备、操作
	实施方式：线上与线下相结合

知识参考

一、交易性金融资产的概念、特征和确认条件

1. 概念

交易性金融资产是指企业持有的以短期获利为目的，从二级市场购入的股票、债券、基金等。交易性金融资产是以公允价值计量且其变动计入当期损益的金融资产。

2. 特征

交易性金融资产一般具有以下特点。

(1)持有时间短，即在初次确认时即确定其持有目的是短期获利。一般此处的短期应该是不超过一年(包括一年)。

(2)该资产具有活跃市场，公允价值能够通过活跃市场获取。

(3)交易性金融资产持有期间不计提资产减值损失。

从企业管理金融资产的业务模式和金融资产的合同现金流量特征来看，以摊余成本计量的金融资产和以公允价值计量且其变动计入其他综合收益的金融资产之外的金融资产，企业应当将其分类为以公允价值计量且其变动计入当期损益的金融资产。此外，在初始确认时，如果能够消除或显著减少会计错配，企业还可以将金融资产指定为以公允价值计量且其变动计入当期损益的金融资产。

3. 确认条件

满足以下条件之一的金融资产，应当划分为交易性金融资产。

（1）取得该金融资产的目的，主要是近期内出售。例如，企业以赚取差价为目的而从二级市场买入的股票、债券、基金等。

（2）属于进行集中管理的金融工具组合的一部分，且有客观证据表明企业近期采用短期获利方式对该组合进行管理。

（3）属于衍生工具，但被指定为有效套期工具的衍生工具以及属于财务担保合同的衍生工具等除外，即衍生工具如果没有被指定为有效套期工具和财务担保，那么企业持有这类衍生工具的目的就是短期获利，在会计核算上就应该划分为交易性金融资产。

二、交易性金融资产的会计处理

1. 交易性金融资产的取得

企业在取得交易性金融资产时，应按其公允价值计量，相关的交易费用应当直接计入当期损益。企业购买股票、债券等形成交易性金融资产的，按其公允价值，借记"交易性金融资产——成本"账户；按交易费用，借记"投资收益"账户；按已到付息期但尚未领取的利息或者已宣告但尚未发放的现金股利，借记"应收利息"或"应收股利"账户；按实际支付的金额，贷记"银行存款"账户。

【例7-1】甲公司于2023年1月10日以每股15元的价格购进B公司股票20万股（其中包括已宣告但尚未发放的现金股利每股0.4元）。购买该股票支付手续费等20 000元。公司准备短期持有该公司股票，将其划分为交易性金融资产。相关账务处理如下。

交易性金融资产成本＝（15－0.4）×200 000＝2 920 000（元）。

应收股利＝0.4×200 000＝80 000（元）。

借：交易性金融资产——成本　　　　　　　　　　2 920 000
　　投资收益　　　　　　　　　　　　　　　　　　20 000
　　应收股利　　　　　　　　　　　　　　　　　　80 000
　　贷：银行存款　　　　　　　　　　　　　　　　　　3 020 000

2. 交易性金融资产的后续计量

交易性金融资产的后续计量是该资产在会计核算时非常重要的环节，影响资产和损益的变动，包括持有期间现金股利和利息的核算、资产负债表日的核算和交易性金融资产出售的核算三个环节。

（1）持有期间现金股利和利息的核算。

交易性金融资产持有期间，企业收到买价中包含的已到付息期但尚未领取的利息或者已宣告但尚未发放的现金股利，借记"银行存款"账户，贷记"应收利息"或"应收股利"账户。除上述利息和股利外，企业在交易性金融资产持有期间，对于被投资单位宣告发放的现金股利或者在资产负债表日确认的分期付息债券的利息，均应首先借记"应收股利"或者"应收利息"账户，贷记"投资收益"账户，待收到时再借记"银行存款"账户，贷记"应收股利"或者"应收利息"账户。

【例7-2】甲公司于2023年1月12日购买C公司股票200 000股，以每股7元的价格购进，将其划分为交易性金融资产，支付手续费等1 000元。2023年3月10日，C公司宣告发放2021年度的现金股利每股0.6元，公司于2023年3月20日收到上述股利。假定不考虑其他因素，相关账务处理如下。

①2023 年 1 月 12 日购进 C 公司股票时。

借：交易性金融资产——成本　　　　　　　　　　　　　　　　1 400 000

　　　投资收益　　　　　　　　　　　　　　　　　　　　　　　　 1 000

　　　贷：银行存款　　　　　　　　　　　　　　　　　　　　　　　　1 401 000

②2023 年 3 月 10 日 C 公司宣告发放 2021 年度现金股利时。

应收取股利金额＝200 000×0. 6＝120 000（元）。

借：应收股利　　　　　　　　　　　　　　　　　　　　　　　 120 000

　　　贷：投资收益　　　　　　　　　　　　　　　　　　　　　　　　 120 000

③2023 年 3 月 20 日收现现金股利时。

借：银行存款　　　　　　　　　　　　　　　　　　　　　　　 120 000

　　　贷：应收股利　　　　　　　　　　　　　　　　　　　　　　　　 120 000

（2）资产负债表日的核算。

交易性金融资产在最初取得时是按公允价值入账的，反映了企业取得交易性金融资产的实际成本，但其公允价值是不断变化的，在资产负债表日即会计期末，这一时刻的公允价值则代表了交易性金融资产的现时价值。根据《企业会计准则》的规定，资产负债表日，交易性金融资产应按公允价值反映，公允价值的变动计入当期损益。交易性金融资产的公允价值与其账面余额的差额，借记或贷记"交易性金融资产——公允价值变动"账户，同时，贷记或借记"公允价值变动损益"账户。

【例 7-3】承上例，2023 年 6 月 30 日，C 公司股票的市价为每股 10 元；2023 年 12 月 31 日，C 公司股票的市价为每股 8 元。甲公司账务处理如下。

①2023 年 6 月 30 日。

公允价值变动损益＝（10-7）×200 000＝600 000（元）。

借：交易性金融资产——公允价值变动　　　　　　　　　　　 600 000

　　　贷：公允价值变动损益　　　　　　　　　　　　　　　　　　　　 60 000

②2023 年 12 月 31 日。

公允价值变动损益＝（8-10）×200 000＝-400 000（元）。

借：公允价值变动损益　　　　　　　　　　　　　　　　　　　 400 000

　　　贷：交易性金融资产——公允价值变动　　　　　　　　　　　　　 400 000

（3）交易性金融资产出售的核算。

企业出售交易性金融资产，应按实际收到的金额，借记"银行存款"账户；按交易性金融资产的账面余额，贷记"交易性金融资产——成本"账户，借记或贷记"交易性金融资产——公允价值变动"账户；差额贷记或借记"投资收益"账户。同时将原计入该金融资产的公允价值变动损益转出，借记或贷记"公允价值变动损益"账户，贷记或借记"投资收益"账户。

【例 7-4】接上例，如果甲公司将所持有的 C 公司股票以每股 11 元的价格全部售出，取得价款 220 000 元。

借：银行存款　　　　　　　　　　　　　　　　　　　　　　 2 200 000

　　　贷：交易性金融资产——成本　　　　　　　　　　　　　　　　 1 400 000

　　　　　　　　　　　　　——公允价值变动　　　　　　　　　　　　 200 000

　　　投资收益　　　　　　　　　　　　　　　　　　　　　　　 600 000

同时有以下账务处理。

借：公允价值变动损益　　　　　　　　　　　　　　　　200 000
　　贷：投资收益　　　　　　　　　　　　　　　　　　　　　200 000

本例中，之所以要将"公允价值变动损益"账户的累计金额转入"投资收益"账户，是因为"公允价值变动损益"账户的累计金额反映的是未实现的损益，而出售时上述损益已经实现，故要作这笔结转会计分录。

📖 **任务作答清单**

（1）查找资料，总结投资的分类及风险	
（2）在任务描述中，宏利公司在 2023 年 8 月 1 日，以每股 11 元的价格(其中包括已宣告但尚未发放的现金股利每股 0.2 元)购进 A 公司股票 10 万股。购买该股票支付手续费等 10 000 元。公司打算短期持有该公司股票，将其划分为交易性金融资产。宏利公司应怎样进行会计业务处理？	
（3）在任务描述中，宏利公司持有股票 10 万股，每股从 11 元涨到 13 元，应怎样进行会计业务处理？	
（4）宏利公司如果把持有的股票出售，怎样进行业务处理？	
教师点评	
小组成员	
小组得分　　　　　　　　组长签字	
教师评分　　　　　　　　教师签字	

任务 2　债权投资

🌱 **任务布置**

任务描述	宏利公司有如下业务：公司于 2021 年 1 月 1 日从活跃市场上购入 D 公司当日发行的面值为 100 000 元、票面利率为 5%、期限为 4 年、每年年末付息、到期还本的债券，并分类为以摊余成本计量的金融资产，实际支付的购买价款(包括交易费用)为 250 000 元，在购买债券时，预计发行方不会提前赎回，作为会计人员，企业在进行这项投资时、购买和利息核算时，应怎样进行会计处理？

续表

任务目标	请根据学习的知识，解决上述问题。要完成的任务有：理解债权的概念，掌握债权投资的核算方法，熟悉债券投资的特点		
任务讨论	如果投资风险承受力不强，针对交易性金融资产和债权投资，选哪一种方式好？		
任务实施	学时建议：课上 2 学时、课下 1 学时		
	任务分工：分组、布置任务、任务准备、查找资料		
	实施方式：线上与线下相结合		

📖 知识参考

一、债权投资的概念和特征

1. 债权投资的概念

债权投资是指为取得债权而进行的投资，如购买公司债券、国库券等。债权投资是以摊余成本计量的金融资产。

金融资产同时符合下列条件的，应当划分为以摊余成本计量的金融资产：

(1)企业管理该金融资产的业务模式是以收取合同现金流量为目标；

(2)该金融资产的合同条款规定，在特定日期产生的现金流量仅为对本金和以未偿付本金金额为基础的利息的支付。

在没有特殊安排的情况下，企业购买的公司债券或国库券，其合同现金流量通常符合仅为对本金和以未偿付本金金额为基础的利息的支付要求，因此这类债券投资应分类为以摊余成本计量的金融资产，通过"债权投资"账户核算。

2. 债权投资的特征

债权投资的特征如下。

(1)债权投资获得被投资单位的债权，投资人自投资之日起即成为被投资单位的债权人，并按约定时间收回本金和利息，并不能获得被投资单位的所有者权益。

(2)收益相对固定。投资人可以获得稳定的、高于银行存款的利息收入，也可以利用债券价格的变动，通过买卖债券而赚取价差。

(3)到期日相对固定，但也不一定只有到期才还本，随时可以到次级市场变现，利用附买回及卖出回购约定条件进行交易。

二、债权投资的会计处理

债权投资的会计处理分为初始计量和后续计量两个阶段。

1. 债权投资的初始计量

债权投资应按其取得的公允价值入账，相关的交易费用计入初始入账金额。交易费用是指可直接归属于购买、发行或处置金融工具新增的外部费用，如支付给代理机构、咨询公司、券商等的手续费和佣金，以及其他必要支出。应注意的是，其中不包括债券溢价、折价、融资费用、内部管理成本及其他与交易不直接相关的费用。买价中包含的已经宣告但尚未领取的利息应作为应收项目单独核算。

企业取得债权投资时，按该债券的面值，借记"债权投资——成本"账户；按买价中包含的已经宣告但尚未领取的利息，借记"应收利息"账户；按实际支付的价款（含交易费用），贷记"银行存款"账户；按其差额，借记或贷记"债权投资——利息调整"账户。

【例7-5】甲公司于2021年1月1日从活跃市场上购入A公司当日发行的面值为400 000元、票面利率为6%、期限为5年、每年年末付息、到期还本的债券，并分类为以摊余成本计量的金融资产，实际支付的购买价款（包括交易费用）为432 000元。在购买债券时，预计发行方不会提前赎回。

借：债权投资——A公司债券（成本）　　　　　　　　　　400 000
　　　　　　——A公司债券（利息调整）　　　　　　　　32 000
　　贷：银行存款　　　　　　　　　　　　　　　　　　　　432 000

【例7-6】甲公司于2021年1月1日从活跃市场上购入A公司当日发行的面值为1 100 000元、期限为5年、票面利率为5%、到期一次还本付息的债券，并分类为以摊余成本计量的金融资产，实际支付的购买价款（包括交易费用）为960 000元。

借：债权投资——A公司债券（成本）　　　　　　　　　1 100 000
　　贷：银行存款　　　　　　　　　　　　　　　　　　　960 000
　　　　债权投资——A公司债券（利息调整）　　　　　　140 000

2. 债权投资利息收入的计量

（1）债权投资的账面余额与摊余成本。

以摊余成本计量的债权投资的账面余额，是指"债权投资"账户的账面实际余额，即债权投资的初始入账金额加上（初始入账金额低于面值时）或减去（初始入账金额高于面值时）利息调整的累计摊销额后的余额，或者债权投资的面值加上（初始入账金额高于面值时）或减去（初始入账金额低于面值时）利息调整的摊余金额，其计算公式如下：

$$账面余额 = 初始入账金额 \pm 利息调整累计摊销额$$
$$= 面值 \pm 利息调整的摊余金额$$

注意，如果债权投资没有计提损失准备，其摊余成本等于账面余额。

（2）以实际利率法计算利息。

实际利率法是指以实际利率为基础计算债权投资的摊余成本，以及将利息收入分摊计入各会计期间的方法。实际利率是指将债权投资在预期存续期的估计未来现金流量，折现为该债权投资账面余额所使用的利率。例如，企业购入债券作为债权投资，实际利率就是将该债券未来收回的利息和面值折算为现值恰好等于债权投资初始入账金额的折现率。

对于没有发生信用减值的债权投资，采用实际利率法确认利息收入的做法如下：以债权投资的面值乘以票面利率计算确定应收利息；以债权投资的期初账面余额乘以实际利率计算确定利息收入（总额法）；以应收利息与利息收入的差额作为当期利息调整摊销额；以债权投资期初账面余额加上（初始入账金额低于面值时）或减去（初始入账金额高于面值时)当期利息调整摊销额作为期末账面余额。对于已发生信用减值的债权投资，应当以债权投资的摊余成本乘以实际利率(或经信用调整的实际利率)计算确定其利息收入(净额法)。

债权投资分为分期付息、一次还本的债券，企业应当于付息日或资产负债表日计提债券利息，按账面余额和实际利率计算确认当期利息并摊销利息调整金额。

【例 7-7】甲公司于 2021 年 1 月 1 日购入 A 公司面值为 400 000 元、票面利率为 6%、期限为 5 年、每年末付息、到期还本的债券，并分类为以摊余成本计量的金融资产，实际支付的购买价款(包括交易费用)为 432 000 元，在持有期间采用实际利率法确认利息收入，并摊销利息调整。相关的账务处理如下。

(1)计算债券的实际利率。

由于甲公司债券的初始入账金额 432 000 元高于面值 400 000 元，因此实际利率要低于票面利率，先按 5% 作为折现率来计算，查证年金现值系数表和复利现值系数表得知，折现率 5%、5 年期的年金现值系数和复利现值系数分别为 4.329 476 67 和 0.783 526 17。计算现值如下。

债券每年应收利息 = 400 000×6% = 24 000(元)。

利息和面值的现值 = 24 000×4.329 476 67+400 000×0.783 526 17 = 417 317(元)。

上式计算结果小于甲公司债券的初始入账金额 432 000 元，说明实际利率低于 5%。故再按 4% 作为折现率进行测算，查年金现值系数表和复利现值系数表得知，折现率 4%、5 年期的年金现值系数和复利现值系数分别为 4.451 822 33 和 0.821 927 11。计算现值如下。

利息和面值的现值 = 24 000×4.451 822 33+400 000×0.821 927 11 = 435 614(元)。

上式计算结果大于甲公司债券的初始入账金额 432 000 元，说明实际利率高于 4%，因此实际利率介于 4% 和 5% 之间。使用插值法估算实际利率如下。

实际利率 = 4%+(5%-4%)×(435 614-432 000)÷(435 614-417 317) = 4.2%。

(2)甲公司采用实际利率法编制的利息收入与账面余额计算表，见表 7-1。

表 7-1 采用实际利率法编制的利息收入与账面余额计算表

单位：元

时间	应收利息 ①	实际利率 ②	利息收入 ③=⑤×②	利息调整摊销额 ④=①-③	账面余额 ⑤=⑤-④
2021-01-01					432 000
2021-12-31	24 000	4.2%	18 144	5 856	426 144
2022-12-31	24 000	4.2%	17 898	6 102	420 042
2023-12-31	24 000	4.2%	17 642	6 358	413 684
2024-12-31	24 000	4.2%	17 375	6 625	407 059
2025-12-31	24 000	4.2%	16 941	7 059	400 000
合计	120 000	—	88 000	32 000	—

(3)编制各年确认利息收入并摊销利息调整的会计分录如下。

①2021 年 12 月 31 日。

借：应收利息   24 000

  贷：投资收益   18 144

   债权投资——A 公司债券（利息调整） 5 856

②2022 年 12 月 31 日。

借：应收利息   24 000

  贷：投资收益   17 898

   债权投资——A 公司债券（利息调整） 6 102

③2023 年 12 月 31 日。

借：应收利息   24 000

  贷：投资收益   17 642

   债权投资——A 公司债券（利息调整） 6 358

④2024 年 12 月 31 日。

借：应收利息   24 000

  贷：投资收益   17 375

   债权投资——A 公司债券（利息调整） 6 625

⑤2025 年 12 月 31 日。

借：应收利息   24 000

  贷：投资收益   16 941

   债权投资——公司债券（利息调整） 7 059

（4）各年收到债券利息时编制会计处理如下。

借：银行存款   24 000

  贷：应收利息   24 000

（5）债券到期时收回债券面值编制的会计分录如下。

借：银行存款   400 000

  贷：债权投资——A 公司债券（成本） 400 000

3. 债权投资的处置

企业处置债权投资时，应将取得的价款与所处置投资账面价值之间的差额计入处置当期的投资收益中。投资的账面价值是指投资的账面余额减除已计提的减值准备后的差额，即摊余成本。如果在处置债权投资时，已计入应收项目的债券利息未能收回，还应从处置价款中扣除该部分债券利息，再确认处置损益。

【例 7-8】乙公司于 2021 年 1 月 1 日购入 B 公司发生的面值为 250 000 元、票面利率为 5%、期限为 5 年、每年年末付息、到期还本的债券。公司把上述债券于 2024 年 12 月 31 日全部出售，实际收到出售价款 280 000 元。如果公司债券账面余额为 240 500 元，所属明细账户中成本 250 000 元，利息调整（贷方）9 500 元。应编制的会计分录如下。

借：银行存款   280 000

 债权投资——B 公司债券（利息调整） 9 500

  贷：债权投资——B 公司债券（成本） 250 000

   投资收益   39 500

📖 **任务作答清单**

（1）查找资料，总结债券投资的分类、特征及对企业投资行为的影响	
（2）在任务描述中，宏利公司于 2021 年 1 月 1 日从活跃市场上购入 D 公司当日发行的面值为 100 000 元、票面利率为 5%、期限为 4 年、每年末付息、到期还本的债券，并分类为以摊余成本计量的金融资产，实际支付的购买价款（包括交易费用）为 250 000 元，列出购买时的会计分录	
（3）在任务描述中，宏利公司在 2021 年和 2022 年怎样进行利息核算？	
（4）在任务描述中，宏利公司购买了债券，列出在 2024 年年末的利息核算与收回本金的业务处理	

教师点评			
小组成员			
小组得分		组长签字	
教师评分		教师签字	

任务 3　其他金融工具投资

🌱 **任务布置**

任务描述	宏利公司有如下业务：2020 年 1 月 1 日购入 E 公司当日发行的债券，分类为以公允价值计量且其变动计入其他综合收益的金融资产，债券面值为 200 000 元、票面利率为 5%、期限为 3 年、每年年末付息、到期还本，实际支付的购买价款（包括交易费用等）为 250 000 元。企业在进行这项投资时、购买和利息核算时，怎样进行会计处理？
任务目标	请根据学习的知识，解决上述问题。要完成的任务有：熟悉其他金融工具投资的内容，掌握其他金融工具投资的核算方法，明确与债权投资的区别

续表

任务讨论	公司在取得债券或股票时，何时要列为其他金融工具投资？	
任务实施	学时建议：课上 3 学时、课下 1 学时	
	任务分工：分组、布置任务、任务准备、操作	
	实施方式：线上与线下相结合	

📖 **知识参考**

金融资产包括以公允价值计量且其变动计入当期损益的金融资产（例如交易性金融资产）、以摊余成本计量的金融资产（例如债权投资）、以公允价值计量且其变动计入其他综合收益的金融资产（例如其他债权投资、其他权益工具投资）。

一、其他债权投资

其他债权投资是指企业进行除债券以外的其他债权投资，如一年以上的委托贷款。企业应当设置"其他债权投资"账户，核算持有的以公允价值计量且其变动计入其他综合收益的金融资产，并按照其他债权投资的类别和品种，分"成本""利息调整""应计利息""公允价值变动"等明细账户进行核算。其中，"成本"明细账户反映其他债权投资的面值；"利息调整"明细账户反映其他债权投资的初始入账金额与其面值的差额，以及按照实际利率法分期摊销后该差额的摊余金额；"应计利息"明细账户反映企业计提的到期一次还本付息其他债权投资应计未收的利息；"公允价值变动"明细账户反映其他债权投资的公允价值变动情况。

1. 其他债权投资的取得

公司发生的其他债权投资应当将取得该金融资产的公允价值和相关交易费用之和作为初始金额入账，如果支付的价款中包含已到付息期但尚未领取的利息，应单独确认为应收项目，不能列为初始入账金额。

【例 7-9】2021 年 1 月 1 日，甲公司购入 D 公司当日发行的债券，分类为以公允价值计量且其变动计入其他综合收益的金融资产，债券面值为 500 000 元、票面利率为 8%、期限为 3 年、每年年末付息、到期还本，实际支付的购买价款（包括交易费用等）为 525 000元。应编制的会计分录如下。

借：其他债权投资——D 公司债券（成本）　　　　　　　500 000
　　　　　　　　　　——D 公司债券（利息调整）　　　　25 000
　　贷：银行存款　　　　　　　　　　　　　　　　　　　　　　525 000

2. 其他债权投资持有收益的计量

其他债权投资与债权投资，对于持有期间确认利息收入的方法相同，都是按摊余成本计量，即采用实际利率法确认当期利息收入，计入投资收益。在采用实际利率法确认其他债权投资的利息收入时，应当以不包括"公允价值变动"明细账户余额的其他债权投资账面余额和实际利率计算来确定。

【例 7-10】甲公司 2021 年 1 月 1 日购入面值为 500 000 元、期限为 3 年、票面利率为

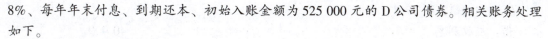

8%、每年年末付息、到期还本、初始入账金额为 525 000 元的 D 公司债券。相关账务处理如下。

(1) 以实际利率法计算利息。

由于 B 公司债券的初始入账金额高于面值，因此实际利率一定低于票面利率，先按 7% 作为折现率进行测算。查年金现值系数表和复利现值系数表可得，3 期、7% 的年金现值系数和复利现值系数分别为 2.624 316 04 和 0.816 297 88。B 公司债券的利息和面值按 7% 作为折现率计算的现值如下。

债券每年应收利息 = 500 000×8% = 40 000(元)。

利息和面值的现值 = 40 000×2.624 316 04+500 000×0.816 297 88 = 513 122(元)。

上式结果 513 122 元小于 B 公司债券的初始入账金额 525 000 元，说明实际利率小于 7%，再选择 6% 作为折现率进行计算，查年金现值系数表和复利现值系数表可得，3 期、6% 的年金现值系数和复利现值系数分别为 2.673 011 95 和 0.839 619 28。B 公司债券的利息和面值按 6% 作为折现率计算的现值如下。

利息和面值的现值 = 40 000×2.673 011 95+500 000×0.839 619 28 = 526 730(元)。

上式结果 526 730 元高于 B 公司债券的初始入账金额 525 000 元，说明实际利率大于 6%，因此实际利率介于 6% 和 7% 之间。使用插值法估算实际利率如下。

实际利率 = 6%+(7%-6%)×(526 730-525 000)÷(526 730-513 122) = 6.13%。

(2) 采用实际利率法编制利息收入与账面余额(不包括"公允价值变动"明细账户的余额)计算表。

甲公司采用实际利率法编制的利息收入与账面余额计算表，见表7-2。

表7-2　采用实际利率法编制的利息收入与账面余额计算表

单位：元

时间	应收利息①	实际利率②	利息收入③=⑤×②	利息调整摊销额④=①-③	账面余额⑤=⑤-下一行④
2021 年 1 月 1 日					525 000
2021 年 12 月 31 日	40 000	6.13%	32 183	7 817	517 183
2022 年 12 月 31 日	40 000	6.13%	31 703	8 297	508 886
2023 年 12 月 31 日	40 000	6.13%	31 114	8 886	500 000
合计	120 000	—	95 000	25 000	—

(3) 编制各年确认利息收入并摊销利息调整的会计分录如下。

①2021 年 12 月 31 日。

借：应收利息　40 000
　　贷：投资收益　32 183
　　　　其他债权投资——D 公司债券(利息调整)　7 817

②2022 年 12 月 31 日。

借：应收利息　40 000
　　贷：投资收益　31 703
　　　　其他债权投资——D 公司债券(利息调整)　8 297

③2023 年 12 月 31 日。

借：应收利息　　　　　　　　　　　　　　　　　　　　40 000

　　贷：投资收益　　　　　　　　　　　　　　　　　　　　31 114

　　　　其他债权投资——D 公司债券(利息调整)　　　　　　 8 886

(4)各年收到债券利息的会计处理如下。

借：银行存款　　　　　　　　　　　　　　　　　　　　40 000

　　贷：应收利息　　　　　　　　　　　　　　　　　　　　40 000

(5)债券到期时收回债券面值的会计处理如下。

借：银行存款　　　　　　　　　　　　　　　　　　　 500 000

　　贷：其他债权投资——D 公司债券(成本)　　　　　　　 500 000

3. 其他债权投资的期末计量

其他债权投资的价值应按资产负债表日的公允价值反映，公允价值的变动计入其他综合收益。资产负债表日其他债权投资的公允价值高于其账面余额时，应按二者之间的差额调增其他债权投资的账面余额，并将公允价值变动计入其他综合收益；其他债权投资的公允价值低于其账面余额时，应按二者之间的差额调减其他债权投资的账面余额，并按公允价值变动减记其他综合收益。

【例 7-11】接例 7-9 和例 7-10 资料，甲公司持有的面值为 500 000 元、票面利率为 8%、期限为 3 年、每年年末付息的 D 公司债券，2021 年 12 月 31 日的市场价值为 518 400 元，2023 年 12 月 31 日的市场价值为 509 000 元。相关账务处理如下。

(1)2021 年 12 月 31 日，确认公允价值变动情况。

公允价值变动=518 400-517 183=1 217(元)。

借：其他债权投资——D 公司债券(公允价值变动)　　　　　 1 217

　　贷：其他综合收益——其他债权投资公允价值变动　　　　　 1 217

调整后 B 公司债券账面价值为 518 400 元。

(2)2023 年 12 月 31 日，确认公允价值变动情况。

调整前 D 公司债券账面价值=518 400-8 297=510 103(元)。

公允价值变动=509 000-510 103=-1 103(元)。

借：其他综合收益——其他债权投资公允价值变动　　　　　　 1 103

　　贷：其他债权投资——D 公司债券(公允价值变动)　　　　　 1 103

调整后 B 公司债券账面价值为 509 000 元。

4. 其他债权投资的处置

企业管理其他债权投资的业务模式可能是以收取合同现金流量为目标，也可能是以出售该金融资产为目标。与业务模式是以收取合同现金流量为目标的债权投资相比，其他债权投资涉及的出售通常频率更高、金额更大。

处置其他债权投资时，应将取得的处置价款与该金融资产账面余额之间的差额，计入投资收益，并将原直接计入其他综合收益的累计公允价值变动对应处置部分的金额转出，也计入投资收益。

【例 7-12】接例 7-9 至例 7-11 资料，2023 年 3 月 1 日，甲公司将持有的面值为 500 000 元、期限为 3 年、票面利率为 8%、每年 12 月 31 日付息、到期还本的 D 公司债券售出，实际收到出售价款 513 000 元。出售日，B 公司债券账面余额为 509 000 元，在所属明细账户中，成本为 500 000 元，利息调整(借方)为 8 805 元，公允价值变动(借方)为 114 (1 217-1 103) 元。相关账务处理如下。

借：银行存款   513 000
    贷：其他债权投资——D 公司债券(成本)   500 000
        ——D 公司债券(利息调整)   8 805
        ——D 公司债券(公允价值变动)   114
      投资收益   4 081
借：其他综合收益——其他债权投资公允价值变动   114
    贷：投资收益   114

二、其他权益工具投资

其他权益工具是指企业发行的除普通股以外的能归类为权益工具的各种金融工具。企业应当设置"其他权益工具投资"账户，用来计量企业所持有的股权，除被投资企业宣告发放现金股利，能够影响当期损益外，其他相关的利得和损失均应计入其他综合收益，且后续不得转入损益。

"其他权益工具投资"账户核算持有的指定为以公允价值计量且其变动计入其他综合收益的非交易性权益工具投资，并按照非交易性权益工具投资的类别和品种，分别设置"成本"和"公允价值变动"进行明细核算。其中，"成本"明细账户反映非交易性权益工具投资的初始入账金额，"公允价值变动"明细账户反映非交易性权益工具投资在持有期间的公允价值变动金额。

1. 其他权益工具投资的取得

其他权益工具投资应当将取得时的公允价值和相关交易费用之和作为初始入账金额。如果支付的价款中包含已宣告但尚未发放的现金股利，则应单独确认为应收项目，不列为初始入账金额。

[例 7-13] 2020 年 4 月 10 日，甲公司按每股 6.70 元的价格从二级市场购入 A 公司股票，并指定为以公允价值计量且其变动计入其他综合收益的非交易性权益工具投资，每股面值为 1 元、购买 50 000 股，支付交易费用 1 500 元。购买价格中包含每股 0.20 元已宣告但尚未领取的现金股利，该现金股利于 2020 年 5 月 15 日发放。相关账务处理如下。

(1)2020 年 4 月 10 日，购入 A 公司股票。

初始入账金额 =(6.70-0.20)×50 000+1 500=326 500(元)。

应收现金股利 =0.20×50 000=10 000(元)。

借：其他权益工具投资——A 公司股票(成本)   326 500
    应收股利   10 000
    贷：银行存款   336 500

(2)2020 年 5 月 15 日，收到 A 公司发放的现金股利。

借：银行存款   10 000
    贷：应收股利   10 000

2. 其他权益工具投资持有收益的计量

其他权益工具投资在持有期间取得的收益符合股利收入的确认条件时，计入当期投资收益；在持有期间投资方按应享有的份额，借记"应收股利"账户，贷记"投资收益"账户，收到股利时，借记"银行存款"账户，贷记"投资收益"账户。

【例7-14】接上例，甲公司持有A公司股票50 000股。2021年4月15日，A公司宣告每股分派现金股利0.30元，并于2021年5月25日发放。相关账务处理如下。

（1）2021年4月15日，A公司宣告分派现金股利。

应收现金股利=0.30×50 000=15 000（元）。

借：应收股利   15 000

     贷：投资收益   15 000

（2）2021年5月25日，收到A公司发放的现金股利。

借：银行存款   15 000

     贷：应收股利   15 000

3. 其他权益工具投资的期末计量

其他权益工具投资的价值应按资产负债表日的公允价值进行反映，其他权益工具投资的公允价值与账面价值的差额，应作为所有者权益变动，计入其他综合收益。应借记"其他权益工具投资——公允价值变动"账户，贷记"其他综合收益——金融资产公允价值变动"账户，或做相反分录。

【例7-15】接上例，甲公司持有的50 000股A公司股票，截至2021年12月31日的每股市价为7.20元，2023年12月31日的每股市价为6.80元。截至2023年12月31日，A公司股票按公允价值调整前的账面余额（即初始入账金额）为326 500元。相关账务处理如下。

（1）2021年12月31日，确认公允价值变动，调整其他权益工具投资账面余额。

公允价值变动=7.20×50 000-326 500=33 500（元）。

借：其他权益工具投资——A公司股票（公允价值变动）   33 500

     贷：其他综合收益——其他权益工具投资公允价值变动   33 500

调整后A公司股票账面余额=326 500+33 500=7.20×50 000=360 000（元）。

（2）2023年12月31日，确认公允价值变动，调整其他权益工具投资账面余额。

公允价值变动=6.80×50 000-360 000=-20 000（元）。

借：其他综合收益——其他权益工具投资公允价值变动   20 000

     贷：其他权益工具投资——A公司股票（公允价值变动）   20 000

调整后A公司股票账面余额=360 000-20 000=6.80×50 000=340 000（元）。

4. 其他权益工具投资的处置

处置其他权益工具投资时的账务处理如下：将取得的处置价款与该金融资产账面余额之间的差额，计入留存收益，并将该金融资产原计入其他综合收益的累计利得或损失对应处置部分的金额从其他综合收益中转出，计入留存收益，不计入当期损益。其中，其他权益工具投资的账面余额是指其他权益工具投资的初始入账金额加上或减去累计公允价值变动后的金额，即出售前最后一个计量日其他权益工具投资的公允价值。如果在处置时，已计入应收项目的现金股利尚未收回，应从处置价款中扣除该部分现金股利，再确认处置损益。

【例7-16】接上例，甲公司将持有的50 000股A公司股票出售，实际收到价款

550 000元。出售时，A公司股票账面余额为340 000(326 500+33 500-20 000)元，所属明细账户中，成本为326 500元，公允价值变动(借方)为13 500(33 500-20 000)元。法定盈余公积按10%提取。应编制的会计分录如下。

借：银行存款　　　　　　　　　　　　　　　　　　　　550 000
　　贷：其他权益工具投资——A公司股票(成本)　　　　　326 500
　　　　　　　　　　　　——A公司股票(公允价值变动)　　13 500
　　　　盈余公积　　　　　　　　　　　　　　　　　　　21 000
　　　　利润分配——未分配利润　　　　　　　　　　　　189 000
借：其他综合收益——其他权益工具投资公允价值变动　　　13 500
　　贷：盈余公积　　　　　　　　　　　　　　　　　　　　1 350
　　　　利润分配——未分配利润　　　　　　　　　　　　　12 150

盈余公积=(550 000-326 500-13 500)×10%=21 000(元)。

📖 **任务作答清单**

(1)总结其他金融工具投资的分类及计量方法	
(2)宏利公司在2020年1月1日购入E公司当日发行的债券，分类为以公允价值计量且其变动计入其他综合收益的金融资产，债券面值为200 000元、票面利率为5%、期限为3年、每年年末付息、到期还本，实际支付的购买价款(包括交易费用等)为25 000元。企业取得这项投资，在购买时怎样进行会计处理？	
(3)接任务(1)，利息核算怎样进行会计处理？	
(4)接任务(3)，如果宏利公司出售这项投资，应怎样进行会计处理？	
教师点评	

小组成员			
小组得分		组长签字	
教师评分		教师签字	

任务 4 长期股权投资

任务布置

任务描述	宏利公司有如下业务：宏利公司和 C 公司为两个独立的法人企业，合并之前不存在任何关联方关系。2021 年 1 月 10 日，宏利公司达成与 C 公司合并的协议，约定公司以库存商品和银行存款作为合并对价，取得 C 公司 70% 的股份。公司付出库存商品的账面价值为 3 200 万元，购买日公允价值为 4 000 万元，增值税税额为 520 万元；付出银行存款的金额为 5 000 万元。怎样进行会计核算和业务处理？
任务目标	请根据学习的知识，解决上述问题。要完成的任务有：熟悉长期股权投资的分类和特点，掌握长期股权投资的取得、成本法、权益法、出售股权的具体核算方法
任务讨论	同一控制下企业合并与非同一控制下企业合并的本质区别
任务实施	学时建议：课上 3 学时、课下 3 学时
	任务分工：分组、布置任务、任务准备、查找资料
	实施方式：线上与线下相结合

知识参考

一、长期股权投资概述

　　长期股权投资是指投资方通过投资取得被投资单位的股份，能够通过股权投资达到控制被投资单位或对被投资单位施加重大影响，以及对其合营企业的权益性投资。

　　长期股权投资通常具有投资成本高、投资期限长、风险大但收益也较高等特征。

　　长期股权投资核算类型包括：

　　(1)投资企业能够对被投资单位实施控制的权益性投资，即对子公司投资；

　　(2)投资企业与其他合营方共同对被投资单位实施共同控制的权益性投资，即对合营企业投资；

　　(3)投资企业对被投资单位具有重大影响的权益性投资，即对联营企业投资。

1. 实施控制的权益性投资

　　控制是指一个企业在某种程度上有权决定另一个企业的财务和经营政策，并能据以从该企业的经营活动中获取利益。控制一般有如下情形。

　　(1)投资企业直接拥有被投资企业 50% 以上的表决权资本。

　　(2)投资企业直接拥有被投资企业 50% 或以下的表决权资本，但具有以下四种情况，则表示拥有了被投资单位的实质控制权。

　　①通过与其他投资者的协议，投资企业拥有被投资单位 50% 以上表决权资本的控

制权。

②根据章程或协议，投资企业有权控制被投资单位的财务和经营政策。

③有权任免被投资单位董事会等类似权力机构的多数成员，即虽然投资企业仅拥有被投资单位 50% 或以下表决权资本，但根据章程或协议有权任免被投资单位董事会的多数董事，从实质上仍然具有控制能力。

④在被投资单位董事会或类似权力机构会议上有半数以上投票权，即虽然投资企业仅拥有被投资单位 50% 或以下表决权资本，但能够控制被投资单位董事会等类似权力机构的会议，从而能够控制其财务和经营政策。

投资企业能够对被投资单位实施控制的，被投资单位为其子公司，投资企业应当将子公司纳入合并财务报表的合并范围。投资企业在其个别财务报表中对子公司的长期股权投资，应当采用成本法核算，编制合并财务报表时按照权益法进行调整。

2. 具有重大影响的权益性投资

重大影响是指对一个企业对另一个企业的财务和经营政策有参与决策的权力，但并不能够控制或者与其他方一起共同控制这些政策的制定。企业能够对被投资单位施加重大影响的，被投资单位为本企业的"联营企业"。投资企业直接或通过其子公司间接拥有被投资单位 20% 或以上，但低于 50% 的表决权股份，但未形成控制或共同控制的，可认为对被投资单位具有重大影响，除非有明确的证据表明该种情况下不能参与被投资单位的生产经营决策，不形成重大影响。投资企业拥有被投资单位表决权股份的比例低于 20% 的，一般认为对被投资单位不具有重大影响，但符合下列情况之一的，应认为对被投资单位具有重大影响。

(1)在被投资单位的董事会或类似权力机构中派有代表。投资企业通过代表参与被投资单位经营政策的制定。

(2)参与被投资单位的政策制定过程，包括股利分配政策等的制定。

(3)与被投资单位之间发生重要交易，有关的交易因对被投资单位的日常经营具有重要性，进而在一定程度上可以影响到被投资单位的生产经营决策。

(4)向被投资单位派出管理人员。

(5)向被投资单位提供关键技术资料。在以上情况下，投资企业均可以对被投资单位施加重大影响。

此外，在确定能否对被投资单位施加重大影响时，一方面应考虑投资企业直接或间接持有被投资单位的表决权股份，另一方面要考虑企业及其他方持有的现行可执行潜在表决权在假定转换为对被投资单位的股权后产生的影响，如被投资单位发行的当期可转换的认股权证、股票期权及可转换公司债券等的影响，如果其在转换为对被投资单位的股权后，能够增加投资企业的表决权比例或降低被投资单位其他投资者的表决权比例，从而使投资企业能够参与被投资单位的财务和经营决策的，应当认为投资企业对被投资单位具有重大影响。

3. 对合营企业的权益性投资

合营安排是指一项由两个或两个以上的参与方共同控制的安排。共同控制是指按照相关约定对某项安排所共有的控制，并且该安排的相关活动必须经过分享控制权的参与方一致同意后才能决策。合营企业具有下列特征：各参与方均受到该安排的约束，两个或两个以上的参与方对该安排实施共同控制。

合营安排可以分为共同经营和合营企业。共同经营是指合营方享有该安排相关资产且承担该安排相关负债的合营安排；合营企业是指合营方仅对该安排的净资产享有权利的合营安排。

长期股权投资仅指对合营安排享有共同控制的参与方（即合营方）对其合营企业的权益性投资，不包括对合营安排不享有共同控制的参与方的权益性投资，也不包括共同经营。

除能够实施控制的权益性投资、具有重大影响的权益性投资和对合营企业的权益性投资外，企业持有的其他权益性投资，应当按照金融工具确认和计量准则的规定，在初始确认时划分为以公允价值计量，且其变动计入当期损益的金融资产或其他债权投资。

二、长期股权投资的初始计量

企业在取得长期股权投资时，应按初始投资成本入账。长期股权投资可以通过企业合并形成，也可以通过企业合并以外的其他方式取得。在不同的取得方式下，初始投资成本的确定方法有所不同。但是，无论企业以何种方式取得长期股权投资，实际支付的价款或对价中包含的已宣告但尚未发放的现金股利或利润，应作为应收项目单独入账，不构成长期股权投资的初始投资成本。

（一）企业合并形成的长期股权投资

企业合并是指将两个或者两个以上单独的企业合并形成一个报告主体的交易或事项。企业合并通常包括吸收合并、新设合并和控股合并三种类型。其中，控股合并会形成长期股权投资，吸收合并和新设合并则不会。企业合并形成的长期股权投资，是指控股合并所形成的投资方（母公司）对被投资方（子公司）的股权投资。企业合并形成的长期股权投资，应当区分同一控制下的企业合并和非同一控制下的企业合并，分别确定初始投资成本进行相关计量。

1. 同一控制下企业合并形成的长期股权投资

参与合并的企业在合并前后均受同一方或相同的多方最终控制且该控制并非暂时性的，为同一控制下的企业合并。通常情况下，同一控制下的企业合并是指发生在同一企业集团内部企业之间的合并。合并日是指合并方实际取得对被合并方控制权的日期。在此合并方式下，参与合并各方能够控制的资产在合并前和合并后并没有发生变化，合并方只是通过合并，在被合并方所有者权益账面价值中按持股比例享有了一定的份额。所以，同一控制下企业合并形成的长期股权投资，应当按照合并日取得的被合并方所有者权益在最终控制方合并财务报表中的账面价值的份额作为初始投资成本。

（1）合并方通过支付现金、转让非现金资产、承担债务等方式支付对价。

如果初始投资成本大于支付的合并对价的账面价值（或权益性证券的面值），则其差额应当计入资本公积（资本溢价或股本溢价）；如果初始投资成本小于支付的合并对价的账面价值（或权益性证券的面值），则其差额应当首先冲减资本公积（仅限于资本溢价或股本溢价），资本公积余额不足冲减的，应依次冲减盈余公积、未分配利润。

合并方为进行企业合并而发行债券或权益性证券所支付的手续费、佣金等，应当计入所发行债券或权益性证券的初始确认金额；合并方为进行企业合并而发生的各项直接相关费用，如审计费用、评估费用、法律服务费用等，应当于发生时计入当期管理费用。

【例 7-17】甲公司和 A 公司是同为乙公司所控制的两个子公司。2021 年 1 月 10 日，甲公司以 2 600 万元的银行存款作为合并对价，取得 A 公司 80% 的股份并能够实施控制。当日，A 公司所有者权益在最终控制方合并财务报表中的账面价值总额 3 000 万元，甲公司"资本公积——股本溢价"账户余额为 160 万元。甲公司以银行存款支付审计费用、评估费用、法律服务费用等共计 10 万元。相关账务处理如下。

初始投资成本 = 被合并方所有者权益在最终控制方合并财务报表中的账面价值 ×

持股比例

= 3 000×80% = 2 400（万元）。

借：长期股权投资——A 公司	24 000 000
资本公积——股本溢价	1 600 000
盈余公积	400 000
贷：银行存款	26 000 000
借：管理费用	100 000
贷：银行存款	100 000

（2）合并方以发行权益性证券作为合并对价的方式。

合并方以发行权益性证券作为合并对价的，应当在合并日按照取得被合并方所有者权益账面价值的份额作为长期股权投资的初始投资成本，按照发行股份的面值总额作为股本。长期股权投资初始投资成本与所发行股份面值总额之间的差额，应当调整资本公积（资本溢价或股本溢价），资本公积不足冲减的，调整留存收益。

合并方为进行企业合并发行的权益性证券发生的手续费、佣金等费用，应当抵减权益性证券溢价收入；溢价收入不足冲减的，冲减留存收益。

合并方为企业合并支付的审计费用、法律服务费用、评估费用等，应当于发生时计入当期损益。

【例 7-18】甲公司和 A 公司是同为乙公司所控制的两个子公司。2021 年 1 月 16 日甲公司以增发 2 800 万股、每股面值 1 元的普通股股票作为合并对价，取得 A 公司 90% 的股权，并于当日取得 A 公司的控制权，支付发行手续费、佣金等 50 万元。合并日，A 公司所有者权益在最终控制方合并财务报表中的账面价值总额为 4 000 万元。合并日账务处理如下。

初始投资成本 = 4 000×90% = 3 600（万元）。

借：长期股权投资——A 公司	36 000 000
贷：股本——A 公司	28 000 000
资本公积——股本溢价	8 000 000
借：资本公积——股本溢价	500 000
贷：银行存款	500 000

2. 非同一控制下企业合并形成的长期股权投资

参与合并的各方在合并前后不受同一方或相同的多方最终控制的，为非同一控制下的企业合并。非同一控制下的企业合并，可视为合并双方自愿进行的购买交易，要合理确定合并成本，作为长期股权投资的初始投资成本。合并成本为购买方在购买日为取得对被购买方的控制权而付出的资产、发生或承担的负债以及发行的权益性证券的公允价值。

（1）购买方以支付现金、转让非现金资产、承担债务等作为合并对价。

购买方作为合并对价付出的资产，应当按照以公允价值处置该资产进行会计处理，其中，支付资产为固定资产、无形资产的，付出资产的公允价值与其账面价值的差额，计入资产处置损益；支出资产为金融资产的，付出资产的公允价值与其账面价值的差额，计入投资收益（如果付出资产指定为以公允价值计量且其变动计入其他综合收益的非交易性权益工具投资，则付出资产的公允价值与账面价值的差额应当计入留存收益）；付出资产为存货的，按其公允价值确认收入，同时按其账面价值结转成本；作为合并对价付出的资产为以公允价值计量且其变动计入其他综合收益的金融资产的，该金融资产在持有期间因公允价值变动而形成的其他综合收益应同时转出，计入当期投资收益（或者留存收益）。

购买方为进行企业合并而发行债券或权益性证券所支付的手续费、佣金等，应当计入所发行债券或权益性证券的初始确认金额；购买方为进行企业合并而发生的各项直接相关费用，如审计费用、评估费用、法律服务费用等，应当于发生时计入当期管理费用。

【例7-19】甲公司和A公司为两个独立的法人企业，合并之前无任何关联方关系。2021年1月15日，甲公司以库存商品和银行存款作为合并对价，取得A公司70%的股份。甲公司付出的库存商品的账面价值为1 500万元，购买日公允价值为2 000万元，增值税税额为260万元；付出银行存款的金额为3 000万元。当日甲公司实际取得对A公司的控制权。甲公司以银行存款支付审计费用、评估费用、法律服务费用等共计60万元。相关账务处理如下。

合并成本＝2 000+260+3 000＝5 260（万元）。

借：长期股权投资——A公司	52 600 000	
贷：主营业务收入		20 000 000
应交税费——应交增值税（销项税额）		2 600 000
银行存款		30 000 000
借：主营业务成本	15 000 000	
贷：库存商品		15 000 000
借：管理费用	600 000	
贷：银行存款		600 000

（2）购买方以发行权益性证券作为合并对价。

购买方以发行权益性证券作为合并对价的，合并成本为购买方在购买日为取得对被购买方的控制权而发行的权益性证券的公允价值。为发行权益性证券而支付的手续费、佣金等费用，应当冲减权益性证券的溢价发行收入；溢价发行收入不足冲减的，则冲减留存收益，不构成初始投资成本。

购买方应当在购买日，按照所发行权益性证券的公允价值（不含自被购买方收取的现金股利或利润），借记"长期股权投资"账户；按应享有被购买方已宣告但尚未发放的现金股利或利润，借记"应收股利"账户；按所发行权益性证券的面值总额，贷记"股本"账户；按其差额，贷记"资本公积——股本溢价"账户；发行权益性证券过程中支付的手续费、佣金等费用，借记"资本公积——股本溢价"账户，贷记"银行存款"等账户；溢价发行收入不足冲减的，依次借记"盈余公积""利润分配——未分配利润"账户；同时，按企业合并发生的各项直接相关费用，借记"管理费用"账户，贷记"银行存款"等账户。

【例7-20】甲公司和N公司达成合并协议（两公司为相互独立的法人企业，合并之前无关联方关系），约定于 2022 年 7 月 1 日，甲公司以发行权益性证券作为合并对价，取得 N 公司 80%的股份，甲公司拟增发的权益性证券为每股面值 1 元的普通股股票，共增发 1 000 万股，每股公允价值 3.20 元。甲公司完成了权益性证券的增发，发生手续费及佣金等费用 110 万元。甲公司另以银行存款支付审计费用、评估费用、法律服务费用等共计 50 万元。

本例中，甲公司和 N 公司的合并属于非同一控制下的控股合并，相关账务处理如下。

合并成本=3.20×1 000=3 200(万元)。

借：长期股权投资——N 公司   32 000 000
 贷：股本   10 000 000
   资本公积——股本溢价   22 000 000
借：资本公积——股本溢价   1 100 000
 贷：银行存款   1 100 000
借：管理费用   500 000
 贷：银行存款   500 000

(二)非企业合并方式取得的长期股权投资

非企业合并方式取得的长期股权投资一般对被投资方不具有控制能力，如企业取得的对合营企业、联营企业的投资。

1. 企业以支付现金取得的长期股权投资

企业以支付现金取得的长期股权投资，按实际支付的购买价款作为初始投资成本。购买价款包括买价和支付的与取得长期股权投资直接相关的费用、税金及其他支出。按照确定的初始投资成本，借记"长期股权投资"账户，按应享有被投资方已宣告但尚未发放的现金股利或利润，借记"应收股利"账户，按照实际支付的买价、手续费、税金等支出，贷记"银行存款"等账户。

【例 7-21】A 公司实际支付 2 000 万元取得 A 公司 25%的股份，在购买过程中另支付手续费等相关费用 10 万元。购买价款中包含 A 公司已宣告但尚未发放的现金股利 80 万元。甲公司在取得 A 公司股份后，派人员参与了 A 公司的生产经营决策，能够对 A 公司施加重大影响，将其划分为长期股权投资。相关账务处理如下。

初始投资成本=2 000+10-80=1 930(万元)。

借：长期股权投资——A 公司   19 300 000
  应收股利   800 000
 贷：银行存款   20 100 000
在未来收到股利时。
借：银行存款   800 000
 贷：应收股利   800 000

2. 以发行权益性证券取得的长期股权投资

企业以发行权益性证券方式取得的长期股权投资，应当按照所发行权益性证券的公允价值作为初始投资成本。支付给证券机构的手续费、佣金等相关税费及其他直接相关支出，不构成长期股权投资的初始成本，应自权益性证券的溢价发行收入中扣除；溢价发行收入如果不足冲减，应依次冲减盈余公积、未分配利润。具体处理方法为：按照确定的初始投资成本，借记"长期股权投资"账户，按应享有被投资方已宣告但尚未发放的现金股利或利润，借记"应收股利"账户；按照权益性证券的面值，贷记"股本"账户，按其差额，贷记"资本公积——股本溢价"账户；发行权益性证券所支付的手续费、佣金等相关税费及其他直接相关支出，借记"资本公积——股本溢价"账户，贷记"银行存款"等账户；溢价发行收入如果不足冲减，应依次借记"盈余公积""利润分配——未分配利润"账户。

【例7-22】甲公司以增发2 000万股、每股面值1元的普通股股票取得A公司20%的股份，每股公允价值2.5元，支付发行手续费及佣金等直接费用100万元，能够对A公司生产经营决策施加重大影响，将其划分为长期股权投资。相关账务处理如下。

初始投资成本=2.5×2 000=5 000（万元）。

借：长期股权投资——A公司（投资成本）　　　　　50 000 000
　　贷：股本——A公司　　　　　　　　　　　　　　20 000 000
　　　　资本公积——股本溢价　　　　　　　　　　30 000 000
借：资本公积——股本溢价　　　　　　　　　　　1 000 000
　　贷：银行存款　　　　　　　　　　　　　　　　1 000 000

3. 以债务重组取得的长期股权投资

通过债务重组取得的长期股权投资，企业应当以受让长期股权投资的公允价值作为初始投资成本；受让股权时发生的手续费等直接相关费用，也应计入相关长期股权投资成本。受让的长期股权投资公允价值与重组债权账面余额之间的差额，作为债务重组损失，计入营业外支出；如果债权已计提信用损失准备，应先将上述差额冲减已计提的信用损失准备，冲减后仍有损失的，作为债务重组损失，计入当期营业外支出；冲减后信用损失准备如果仍有余额，应予转回并抵减当期信用减值损失。

具体处理方法为：按照确定的初始投资成本，借记"长期股权投资"账户；按照应享有被投资方已宣告但尚未发放的现金股利或利润，借记"应收股利"账户；按照重组债权已计提的信用损失准备，借记"坏账准备"账户；按照重组债权的账面余额，贷记"应收账款"等账户；按照应支付的相关税费，贷记"银行存款""应交税费"等账户；按照上列各项贷方大于各项借方的差额，借记"营业外支出——债务重组损失"账户，或按照上列各项借方大于各项贷方的差额，贷记"信用减值损失"账户。

【例7-23】A企业欠甲公司应收款8 000万元，因A企业财务困难无法偿还，甲公司同意A企业以其持有的每股面值1元、每股公允价值3.5元的M公司股票2 000万股抵债，甲公司能够对M公司生产经营等相关决策施加重大影响，并将该项股权投资划分为长期股权投资。甲公司接受抵债获得的M公司股票份额占M公司股本的20%，假定A公司未计提信用损失准备。相关账务处理如下。

初始投资成本=3.5×2 000=7 000（万元）。

债务重组损失=8 000-7 000=1 000（万元）。

借：长期股权投资——M公司（投资成本）　　　　70 000 000
　　营业外支出——债务重组损失　　　　　　　　10 000 000
　　贷：应收账款　　　　　　　　　　　　　　　80 000 000

三、长期股权投资的后续计量

长期股权投资在持有期间，要根据占被投资方的股份总额比例的大小以及对被投资方财务和经营决策的影响程度，分别采用成本法或权益法进行核算。

（一）长期股权投资的成本法

成本法是指长期股权投资的账面价值按初始投资成本计量，除追加或收回投资外，一般不对长期股权投资的账面价值进行调整的一种会计处理方法。投资方对被投资方能够实施控制的长期股权投资，即对子公司的投资，应当采用成本法进行核算。

在采用成本法核算时，企业应设置"长期股权投资——成本"账户，记录初始投资成本；取得投资时，实际支付的价款中如果包含已宣告但尚未发放的现金股利或利润，记入"应收股利"账户；投资以后，当被投资方宣告分派股票股利时，投资方应于除权日对获得的股份做备忘登记，不用做账务处理；当投资方宣告分派现金股利时，应当按照本企业应享有的份额确认投资收益；如果被投资方未分派股利，投资方不需进行任何会计处理。除了追加投资以外，投资企业不对账面价值进行调整。

【例 7-24】甲公司 2019 年 1 月 20 日以 5 100 万元的价款取得 A 公司普通股股票 200 万股，占 A 公司普通股股份的 60%，形成非同一控制下的企业合并。5 100 万元的价款中包括已宣告但尚未发放的现金股利 100 万元，公司将其划分为长期股权投资，并采用成本法核算。相关账务处理如下。

（1）2019 年 1 月 20 日，取得 A 公司股票。

借：长期股权投资——A 公司　　　　　　　　　　50 000 000

　　应收股利　　　　　　　　　　　　　　　　　1 000 000

　　贷：银行存款　　　　　　　　　　　　　　　　　51 000 000

（2）2019 年 4 月 2 日，甲公司收到投资价款中所包含的已宣告但尚未发放的现金股利。

借：银行存款　　　　　　　　　　　　　　　　　1 000 000

　　贷：应收股利　　　　　　　　　　　　　　　　　1 000 000

（3）2020 年 3 月 6 日，A 公司宣告 2020 年度股利分配方案，每股分派现金股利 0.30 元。

现金股利 $= 0.3 \times 2\ 000\ 000 = 600\ 000$（元）。

借：应收股利　　　　　　　　　　　　　　　　　600 000

　　贷：投资收益　　　　　　　　　　　　　　　　　600 000

（4）于 2020 年 4 月 16 日收到上述股利。

借：银行存款　　　　　　　　　　　　　　　　　600 000

　　贷：应收股利　　　　　　　　　　　　　　　　　600 000

（5）2021 年 4 月 18 日，A 公司宣告 2020 年度股利分配方案，每股派送股票股利 0.2 股，甲公司不做正式会计记录，但应于除权日在备查簿中登记增加的股份。

股票股利的股数为 $0.2 \times 2\ 000\ 000 = 400\ 000$（股）。

持有 A 公司股票总数为 $= 2\ 000\ 000 + 400\ 000 = 2\ 400\ 000$（股）。

截至 2021 年年末，当年度 A 公司获得净利润 300 万元，该年未进行股利分配，A 公司不必进行任何会计处理。

截至 2022 年年末，当年度 A 公司亏损 100 万元，该年未进行股利分配，A 公司不必进行任何会计处理。

（二）长期股权投资的权益法

权益法是指在取得长期股权投资时以投资成本计量，在持有投资期间则要根据被投资方所有者权益变动中投资方应享有的份额，对长期股权投资的账面价值进行相应调整的一种会计处理方法，即只要被投资方所有者权益变动，作为投资方就要按自己占有的份额进行相应调整。投资方对被投资方具有共同控制或重大影响的长期股权投资，即对合营企业或联营企业的长期股权投资，应当采用权益法进行核算。

在采用权益法核算时，在"长期股权投资"账户下应当设置如下明细账户："投资成本"账户（记录长期股权投资的初始投资成本）、"损益调整"账户（记录被投资方发生净损益及利润分配引起的所有者权益变动）、"其他综合收益"账户（记录被投资方确认其他综合收益引起的所有者权益变动）、"其他权益变动"账户（记录其他原因引起的所有者权益变动）。按以上情形对长期股权投资账面价值的金额进行调整。

1. 取得长期股权投资的会计处理

企业在取得长期股权投资时，按照确定的初始投资成本入账。初始投资成本与应享有被投资方可辨认净资产公允价值份额之间的差额，应按以下情况分别处理。

（1）如果长期股权投资的初始投资成本大于取得投资时，应享有被投资方可辨认净资产公允价值的份额，不调整已确认的初始投资成本。

（2）如果长期股权投资的初始投资成本小于取得投资时，应享有被投资方可辨认净资产公允价值的份额，应按二者之间的差额调整长期股权投资的账面价值，同时计入当期营业外收入。

【例 7-25】甲公司于 2021 年 7 月 1 日以 2 600 万元（包括交易税费）购入 A 公司发行的股票 1 200 万股，该股份占 A 公司普通股股份的 25%。甲公司在取得股份后，能够对 A 公司施加重大影响，要采用权益法核算。

（1）如果 A 公司可辨认净资产公允价值为 10 000 万元。

甲公司应享有 A 公司可辨认净资产公允价值份额为 2 500（10 000×25%）万元。由于长期股权投资的初始投资成本大于应享有 A 公司可辨认净资产公允价值的份额，故不调整长期股权投资的初始投资成本。甲公司应做如下会计处理。

借：长期股权投资——A 公司（投资成本）　　　　　　　　26 000 000
　　贷：银行存款　　　　　　　　　　　　　　　　　　　　　　26 000 000

（2）如果 A 公司可辨认净资产公允价值为 12 000 万元。

甲公司应享有 A 公司可辨认净资产公允价值的份额为 3 000（12 000×25%）万元。由于长期股权投资的初始投资成本小于应享有 A 公司可辨认净资产公允价值的份额，故应按二者之间的差额调整长期股权投资的初始投资成本，同时计入当期营业外收入。甲公司应做如下会计处理。

借：长期股权投资——A 公司（投资成本）　　　　　　　　26 000 000
　　贷：银行存款　　　　　　　　　　　　　　　　　　　　　　26 000 000
借：长期股权投资——A 公司（投资成本）　　　　　　　　4 000 000
　　贷：营业外收入　　　　　　　　　　　　　　　　　　　　　4 000 000

2. 确认投资损益及取得现金股利或利润的会计处理

（1）投资方取得长期股权投资后，应当按照在被投资方实现的净利润或发生的净亏损中投资方应享有或应分担的份额确认投资损益，同时相应调整长期股权投资的账面价值。

投资方应当在被投资方账面净损益的基础上，考虑以下因素对被投资方净损益的影响并进行适当调整，作为确认投资损益的依据：

①被投资方采用的会计政策及会计期间与投资方不一致的，应当按照投资方的会计政策及会计期间对被投资方的财务报表进行调整；

②以取得投资时被投资方各项可辨认资产等的公允价值为基础，对被投资方的净损益进行调整，但应考虑重要性原则，不具重要性的项目可不予调整；

③投资方与其联营企业或合营企业之间进行商品交易形成的未实现内部交易损益按照持股比例计算的归属于投资方的部分，应当予以抵销。

（2）当被投资方宣告分派现金股利或利润时，投资方按应获得的现金股利或利润确认应收股利，同时，抵减长期股权投资的账面价值；被投资方分派股票股利，投资方不进行账务处理，但应于除权日在备查簿中登记增加的股份。

【例 7-26】 甲公司于 2019 年 7 月 1 日购入 A 公司发行的股票 1 200 万股，该股份占 A 公司普通股股份的 25%。甲公司在取得股份后，能够对 A 公司施加重大影响，要采用权益法核算。假定 A 公司与甲公司的会计年度及采用的会计政策相同，投资当时 A 公司各项可辨认资产、负债的公允价值与其账面价值相同，双方未发生任何内部交易。甲公司相关账务处理如下。

①2019 年度，A 公司报告净收益 1 000 万元；2020 年 3 月 12 日，A 公司宣告 2019 年度利润分配方案，每股分派现金股利 0.20 元。

应确认投资收益 = 1 000×25%×6/12 = 125（万元）。

现金股利 = 1 200×0.20 = 240（万元）。

借：长期股权投资——A 公司（损益调整）　　　　　　　　1 250 000
　　贷：投资收益　　　　　　　　　　　　　　　　　　　　　　1 250 000
借：应收股利　　　　　　　　　　　　　　　　　　　　　　2 400 000
　　贷：长期股权投资——A 公司（损益调整）　　　　　　　　2 400 000

收到现金股利时。

借：银行存款　　　　　　　　　　　　　　　　　　　　　　2 400 000
　　贷：应收股利　　　　　　　　　　　　　　　　　　　　　　2 400 000

②2020 年度，A 公司报告净收益 950 万元，并于 2021 年 4 月 16 日，宣告 2020 年度利润分配方案，每股派送股票股利 0.10 股。

应确认投资收益 = 950×25% = 237.5（万元）。

借：长期股权投资——A 公司（损益调整）　　　　　　　　2 375 000
　　贷：投资收益　　　　　　　　　　　　　　　　　　　　　　2 375 000

除权日，在备查簿中登记增加的股票股利的份数。

股票股利 = 0.10×1 200 = 120（万股），持有股票总数为 1 320（1 200+120）股。

③2021 年度，A 公司发生亏损 300 万元，未进行利润分配。

应确认投资损失 = 300×25% = 75（万元）。

借：投资收益　　　　　　　　　　　　　　　　　　　750 000
　　贷：长期股权投资——A公司（损益调整）　　　　　　　　750 000

3. 确认其他综合收益的会计处理

被投资方因确认其他综合收益而导致其所有者权益发生变动时，投资方应按照持股比例计算应享有或承担的份额，一方面调整长期股权投资的账面价值，另一方面计入其他综合收益。

【例7-27】A公司持有G公司25%的股份，能够对G公司施加重大影响，采用权益法核算。2023年12月31日，G公司确认其持有的以公允价值计量且其变动计入其他综合收益的金融资产公允价值上升200万元，导致其所有者权益发生变动。A公司的相关账务处理如下。

应享有其他综合收益份额 = 200×25% = 50（万元）。

借：长期股权投资——G公司（其他综合收益）　　　　　500 000
　　贷：其他综合收益　　　　　　　　　　　　　　　　　　500 000

4. 确认其他权益变动的会计处理

其他权益变动是指被投资方除实现净损益及进行利润分配、确认其他综合收益以外的其他原因导致的所有者权益变动，如被投资方接受股东资本性投入、确认以权益结算的股份支付等导致的所有者权益变动。投资方对于按照持股比例计算的应享有或承担的被投资方其他权益变动份额，应调整长期股权投资的账面价值，同时计入资本公积（其他资本公积）。

【例7-28】甲公司持有B公司25%的股份，能够对B公司施加重大影响，采用权益法核算。2023年，B公司接受其母公司实质上属于资本性投入的现金捐赠，金额为500万元，B公司将其计入资本公积，导致所有者权益发生变动。甲公司的相关账务处理如下。

应享有其他权益变动份额 = 500×25% = 125（万元）。

借：长期股权投资——G公司（其他权益变动）　　　　1 250 000
　　贷：资本公积——其他资本公积　　　　　　　　　　　1 250 000

四、长期股权投资的处置

企业处置长期股权投资时，应当按取得的处置收入扣除长期股权投资账面价值和已确认但尚未收到的现金股利之后的差额确认处置损益。

处置采用权益法核算的长期股权投资时，应当采用与被投资方直接处置相关资产或负债相同的基础，对相关的其他综合收益进行会计处理；同时，还应将原计入资本公积的其他权益变动金额转出，计入当期损益。

【例7-29】2023年2月10日，甲公司将持有的M公司股份全部转让，甲公司持有A公司25%的股份，采用权益法核算。转让价款为3 600万元。在转让日，该项长期股权投资的账面余额为3 411万元，其中所属明细账户里，投资成本为2 800万元，损益调整（借方）356万元，其他综合收益（借方）135万元（其中，100万元为在M公司持有的其他债权投资公允价值变动中应享有的份额，35万元为在M公司持有的其他权益工具投资公允价值变动中应享有的份额），其他权益变动（借方）120万元。甲公司的相关账务处理如下。

转让损益=3 600-3 411=189(万元)。

借：银行存款　36 000 000
　　贷：长期股权投资——M公司(投资成本)　28 000 000
　　　　　　　　　　　——M公司(损益调整)　3 560 000
　　　　　　　　　　　——M公司(其他综合收益)　1 350 000
　　　　　　　　　　　——M公司(其他权益变动)　1 200 000
　　　　投资收益　1 890 000
借：其他综合收益　1 350 000
　　贷：投资收益　1 000 000
　　　　盈余公积　35 000
　　　　利润分配——未分配利润　315 000

📖 **任务作答清单**

(1)总结长期股权投资的分类	
(2)辨析长期股权投资和交易性金融资产的区别	
(3)在任务描述中，甲公司和C公司为两个独立的法人企业，合并之前不存在任何关联方关系。2021年1月10日，公司达成与C公司合并的协议，约定公司以库存商品和银行存款作为合并对价，取得C公司70%的股份。公司付出库存商品的账面价值为3 200万元，购买日公允价值为4 000万元，增值税税额为520万元；付出银行存款的金额为5 000万元。怎样进行会计核算和业务处理？	
(4)长期股权投资风险表现为投资不符合国家的法律规定或产业政策、会计处理不正确、纳税影响。试从以上角度分析如何加强内部控制	

教师点评			
小组成员			
小组得分		组长签字	
教师评分		教师签字	

知识链接 7

企业合并与非企业合并形成的长期股权投资

项目 8 固定资产

学习目标

> **知识目标**

　　熟悉固定资产的含义、特点、分类；明确固定资产的确认条件；掌握固定资产的确认与初始计量方法；掌握固定资产折旧、固定资产期末计量、固定资产减值损失、固定资产盘点、固定资产处置的核算方法与业务处理。

> **素质目标**

　　深刻认识固定资产的合理计量对于保护企业财务、防止财产流失的作用。

> **技能目标**

　　能够熟练进行固定资产的初始计量、折旧核算、期末计量、减值损失、盘点与处置的会计业务处理。

知识点导图

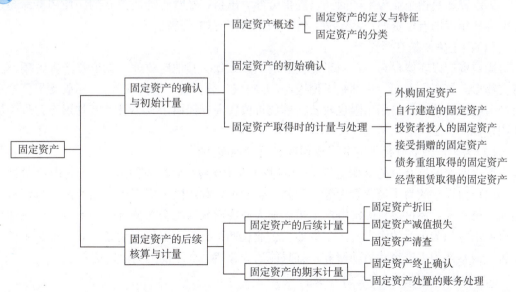

143

任务1　固定资产的确认与初始计量

任务布置

任务描述	宏利公司有如下业务：2023年1月6日，购入一台不需要安装的设备，发票上注明设备价款10 000元，应交增值税1 300元，支付运费、装卸费等合计200元；2023年3月2日，购入一台需要安装的专用设备，发票上注明设备价款20 000元，应交增值税2 600元；以上均用银行存款支付。宏利公司应怎样进行会计业务处理？
任务目标	请根据学习的知识，解决上述问题。要完成的任务有：了解固定资产的概念，熟悉固定资产的使用范围，掌握固定资产的会计核算和业务处理方法
任务讨论	宏利公司如何加强固定资产的管理？请提供方案
任务实施	学时建议：课上1学时、课下1学时
	任务分工：分组、布置任务、任务准备、查找资料
	实施方式：线上与线下相结合

知识参考

一、固定资产概述

1. 固定资产的定义与特征

固定资产是指企业为生产商品、提供劳务、出租或经营管理而持有的，使用寿命超过一个会计年度的有形资产。从定义上看，固定资产有如下特征。

（1）固定资产是有形资产。

固定资产以实体存在，这与企业拥有的应收账款、其他应收款、无形资产等各项不具有实物形态的资产不同。特别是无形资产（专利权、著作权、商标权等），尽管无形资产也为经营管理而持有，使用年限也较长，单位价值较高，但由于其不具备实物形态，故不属于固定资产。

（2）为生产商品、提供劳务、出租或经营管理而持有。

固定资产的持有目的是服务于企业自身的生产经营活动，即用于生产商品或提供劳务、出租他人，或为了经营管理等。例如，企业可以利用固定资产生产出产品，再销售产品而取得收入；还可以将固定资产出租给他人使用而赚取租金。持有目的不符合上述情形的资产不能列为企业的固定资产。例如，企业长期持有的大型机器设备，如果是为了日后销售，而不是为生产经营活动服务，就只能列为存货，而不能列为固定资产。

（3）使用寿命超过一个会计年度。

固定资产使用寿命是指企业使用固定资产的预计期间，或者该固定资产所能生产产品

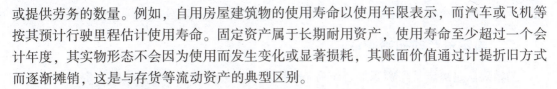

或提供劳务的数量。例如，自用房屋建筑物的使用寿命以使用年限表示，而汽车或飞机等按其预计行驶里程估计使用寿命。固定资产属于长期耐用资产，使用寿命至少超过一个会计年度，其实物形态不会因为使用而发生变化或显著损耗，其账面价值通过计提折旧方式而逐渐摊销，这是与存货等流动资产的典型区别。

2. 固定资产的分类

为了便于对固定资产进行实物管理和科学核算，固定资产可以做如下分类。

（1）固定资产按经济用途分类，可以分为经营用固定资产和非经营用固定资产。

经营用固定资产是指直接服务于生产经营过程的各种固定资产，如用于企业生产经营的房屋、建筑物、机器设备、运输设备等；非经营用固定资产是指不直接服务于生产经营过程的各种固定资产，如用于职工住宿、公共福利、文化娱乐和卫生保健等方面的房屋和建筑物等。

（2）固定资产按使用情况分类，可以分为使用中固定资产、未使用固定资产、出租固定资产、不需用固定资产。

①使用中固定资产是指企业正在使用的经营用固定资产和非经营用固定资产。企业的房屋及建筑物无论是否在实际使用，都应视为使用中固定资产；由于季节性生产经营或进行大修理等原因而暂时停止使用以及存放在生产车间或经营场所备用、轮换使用的固定资产，也属于使用中固定资产。

②未使用固定资产是指已购建完成但尚未交付使用的新增固定资产，以及进行改建、扩建等暂时脱离生产经营过程的固定资产。

③出租固定资产是指企业根据租赁合同的规定，以经营租赁方式出租给其他企业临时使用的固定资产。

④不需用固定资产是指本企业多余的或不适用的待处置固定资产，即企业在未来的生产商品、提供劳务、出租或经营管理活动中不会再使用的固定资产。

（3）固定资产按是否需要安装分类，可分为需要安装的固定资产和不需要安装的固定资产。

①需要安装的固定资产是指企业在购入后需要经过一定的安装程序才能达到预定可使用状态的设备。企业购入的机床、车床等生产设备，一般应经过安装、调试后方可判断是否已经达到预定可使用状态，只有切实达到预定可使用状态以后，才能被确认为企业的固定资产。在达到预定可使用状态之前，只能被确认为企业为了工程建设而准备的专用设备。

②不需要安装的固定资产是指企业在购入后不需要经过安装就能达到预定可使用状态的设备。企业购入的运输汽车、客车和轿车等，在企业购入后就已达到预定可使用状态，不必再进行安装即可马上投入使用，因此这类设备在购入后可直接被确认为企业的固定资产。

固定资产分类方法较多，除以上分类外，还可以按来源分类，分为外购固定资产、自行建造固定资产、投资者投入固定资产、改建和扩建新增固定资产、接受捐赠固定资产、盘盈固定资产等。

在会计工作中，为了加强固定资产核算与管理，可将几种分类标准结合起来，再对固定资产进行分类，制定适合本企业的固定资产管理方法、拟定分类目录、记录相关情况。

二、固定资产的初始确认

初始确认是决定某项资源能否作为企业固定资产进行核算的起点。固定资产的初始确认在符合其定义的前提下，还应同时满足两个条件。

(1)与该固定资产有关的经济利益很可能流入企业。与固定资产有关的经济利益是指通过固定资产的使用，预期会给企业带来的经济利益，例如，企业用于生产产品的机器设备有助于企业产品的形成，产品在市场上销售后，即可带来现金或现金等价物的流入。但是经济利益能否流入企业具有很大的不确定性，在经济利益很可能流入企业的情况下，才可将其作为企业的资产；反之，则不能被确认为企业的资产，因为假如购买企业产品的客户缺乏支付能力或已经破产清算，那么企业的货款不能收回，就没有经济利益流入企业了。

(2)该固定资产的成本能够可靠计量。固定资产的成本主要是指企业取得固定资产时所发生的各种支出。例如，企业外购某一台设备，所支付的购买价款、相关税费，以及使固定资产达到预定可使用状态前所发生的可归属于该项资产的运输费、安装费、装卸费、服务费等。但这些支出必须有可靠的依据，能够证明购买固定资产支出的发票、单据等证明凭据。

三、固定资产取得时的计量与处理

固定资产应当按照取得成本进行初始计量，取得时的会计核算与业务处理就非常重要。根据来源渠道不同，取得方式主要分为外购、自行建造、投资者投入、接受捐赠、债务重组、经营租赁等。不同来源方式取得的固定资产，其会计处理方法也有所不同。

1. 外购的固定资产

外购固定资产的成本，包括购买价款、相关税费，以及使固定资产达到预定可使用状态前所发生的可归属于该项资产的运输费、装卸费、安装费和专业人员服务费等。根据现行增值税相关法规规定，企业购建生产用机器设备及交通工具类固定资产所发生的增值税进项税额可以从销项税额中抵扣。

外购固定资产分为购入不需要安装的固定资产和购入需要安装的固定资产两类。

(1)购入不需要安装的固定资产。企业购入不需要安装的机器设备及生产用交通工具时，按应计入固定资产成本的金额，借记"固定资产"账户，按可以抵扣的增值税进项税额，借记"应交税费——应交增值税(进项税额)"账户，按实际支付或应付的金额贷记"银行存款""其他应付款"等账户。

(2)购入需要安装的固定资产。企业购入需要安装的固定资产，应先通过"在建工程"账户核算，即按购入成本，借记"在建工程"账户，贷记"银行存款"等账户；发生安装调试成本时，借记"在建工程"账户，贷记"原材料""应付职工薪酬"等账户；待固定资产安装完毕交付使用时，贷记"在建工程"账户，借方转入"固定资产"账户。

【例8-1】甲公司购入一台不需要安装的设备，发票上注明设备价款22 000元，应交增值税2 860元，支付装卸费、运费等合计1 000元，用银行存款支付。其账务处理如下。

借：固定资产	22 000
应交税费——应交增值税(进项税额)	2 860
贷：银行存款	24 860

【例 8-2】甲公司购入一台需要安装的专用设备,发票上注明设备价款 50 000 元,应交增值税 6 500 元,支付装卸费、运费等合计 1 000 元,以上款项均通过银行支付。其账务处理如下。

(1)购入的设备运抵企业,在等待安装。

借：工程物资	51 000
应交税费——应交增值税(进项税额)	6 500
贷：银行存款	57 500

(2)专用设备投入安装,并支付安装成本 500 元。

借：在建工程	51 500
贷：工程物资	51 000
银行存款	500

(3)设备安装完毕,达到预定可使用状态。

借：固定资产	51 500
贷：在建工程	51 500

2. 自行建造的固定资产

自行建造的固定资产主要包括在生产经营过程中,自行建造生产经营所需的机器设备,建造房屋建筑物、各种设施等。自建成本应按建造该项资产达到预定可使用状态前所发生的必要支出来核算,包括工程物资、人工成本、交纳的相关税费、应予以资本化的借款费用以及应分摊的间接费用等。自行建造的固定资产可分为自营工程和出包工程两种。

如果是自营工程,在购入工程物资时,借记"工程物资""应交税费"账户,贷记"银行存款"等账户;领用工程物资时,按实际成本借记"在建工程"账户,贷记"工程物资"账户;领用本企业原材料时,应按原材料的实际成本借记"在建工程"账户,贷记"原材料"账户。领用本企业的产品时,按产品的实际成本,借记"在建工程"账户,贷记"库存商品"账户。结转基建工程应负担的职工工资时,借记"在建工程"账户,贷记"应付职工薪酬"账户。工程达到预定可使用状态时,企业应计算固定资产的成本,根据交付使用的固定资产明细表进行账务处理,借记"固定资产"账户,贷记"在建工程"账户。

【例 8-3】甲公司为了进行产品生产,自行制造一台设备,主要发生下列业务,相关账务处理如下。

(1)购入工程物资,不含税买价 200 000 元,应交增值税 26 000 元,物资验收入库。

借：工程物资	200 000
应交税费——应交增值税(进项税额)	26 000
贷：银行存款	226 000

(2)领用工程物资 10 000 元,投入自营工程。

借：在建工程	200 000
贷：工程物资	200 000

（3）领用一批库存材料 6 000 元，投入建设。

借：在建工程   6 000
　　贷：原材料   6 000

（4）结转应由工程负担的直接人工薪酬 15 000 元。

借：在建工程   15 000
　　贷：应付职工薪酬   15 000

（5）设备制造完工，并达到预定可使用状态，计算并结转工程成本。

设备制造成本 = 200 000+6 000+15 000 = 221 000（元）。

借：固定资产   221 000
　　贷：在建工程   221 000

投资者投入固定资产的成本，应当按照投资合同或协议约定的价值确定，但合同或协议约定价值不公允的除外；融资租入固定资产的入账价值，应当遵循《企业会计准则第 21 号——租赁》的相关规定处理。

3. 投资者投入的固定资产

企业接受固定资产投入时，按投资者投入的固定资产的公允价值作为入账价值，在固定资产移交手续办完后，应按投资合同或协议约定的价值加上应支付的相关税费作为固定资产的入账价值借记"固定资产"账户，但合同或协议约定价值不公允的除外，同时要反映投资额的增加，贷记"实收资本"（或"股本"）账户。

【例 8-4】甲公司收到 A 公司投入的一台生产设备，该设备在 A 公司的账面原值为 45 000 元，已提累计折旧为 20 000 元，双方投资合同约定的价值为 50 000 元，与市场的公允价值相同，如果应交增值税为 6 500 元，不考虑其他情况。其应编制的会计分录如下。

借：固定资产   50 000
　　　应交税费——应交增值税（进项税额）   6 500
　　贷：实收资本   56 500

4. 接受捐赠的固定资产

接受捐赠的固定资产，应根据具体情况来确定其入账价值，存在以下情形。

（1）捐赠方提供了有关凭据的，按凭据上标明的金额加上应支付的相关税费，作为入账价值。

（2）捐赠方没有提供有关凭据的，按如下顺序确定其入账价值。

①同类或类似固定资产存在活跃市场的，按同类或类似固定资产的市场价格估计的金额，加上应支付的相关税费入账。

②同类或类似固定资产不存在活跃市场的，按接受捐赠的固定资产预计未来现金流量的现值，加上应支付的相关税费入账。

企业接受捐赠的固定资产在按照上述规定确定入账价值以后，按接受捐赠的金额贷记"营业外收入"账户，应交增值税的进项税额应单独计量。

【例 8-5】甲公司接受 B 公司捐赠的一台生产设备，有关价值凭证上标明的价款为 22 000 元，应交增值税为 2 860 元，办理产权过户手续时支付相关税费 1 800 元。应编制的会计分录如下。

借：固定资产	23 800
应交税费——应交增值税(进项税额)	2 860
贷：营业外收入——捐赠利得	24 860
银行存款	1 800

5. 债务重组取得的固定资产

债务重组是指在债务人发生财务困难的情况下，债权人按照其与债务人达成的协议或者法院的裁决做出让步的事项。债权人在债务重组过程中做出让步，即同意债务人现在或将来以低于重组债务账面价值，去偿还发生的债务，可通过减免债务人部分债务本金或利息、降低债务人应付债务的利率等。

对于债权人而言，通过债务重组的方式取得来自债务人的固定资产，其入账价值应当按照受让固定资产的公允价值确定，重组债权的账面余额与受让的固定资产公允价值之间的差额作为重组损失，计入"营业外支出"账户。如果债权人对债权已计提过减值准备，应当先将该差额冲减掉减值准备，减值准备不足以冲减的部分，计入"营业外支出"账户。如果冲减该差额后，减值准备仍有余额，应该转回并抵减当期"资产减值损失"账户。受让固定资产涉及的增值税进项税额，如果债务重组协议规定债权人不向债务人另行支付，则增值税进项税额可以作为冲减重组债权的账面余额处理。如债权人向债务人另行支付，则增值税进项税额不能作为冲减重组债权的账面余额处理。

【例 8-6】甲公司销售给 C 公司一批产品，价款为 126 000 元。由于 C 公司发生财务运营困难，这批价款所形成的应收账款一直没有收回，后经双方协商签订债务重组协议，甲公司同意 C 公司以一台不需要安装的设备抵债务，该设备的公允价值为 100 000 元，增值税进项税额为 13 000 元，公司不需另行支付。该项应收账款已计提坏账准备 2 000 元。其相关账务处理如下。

受让固定资产的公允价值为 100 000 元，重组债权的账面余额为 126 000 元，债务重组损失为 126 000-100 000-13 000-2 000=11 000(元)。

借：固定资产	100 000
坏账准备	2 000
应交税费——应交增值税(进项税额)	13 000
营业外支出——债务重组损失	11 000
贷：应收账款	126 000

6. 经营租赁取得的固定资产

经营租赁取得的固定资产是为了满足企业生产经营中临时的需要，如企业为整修厂区而租入施工机械、为吊装设备而租入起重机械等。一般是在没有足够的资金购买或没必要投入的情况下，通过在短期内租入某项资产，只拥有固定资产的使用权，没取得所有权，因此租赁资产的风险和报酬并没有转移给承租人。

出租人要负责该固定资产在租赁期间的维修、保养、保险等费用。承租人支付的租赁费用相对较低，一般仅包括租赁期间的折旧费、利息及手续费等，所发生的初始直接费用应计入当期损益，根据固定资产的用途，分别计入制造费用、管理费用、销售费用、在建工程等。为便于对实物的管理，应在备查簿中进行登记。

【例 8-7】甲公司行政管理部门临时租入一台办公设备，以满足管理工作的需要。双方协议规定租赁期为 2 个月、租金为 2 500 元、期满归还设备。应编制的会计分录如下。

借：管理费用　　　　　　　　　　　　　　　　　　　　2 500

　　贷：银行存款　　　　　　　　　　　　　　　　　　　　　2 500

另外，企业还可以通过融资租赁、非货币性资产交换等方式取得固定资产。

📖 任务作答清单

(1)总结固定资产的特点	
(2)在任务描述中，宏利公司购入不需要安装的设备，发票上注明设备价款 10 000 元，应交增值税 1 300 元，支付运费等合计 200 元，用银行存款支付，应怎样进行会计业务处理？	
(3)在任务描述中，宏利公司购入一台需要安装的生产设备，发票上注明设备价款 20 000 元，应交增值税 2 600 元，用银行存款支付，应怎样进行会计业务处理？	
(4)如果宏利公司收到丙投资人投入的不需要安装的生产设备 500 000 元，应怎样进行会计业务处理？	
(5)如果宏利公司为了自行建设厂房，领用原材料 40 000 元，应怎样进行会计业务处理？	

教师点评			
小组成员			
小组得分		组长签字	
教师评分		教师签字	

任务 2　固定资产的后续核算与计量

🌷 任务布置

任务描述	宏利公司有如下业务：2023 年 5 月 1 日，对一台机器设备按年限平均法计提折旧，设备原价为 500 000 元，预计净残值为 5 000 元，预计清理费用为 1 000 元，使用寿命为 5 年，应怎样进行会计业务处理？2023 年 7 月 5 日购进一项固定资产，分析当月是否应该计提折旧

续表

任务目标	请根据学习的知识，解决上述问题。要完成的任务有：了解固定资产折旧的概念，熟悉固定资产折旧范围，掌握固定资产折旧和固定资产处置的核算方法		
任务讨论	设计一套固定资产盘查流程，确保固定资产的准确记录，以便及时调整和利用企业的固定资产，请提供方案		
任务实施	学时建议：课上 1 学时、课下 1 学时		
	任务分工：分组、布置任务、任务准备、查找资料		
	实施方式：线上与线下相结合		

 知识参考

一、固定资产后续计量

固定资产后续计量包括固定资产折旧核算、固定资产减值损失、固定资产清查等。

（一）固定资产折旧

1. 固定资产折旧的概念

固定资产作为一项长期使用的资产，形态改变不像原材料消耗那样直观，但其价值同样在消耗和变动，在其使用寿命内，一般通过计提折旧来计量消耗过程。固定资产折旧是指在固定资产预计使用寿命内，按照确定的方法对应计提折旧额进行系统分摊的活动过程。被分摊计入企业成本或费用的那部分固定资产价值损耗即为折旧额。

影响固定资产折旧的因素有原始价值、预计净残值、预计使用寿命和应计折旧额等。固定资产原值是固定资产取得时的实际成本支出，或应当以同类资产的市场价格计算的价值。预计净残值是指假定固定资产处于预计使用寿命终了时的状态，企业当前从该项固定资产处置中获得的扣除预计处置费用后的金额。使用寿命是指企业使用固定资产的预计期间，或者该固定资产所能生产产品或提供劳务的数量。应计折旧额是指应当计提折旧的固定资产的原值扣除其预计净残值后的金额，净残值是处置剩余资产获得的收入扣除所支付清理费用的金额。已计提减值准备的固定资产，还应当扣除已计提的固定资产减值准备的累计金额。

企业充分利用固定资产，能够带来一定的经济利益。在利用固定资产期间，会发生折旧摊销。为使成本和相应的收入相配比，需将固定资产的取得成本转入营业成本或费用中，以确定企业的收益，故企业要采用合理的折旧核算方法，使折旧的确认更科学。

2. 固定资产的折旧范围

根据规定，企业应当对所有的固定资产计提折旧，但已提足折旧仍继续使用的固定资产和单独计价入账的土地除外。在计提折旧时，还应注意以下要求。

（1）固定资产应按月计提折旧。固定资产应自达到预定可使用状态时开始计提折旧，终止确认时或划分为持有待售非流动资产时停止计提折旧。目前企业计提折旧仍沿用了实务中惯用的做法，当月增加的固定资产，当月不计提折旧，从其增加的下一个月起计提折旧；当月减少的固定资产，当月仍计提折旧，从其减少的下一个月起不再计提折旧。

（2）固定资产提足折旧后，不论是否继续使用，均不再计提折旧，提前报废的固定资产也不再补提折旧。所谓提足折旧，是指已经提足该项固定资产的应计折旧额。

（3）已达到预定可使用状态但尚未办理竣工决算的固定资产，应当按照估计价值确定其成本，并计提折旧。待办理竣工决算后再按实际成本调整原来的暂估价值，但不需要调整原已计提的折旧额。

3. 固定资产折旧方法

固定资产折旧方法包括年限平均法、工作量法、双倍余额递减法和年数总和法等。固定资产的折旧方法一经确定，不得随意变更。

（1）年限平均法。

年限折旧法又称直线法，是以固定资产的预计使用年限为分摊标准，将固定资产的应计折旧额均衡地分摊到各使用年度的一种折旧计算方法。这种方法计算的每期折旧额相等，容易理解，不受固定资产使用频率、提供劳务数量的影响，是应用比较广泛的一种方法。缺点是由于计算结果相等，对于使用固定资产较少的会计期间而言，其成本或费用的确认显得不够合理。

计算折旧的有关公式如下：

$$年折旧率=(1-预计净残值率)/预计使用寿命$$
$$月折旧率=年折旧率/12$$
$$月折旧额=固定资产原价×月折旧率$$
$$折旧额=固定资产原价-其预计净残值$$
$$折旧率=折旧额/原值×100\%$$
$$净残值率=净残值/原值×100\%$$

应注意的是，预计净残值率是预计净残值占原价的比例，折旧率为折旧额占原价的比例。

【例8-8】甲公司有一台机器设备按年限平均法计提折旧，设备原价为200 000元，预计净残值为6 000元，预计清理费用为2 000元，使用寿命为4年。计算如下。

预计净残值率=[（6 000-2 000)/200 000]×100%=2%。

年折旧率=(1-2 %)/4=24.5%。

月折旧率=24.5%/12=2.04%。

月折旧额=200 000×2.04%=4 080（元）。

（2）工作量法。

工作量法是以固定资产预计可完成的工作总量为分摊标准，根据各期实际工作量计算每期应计折旧额的一种方法。不同的固定资产可采用不同的工作量标准，如机器设备可用能够运行的预计工作小时总额作为标准，运输工具可用预计行驶的里程总数为标准等。这种方法计算的各期折旧额不相等，使各期折旧额的分摊更合理，计算过程简便。缺点是只注重了固定资产的有形损耗，而没有考虑固定资产的无形损耗。计算公式如下：

$$单位工作量折旧额=固定资产原价×(1-预计净残值率)/预计总工作量$$
$$某项固定资产月折旧额=该项固定资产当月工作量×单位工作量折旧额$$

【例8-9】甲公司有一台机器设备按工作时数计提折旧，设备原价为150 000元，预计净残值为6 000元，预计清理费用为1 500元，预计可工作10 000小时。该设备投入使用

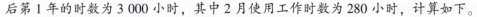

后第1年的时数为3 000小时，其中2月使用工作时数为280小时，计算如下。

预计净残值率=[（6 000-1 500）/150 000]×100%=3%。

单位工作量折旧额=150 000×（1-3%）/10 000=14.55（元/小时）。

第1年的折旧额=3 000×14.55=43 650（元）。

第1年2月份折旧额=280×14.55=4 074（元）。

上述两种方法是计算固定资产折旧时经常采用的传统方法，还有加速折旧法可以在计算时采用，加速折旧法是指在固定资产使用的早期多提折旧、在其使用的后期少提折旧的计提方法，包括双倍余额递减法和年数总和法，适用于固定资产提前更新的情形。

（3）双倍余额递减法。

双倍余额递减法是在不考虑预计净残值的情况下，根据每期期初固定资产原价减去累计折旧额后的金额和相当于双倍的直线法折旧率计算各期固定资产折旧额的一种方法。双倍是指直线法折旧率的两倍；而余额是指每期期初固定资产原价减去累计折旧额后的金额。累计折旧额是指在以前会计期间已经计提的固定资产折旧的累计金额。在双倍余额递减法下，各年的折旧率相等，各期的期初折旧基数于每年逐渐减少，各年计提的折旧额逐年递减。计算公式如下：

$$年折旧率=2/预计使用寿命×100\%$$
$$年折旧额=固定资产账面净值×年折旧率$$
$$月折旧额=固定资产账面净值×月折旧率$$

采用双倍余额递减法计提固定资产折旧时，应在其折旧年限到期前两年内，将固定资产净值扣除预计净残值后的余额平均摊销。

【例8-10】甲公司某一项固定资产的原值为150 000元，预计使用年限为5年，预计净残值为3 000元。按双倍余额递减法，计算折旧如下。

年折旧率=2÷5×100%=40%。

第1年应计提的折旧额=150 000×40%=60 000（元）。

第2年应计提的折旧额=（150 000-60 000）×40%=36 000（元）。

第3年应计提折旧额=（150 000-60 000-36 000）×40%=21 600（元）。

从第4年起，改用年限平均法（直线法）计提折旧。

第4、5年的每年折旧额=（150 000-60 000-36 000-21 600-3 000）/2=14 700（元）。

（4）年数总和法。

年数总和法又称年限合计法，是指以固定资产的原值减去其预计净残值后的余额为基数，乘以一个以固定资产尚可使用寿命为分子、以预计使用寿命逐年数字之和为分母的逐年递减的分数计提各期折旧额的一种方法。计算公式如下：

$$年折旧率=尚可使用年限/预计使用寿命的年限之和×100\%$$
$$年折旧额=（原价-预计净残值）×年折旧率$$
$$月折旧额=（原价-预计净残值）×月折旧率$$

式中，尚可使用年限是指从计提折旧的会计期间算起至固定资产达到预计使用寿命期限之间的时间；预计使用寿命的年限之和是指固定资产预计使用寿命逐年数字之和，这个数字是按照固定资产尚可使用年限的时间顺序排列，各年的折旧额逐渐递减。

【例8-11】甲公司有一台设备原价为200 000元，预计净残值为8 000元，预计使用寿命为5年，按年数总和法计提折旧。

每年折旧率计算如下。

第 1 年 = 5÷(1+2+3+4+5)×100% = 33.33%。

第 2 年 = 4÷(1+2+3+4+5)×100% = 26.67%。

第 3 年 = 3÷(1+2+3+4+5)×100% = 20.00%。

第 4 年 = 2÷(1+2+3+4+5)×100% = 13.33%。

第 5 年 = 1÷(1+2+3+4+5)×100% = 6.67%。

每月折旧率计算如下。

第 1 年 = 33.33%÷12 = 2.78%。

第 2 年 = 26.67%÷12 = 2.22%。

第 3 作 = 20.00%÷12 = 1.67%。

第 4 年 = 13.33%÷12 = 1.11%。

第 5 年 = 6.67%÷12 = 0.56%。

每月折旧额计算如下。

第 1 年 = (200 000-8 000)×2.78% = 5 337.6(元)。

第 2 年 = (200 000-8 000)×2.22% = 4 262.4(元)。

第 3 年 = (200 000-8 000)×1.67% = 3 206.4(元)。

第 4 年 = (200 000-8 000)×1.11% = 2 131.2(元)。

第 5 年 = (200 000-8 000)×0.56% = 1 075.2(元)。

4. 固定资产折旧的会计处理

在会计核算时，企业按月计提固定资产折旧，在某一个月内开始使用的固定资产，当月不计提折旧，从下月起开始计提折旧；当月减少或停用的固定资产，当月仍计提折旧，从下月起不再计提折旧。因此，企业各月计提折旧时，可在上月计提折旧的基础上，对上月固定资产的增减情况进行调整后计算当月应计提的折旧额。用公式表示为：

当月计提的固定资产折旧额 = 上月计提的固定资产折旧额 - 上月增加的固定资产计提的月折旧额 - 上月减少的固定资产计提的月折旧额

在会计记账与业务处理时，应当按照"谁受益谁负担"的原则进行：管理部门使用的固定资产计提的折旧费用，计入管理费用；生产部门使用的固定资产计提的折旧费用，计入制造费用；专设销售机构使用的固定资产计提的折旧费用，计入销售费用；经营性出租的固定资产计提的折旧费用，计入其他业务成本；自行建造的过程中使用的固定资产计提的折旧费用，计入在建工程成本；未使用的固定资产计提的折旧费用，计入管理费用等。

企业一般通过编制固定资产折旧计算表计算和分配折旧费用，并作为折旧核算和记账的原始凭证。

【例 8-12】甲公司于 2023 年 10 月计提固定资产折旧 15 200 元。其中，企业生产车间使用的固定资产计提折旧费用 10 000 元，包括一车间 8 000 元、二车间 2 000 元；企业行政管理部门使用的固定资产计提折旧费用 3 200 元；专设销售机构使用的固定资产计提折旧费用 1 500 元；经营性对外出租的固定资产计提折旧费用 500 元。其他编制的会计分录如下。

借：制造费用——一车间　　　　　　　　　　　　　　　　　　8 000

　　　　　　——二车间　　　　　　　　　　　　　　　　　　2 000

　　管理费用　　　　　　　　　　　　　　　　　　　　　　　3 200

销售费用	1 500
其他业务成本	500
贷：累计折旧	15 200

（二）固定资产减值损失

企业应当在资产负债表日考虑计提固定资产的减值准备。固定资产存在减值迹象时，应当估计其可收回金额，在估计办法中，根据"资产的公允价值减去处置费用后的净额"与"资产预计未来现金流量的现值"二者之间较高者确定可收回金额。如果固定资产的可收回金额低于其账面价值，则应将该固定资产的账面价值减记至其可收回金额，计提减值准备时，借记"资产减值损失"账户，贷记"固定资产减值准备"账户；在计提固定资产减值准备后的会计期间，应当在减值后的账面价值的基础上重新计算该固定资产的折旧额。

已计提的减值损失一经确认，在以后会计期间不得转回。即使固定资产的可收回金额将来有所回升，也不应予以转回。处置固定资产时，应当注销原计提的固定资产减值准备。

【例 8-13】甲公司有一项设备在 2023 年 12 月 31 日发生减值，其账面价值为 50 000 元，经计算其可收回金额为 48 000 元。形成的减值损失为 2 000(50 000-48 000)元，应编制的会计分录如下。

借：资产减值损失	2 000
贷：固定资产减值准备	2 000

（三）固定资产清查

企业应定期或者至少于每年年末对固定资产进行清查、盘点。在固定资产清查过程中，如果发现盘盈、盘亏的固定资产，应填制固定资产盘盈盘亏报告表。

对于盘盈的固定资产，应按前期差错更正进行处理，按照重置成本入账，通过"以前年度损益调整"账户进行处理。

对于盘亏的固定资产，按其账面价值，借记"待处理财产损溢——待处理固定资产损溢"账户，按已提折旧借记"累计折旧"账户，按该项固定资产已计提的减值准备借记"固定资产减值准备"账户，按固定资产原价贷记"固定资产"账户。按管理权限报经批准后处理时，按可收回的保险赔偿或过失人赔偿借记"其他应收款"账户，按应计入营业外支出的金额借记"营业外支出——盘亏损失"账户，贷记"待处理财产损溢——待处理固定资产损溢"账户。

【例 8-14】甲公司在期末财产清查中，发现盘亏机器一台，其账面原值为 60 000 元，已提累计折旧 35 000 元。报经批准后转为营业外支出处理。甲公司应编制的会计分录如下。

(1)在期末发现盘亏固定资产时。

借：待处理财产损溢——待处理固定资产损溢	25 000
累计折旧	35 000
贷：固定资产——生产经营用固定资产	60 000

(2)报经批准后进行处理。

借：营业外支出——固定资产盘亏	25 000
贷：待处理财产损溢——待处理固定资产损溢	25 000

二、固定资产的期末计量

（一）固定资产终止确认

固定资产处置主要包括固定资产出售、转让、报废、毁损、捐赠或其他情形，这意味着固定资产要退出企业的生产经营过程，因而要终止确认。在终止确认时，将原来已确认的固定资产从账面上处理掉，并对其在处置过程中发生的收入或费用等进行相关账务处理。按照企业会计准则的规定，固定资产满足下列条件之一的，应当予以终止确认。

（1）该固定资产处于处置状态。处于处置状态的固定资产不再用于生产商品、提供劳务、出租或经营管理，因此不再符合固定资产的定义，应当予以终止确认。

（2）该固定资产预期通过使用或处置不能产生未来经利益。固定资产的确认条件之一是"与该固定资产有关的经济利益很可能流入企业"，如果一项固定资产预期通过使用或处置不能产生经济利益，就不再符合固定资产的定义和确认条件，应当予以终止确认。

（二）固定资产处置的账务处理

1. 账务处理的基本环节与方法

对于处置固定资产的业务涉及结转账面价值、发生清理费用、收取残料价值和变价收入、结算应收保险公司或过失人赔款、结转清理净损益等环节。具体做法如下。

（1）结转固定资产清理。将固定资产转入清理时，按固定资产的账面价值借记"固定资产清理"账户，按已提折旧借记"累计折旧"账户，按已计提的减值准备借记"固定资产减值准备"账户，按固定资产的账面余额贷记"固定资产"账户。

（2）处置收入和残料的业务处理。收回所出售的固定资产的价款、残料价值和变价收入时，应借记"银行存款""原材料"等账户，贷记"固定资产清理""应交税费——应交增值税（销项税额）"等账户。

（3）由保险公司或过失人所赔偿损失的处理。计算或收到保险公司、过失人的赔偿款，应借记"其他应收款""银行存款"等账户，贷记"固定资产清理"账户。

（4）发生清理费用的业务处理。所支付的清理费用、其他费用及应支付的相关税费，借记"固定资产清理"账户，贷记"银行存款""应交税费"等账户。

（5）固定资产清理后净损益的处理。固定资产清理完成后产生的净损失，按"固定资产清理"账户的借方余额，属于筹建期间的，借记"管理费用"账户，贷记"固定资产清理"账户；属于生产经营期间正常处理损失的，借记"资产处置损益"账户或"营业外支出"账户，贷记"固定资产清理"账户；属于生产经营期间由于自然灾害等非正常原因造成的处理损失的，借记"营业外支出——非常损失"账户，贷记"固定资产清理"账户；固定资产清理完成后实现的净收益，借记"固定资产清理"账户，属于筹建期间的收益，借记"固定资产清理"账户，贷记"管理费用"账户；属于生产经营期间的，借记"固定资产清理"账户，贷记"资产处置损益"账户或"营业外收入"账户；"固定资产清理"账户如有期末余额，反映企业尚未清理完毕的固定资产的价值以及尚未处理的清理净损益，即清理时取得的收入与支付清理费用的差额。

需特别注意的是"固定资产清理"账户的核算处理，本账户核算企业因出售、报废和毁损、对外投资、非货币性资产交换、债务重组等原因转入清理的固定资产价值以及在清理过程中所发生的清理费用和清理收入等。企业因出售、报废和毁损、对外投资、非货币性资产交换、债务重组等处置固定资产，按该项固定资产账面净额借记本账户，按账面余额，贷记"固定资产"账户；收回出售固定资产的价款、残料价值和变价收入等，应冲减清理支出，按实际收回价款和收回材料的价值借入"银行存款""原材料"等账户，贷记本账户。前面列出的四项业务处理方法也包括了"固定资产清理"账户的核算处理，应特别注意该账户的应用。

2. 账务处理方法的应用

（1）固定资产出售。

企业对闲置、不适合生产需求或不再使用的固定资产进行出售，以避免资源浪费。在会计上要进行相关账务处理。

【例 8-15】甲公司出售所持有的一台生产设备，设备原价 150 000 元，已提取累计折旧 120 000 元，开具增值税专用发票，取得价款收入 45 200 元（含增值税），款项已收到并存入银行。相关账务处理如下。

①设备出售，结转固定资产清理，注销原价及累计折旧。

借：固定资产清理　　　　　　　　　　　　　　　　　30 000
　　累计折旧　　　　　　　　　　　　　　　　　　120 000
　　　贷：固定资产　　　　　　　　　　　　　　　　　　　150 000

②取得价款收入。

借：银行存款　　　　　　　　　　　　　　　　　　45 200
　　　贷：固定资产清理　　　　　　　　　　　　　　　　40 000
　　　　　应交税费——应交增值税（销项税额）　　　　　5 200

③结转固定资产清理净损益。

借：固定资产清理　　　　　　　　　　　　　　　　10 000
　　　贷：资产处置损益　　　　　　　　　　　　　　　10 000

（2）固定资产报废。

固定资产报废是指固定资产由于长期使用中的有形磨损，并达到规定使用年限，或者由于技术改进的无形磨损，必须用更先进的固定资产替换等，所以原固定资产无法继续使用，在会计上要进行相关账务处理。

【例 8-16】甲公司有一台设备进行报废处理，设备原价为 200 000 元，已提取累计折旧 150 000 元。报废时支付清理费用 600 元，收取残料收入 1 500 元，入库作为材料用。其账务处理如下。

①设备报废，结转固定资产清理，注销原价及累计折旧。

借：固定资产清理　　　　　　　　　　　　　　　　50 000
　　累计折旧　　　　　　　　　　　　　　　　　　150 000
　　　贷：固定资产　　　　　　　　　　　　　　　　　　200 000

②支付报废设备的清理费用。

借：固定资产清理　　　　　　　　　　　　　　　　　600
　　　贷：银行存款　　　　　　　　　　　　　　　　　　600

③收取残料收入且材料入库。

借：原材料   1 500

    贷：固定资产清理   1 500

④结转报废净损失。

设备报废净损失=50 000+600-1 500=49 100(元)

借：营业外支出——处置非流动资产损失   49 100

    贷：固定资产清理   49 100

（3）固定资产毁损。

固定资产毁损是指因发生水灾、风灾、震灾等自然灾害或因责任事故造成的毁坏和损失，在会计上要进行相关账务处理。

【例8-17】甲公司一项固定资产遭遇毁损，资产原价为400 000元，累计折旧180 000元，发生清理费用20 000元，收到保险公司赔款180 000元，残料变卖收入20 000元。相关账务处理如下。

①固定资产毁损，结转固定资产清理，注销原价及累计折旧。

借：固定资产清理   220 000

    累计折旧   180 000

    贷：固定资产   400 000

②发生清理费用。

借：固定资产清理   20 000

    贷：银行存款   20 000

③收到保险公司赔款。

借：银行存款   20 000

    贷：固定资产清理   20 000

④残料变卖收入存入银行。

借：银行存款   180 000

    贷：固定资产清理   180 000

⑤计算并结转毁损净损失。

毁损净损失=220 000+20 000-180 000-20 000=40 000(元)。

借：营业外支出——非常损失   40 000

    贷：固定资产清理   40 000

（4）固定资产的对外捐赠。

企业对外捐赠固定资产时，首先按照发出的固定资产已提的折旧，借记"累计折旧"账户，按照发出固定资产的账面原价，贷记"固定资产"账户，按二者的差额，借记"固定资产清理"账户；固定资产清理完成后产生的捐赠支出，借记"营业外支出——捐赠支出"账户，贷方冲减"固定资产清理"账户，如果符合纳税条件，按应交的税费，贷记"应交税费——应交增值税(销项税额)"账户。

【例8-18】甲公司捐赠给乙公司一项固定资产，资产原价为300 000元，已提累计折旧160 000元，假设应缴纳增值税的销项税额为18 200元，无其他相关支出。相关账务处理如下。

　　(1)固定资产毁损，结转固定资产清理，注销原价及累计折旧。

借：固定资产清理　　　　　　　　　　　　　　　　　　　140 000

　　累计折旧　　　　　　　　　　　　　　　　　　　　　160 000

　　　贷：固定资产　　　　　　　　　　　　　　　　　　　　　300 000

　　(2)支出项目的处理。

借：营业外支出——捐赠支出　　　　　　　　　　　　　　158 200

　　　贷：固定资产清理　　　　　　　　　　　　　　　　　　　140 000

　　　　　应交税费——应交增值税(销项税额)　　　　　　　　　18 200

任务作答清单

(1)在任务描述中，宏利公司对一台机器设备按年限平均法计提折旧，设备原价为 500 000 元，预计净残值为 5 000 元，清理费用为 1 000 元，使用寿命为 5 年，应怎样进行会计业务处理?	
(2)宏利公司出售一台生产设备，设备原价 250 000 元，已提取累计折旧 160 000 元，开具增值税专用发票，取得价款收入 32 500 元(含增值税)，应怎样进行会计业务处理?	
(3)宏利公司有一台设备发生减值，设备账面价值为 60 000 元，经计算其可收回金额为 56 000 元，应怎样进行会计业务处理?	
(4)宏利公司于 2023 年 6 月 25 日在火灾中有一台设备毁损，设备账面价值为 160 000 元，已提取累计折旧 60 000 元，发生减值 10 000 元，应怎样进行会计业务处理?	
(5)固定资产价值高，形态不易改变，但也会在产生产管理过程中消耗，如何精准计量固定资产的价值?	

教师点评			
小组成员			
小组得分		组长签字	
教师评分		教师签字	

知识链接 8-1

固定资产的计量属性

知识链接 8-2

固定资产折旧四种计算方法的对比

项目 9　无形资产

学习目标

▶ 知识目标
理解无形资产的定义、特征、内容及分类；掌握无形资产不同取得方式的账务处理；熟悉无形资产的摊销、减值；掌握无形资产处置的账务处理。

▶ 素质目标
培养学生坚持原则、爱岗敬业的职业素养；倡导团队合作精神，积极进取、严谨认真的作风。

▶ 技能目标
能够熟练进行无形资产的初始计量与摊销核算、期末计量、减值损失、盘点与处置的会计业务处理。

知识点导图

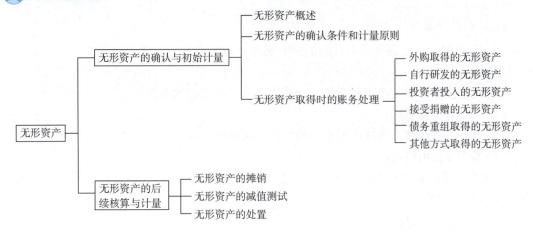

任务 1   无形资产的确认与初始计量

任务布置

任务描述	宏利公司发生下列交易或事项：自创一项发明专利，研制费用 680 万元，开发阶段发出职工薪酬 100 万元，专用设备折旧费用 50 万元，开发阶段满足资本化条件的支出 300 万元，律师费、注册登记费等共计 25 000 元；和某品牌饮料公司达成协议，每年向其支付 200 000 元获得使用该公司某饮料商标的权利，协议使用时间为 5 年；购入一项土地使用权，支付价款 500 000 元。宏利公司已将上述各项交易和事项全部作为无形资产核算。宏利公司的处理是否妥当？上述各项交易或事项中，哪些能够作为无形资产核算？
任务目标	请根据学习的知识，解决上述问题。要完成的任务有：理解无形资产的定义及特征，掌握无形资产的确认条件和业务处理方法，熟悉无形资产内容和分类
任务讨论	如何确认无形资产，哪些交易或事项能够作为无形资产核算？
任务实施	学时建议：课上 1 学时、课下 1 学时
	任务分工：分组、布置任务、任务准备、操作
	实施方式：线上与线下相结合

知识参考

一、无形资产概述

1. 无形资产的定义及特征

无形资产是指企业拥有或者控制的没有实物形态的可辨认非货币性资产。无形资产具有以下特征：

（1）由企业拥有或者控制并能为企业带来未来经济利益的资源；

（2）不具有实物形态；

（3）具有可辨认性，能够区别于其他资产，可单独辨认；

（4）属于非货币性资产。

要注意的是，企业自创商誉无法与企业整体资产分离而存在，不具有可辨认性，因此不应确认为无形资产。

2. 无形资产的内容

无形资产的主要内容包括专利权、非专利技术、商标权、著作权、土地使用权和特许权等。

（1）专利权。专利权是指国家专利主管机关依法授予发明创造专利申请人，对其发明创造在法定期限内所享有的专有权利，它包括发明专利权、实用新型专利权和外观设计专利权。它给予所有者专属拥有使用或控制某项专利的特殊权利。一般而言，只有从外单位购入的专利或者自行研发并按法律程序申请取得的专利，才能作为无形资产管理和核算。

（2）非专利技术。非专利技术是指不为外界所知、在生产经营活动中已经被采用、未公开的，仅限于少数人知道，但可以给企业未来带来经济效益的各种先进技术、技能、配方、经验、知识等。一般情况下，非专利技术包括工业专有技术、商业（贸易）专有技术、管理专有技术等。非专利技术不是专利法的保护对象，非专有技术所有者依靠其自我保密的方式维持其独有权并据以获取经营收益。

（3）商标权。商标是企业用来辨认特定的商品或劳务的标记。商标权是指专门在某类指定的商品或产品上使用特定的名称或图案的权利。商标需要注册登记才能获得法律上的保护。《中华人民共和国商标法》明确规定，经商标局核准注册的商标为注册商标，商标注册人享有商标专用权，受法律保护。

（4）著作权。著作权又称版权，是指作者对其创作的文学、科学和艺术作品依法享有的某些特殊权利。著作权不仅包括作品署名权、发表权、修改权和保护作品完整权，还包括复制权、发行权、出租权、展览权、表演权、放映权、广播权、信息网络传播权、摄制权、改编权、翻译权、汇编权以及应当由著作权人享有的其他权利。著作权人包括作者和其他依照《中华人民共和国著作权法》享有著作权的公民、法人或者其他组织。著作权人利用以上权利使用作品以及因授权他人使用作品而获得经济利益。

（5）土地使用权（自用）。土地使用权（自用），是指国家准许某些企业或单位在一定期间内对国有土地享有开发、利用、经营的权利。根据《中华人民共和国土地管理法》的规定，我国实行土地的社会主义公有制，即全民所有制和劳动群众集体所有制。任何单位和个人不得侵占、买卖或者以其他形式非法转让土地。企业取得土地使用权的方式大致有以下几种：行政划拨取得、外购取得及投资者投入取得。土地使用权可以依法转让。因征地而支付的补偿费，应计入与土地有关的房屋、建筑物的价值内，不单独作为土地价值入账。

（6）特许权。特许权又称经营特许权、专营权，是指企业在某一地区经营或销售某种特定商品的权利或一家企业接受另一家企业使用其商标、商号、技术秘密等的权利。特许权通常有两种形式：一种是由政府机构授权，准许企业使用或在一定地区享有经营某种业务的特权，如水、电、邮电通信等专营权，烟草专卖权等；另一种是指企业间依照签订的合同，有限期或无限期使用另一家企业的某些权利，如连锁店分店使用总店的名称等。

3. 无形资产的分类

无形资产结合其特点，按照不同的标准，可分为以下几类。

（1）按无形资产取得来源分类。

按无形资产取得的来源分类，可以分为外来无形资产和自创无形资产两大类。

①外来无形资产是指从企业外部取得的无形资产，包括外购取得的无形资产、投资者投入取得的无形资产、债务重组取得的无形资产、接受捐赠取得的无形资产、以非货币性资产交换取得的无形资产，以及政府给予的补助取得的无形资产等。

②自创无形资产是指企业自行研究开发的无形资产。

这种分类的目的主要是使无形资产的初始计量更加准确和合理。因为针对不同的取得来源，其初始取得成本的确认和核算方法是不同的。

（2）按无形资产的使用寿命分类。

按无形资产的使用寿命分类，可以分为使用寿命有限的无形资产和使用寿命不确定的无形资产两大类。

①使用寿命有限的无形资产是指由法律或合同规定的有效期限内，可以在预见的未来为企业带来经济利益流入的无形资产。根据企业会计准则的规定，使用寿命有限的无形资产其摊销金额可以在有限的期限内进行合理的摊销。这类无形资产包括专利权、商标权、土地使用权等。使用寿命有限的无形资产为企业未来提供的经济利益会随着无形资产的有效期限而终止。

②使用寿命不确定的无形资产是指法律或合同不规定无形资产的有效期限，或无法预见无形资产未来给企业带来的经济利益期限的无形资产。这类无形资产包括非专利技术等。使用寿命不确定的无形资产为企业带来的经济利益并不因时间的推移而消失，反而可能会带来更加长远的期限。使用寿命不确定的无形资产，其价值是不应摊销的。

二、无形资产的确认条件和计量原则

1. 无形资产的确认条件

无形资产在符合定义的前提下，同时满足以下两个确认条件时，才能予以确认：
（1）与该无形资产有关的经济利益很可能流入企业；
（2）该无形资产的成本能够可靠地计量。

2. 无形资产的计量原则

在无形资产计量工作中除应遵循公平性、客观性、合理性、独立性、系统性、替代性等资产计量工作的一般原则外，由于其特殊性，还应遵循以下四个原则。

（1）科学性原则。

计量工作中的科学性原则是指计量工作一方面要反映资产活动的规律，另一方面也要反映有关无形资产本身的规律，力求符合客观现实。技术型无形资产的计量要符合有关科技的学科发展规律，非技术型无形资产的计量要符合有关权利（或关系）类别本身的社会发展规律。

（2）先进适用性原则。

被计量的无形资产（主要指技术型无形资产）应具有先进性和适用性。计量时应通过计量对象的技术经济指标来考虑其先进性，结合具体条件（自然条件、技术条件、经济条件）考虑它的适用性。

（3）经济效益可靠的原则。

无形资产价值的基础是在继续使用情况下长期产生的经济效益。因此，对被计量的无形资产，必须以财务分析和经济分析的方式判断其经济效果，尤其要考虑其经济效果的真实性。

（4）安全保密性原则。

所谓安全保密性，是指无形资产由于没有物质实体，其形态是无形的，可以在同一时间内为多个主体同时占有、使用、收益、处分。并且，无形资产由于涉及技术秘密、商业秘密等，因此极易扩散，而一旦扩散，就失去了它的生命力。在遵循科学性、先进适用性原则前提下，必须严格遵守安全、保密与环保方面的法律观念，要承担相应的法律、经济

赔偿责任，不能只考虑经济效益，要把遵守安全保密原则放在首位。

三、无形资产取得时的账务处理

无形资产的取得包括外购、自行研发、投资者投入、接受捐赠、债务重组等形式。企业在开始取得无形资产时，通常按照实际成本进行初始计量，即以取得无形资产并使之达到预定用途而发生的全部支出，作为无形资产成本。为了总括核算和监督企业取得的无形资产，应设置以下账户。

(1)"无形资产"账户。该账户属于资产类账户，用来核算企业持有的无形资产，包括专利权、非专利技术、商标权、著作权、土地使用权等。外购无形资产按应计入无形资产成本的金额，记入本账户的借方，同时记入"银行存款"等账户的贷方；企业自行开发的无形资产，符合资本化条件的部分记入本账户的借方，同时记入"研发支出"账户的贷方。企业以其他方式取得的无形资产，按不同方式确定应计入无形资产成本的金额，记入本账户的借方，同时记入有关账户的贷方。期末余额在借方，反映企业无形资产的成本。该账户应按无形资产项目设置明细分类账户进行核算。

(2)"研发支出"账户。该账户属于成本类账户，用来核算企业研究与开发无形资产过程中发生的各项支出。企业自行开发无形资产发生的研发支出包括不满足资本化条件的费用化支出和满足资本化条件的资本化支出，在发生时均记入本账户的借方，同时记入"原材料""银行存款""应付职工薪酬"等账户的贷方。研究开发项目达到预定用途形成无形资产的，应按本账户资本化支出的余额，记入"无形资产"账户的借方，同时记入本账户(资本化支出)的贷方。期末，应将本账户归集的费用化支出计入当期损益，记入"管理费用"账户的借方，同时记入本账户(费用化支出)的贷方。本账户期末借方余额反映企业正在进行的研究开发项目中满足资本化条件的支出。应按无形资产研究开发项目，分别按"费用化支出""资本化支出"设置明细分类账户进行核算。

1. 外购的无形资产

外购无形资产的成本包括购买价款、相关税费以及直接归属于使该项资产达到预定用途所发生的其他支出，如使无形资产达到预定用途发生的专业服务费用、测试无形资产是否能够正常发挥作用的费用等。一般纳税人单位购买无形资产时，取得增值税专用发票上注明的增值税税额应记入"应交税费"账户。

下列费用不构成无形资产的取得成本：

(1)为引入新产品进行宣传发生的广告费、管理费用及其他间接费用；

(2)无形资产达到预定用途之后发生的费用。

购买无形资产的价款超过正常信用条件延期支付，实质上具有融资性质的，无形资产的成本以购买价款的现值为基础确定。实际支付的价款与购买价款的现值之间的差额作为未确认融资费用，并应在付款期间内采用实际利率法进行摊销。摊销金额除满足借款费用资本化条件应当计入无形资产成本外，均应当在信用期内计入当期损益(财务费用)。

【例9-1】甲公司为增值税一般纳税人，购入一项商标权，取得的增值税专用发票上注明的不含税的金额为800 000元，如果增值税税率为6%，增值税税额为48 000元，以银行存款支付。应编制的会计分录如下。

借：无形资产   800 000

        应交税费——应交增值税(进项税额)   48 000

    贷：银行存款   848 000

2. 自行研发的无形资产

对于企业自行研究开发无形资产项目，应当区分研究阶段与开发阶段分别进行核算。

(1)研究阶段是指为获取并理解新的科学或技术知识而进行的独创性的有计划调查。

研究阶段基本上是探索性的，建立在有计划的调查基础上，为进一步的开发活动进行资料及相关方面的准备，在这一阶段不会形成阶段性成果。对于企业内部研究开发项目，研究阶段的有关支出，应当在发生时全部费用化，计入当期损益(管理费用)。

(2)开发阶段是指在进行商业性生产或使用前，将研究成果或其他知识应用于某项计划或设计，以生产出新的或具有实质性改进的材料、装置、产品等。活动事项具有针对性，形成成果的可能性较大。对于开发阶段的支出，同时满足下列条件的，才能确认为无形资产：

①完成该无形资产以使其能够使用或出售在技术上具有可行性；

②具有完成该无形资产并使用或出售的意图；

③无形资产产生经济利益的方式，包括能够证明运用该无形资产生产的产品存在市场或无形资产自身存在市场，无形资产将在内部使用的，应当证明其有用性；

④有足够的技术、财务资源和其他资源支持，以完成该无形资产的开发，并有能力使用或出售该无形资产；

⑤归属于该无形资产开发阶段的支出能够可靠地计量。

> **小贴士**：如果确实无法区分研究阶段的支出和开发阶段的支出，应将其所发生的研发支出全部费用化，计入当期损益，记入"管理费用"账户的借方。

可直接归属成本包括开发该无形资产耗费的材料、劳务成本、注册费，在开发该无形资产过程中使用的其他专利权和特许权的摊销，按照借款费用的处理原则可以资本化的利息费用等。

在开发过程中发生的，除上述可直接归属于无形资产开发活动之外的其他销售费用、管理费用等间接费用，无形资产达到预定用途前发生的可辨认的无效和初始运作损失，为运行该无形资产发生的培训支出等不构成无形资产的成本。

【例9-2】2023年2月1日，甲公司因生产产品的需要，公司董事会批准研发某项新型技术。该公司董事会认为，研发该项目具有可靠的技术和财务支持，并且一旦研发成功，将降低该公司的生产成本。2023年2月28日，该项新型技术研发成功并已达到预定用途。研发过程中所发生的直接必要支出如下。

(1)2021年度发生材料费用4 000 000元，人工费用5 500 000元，计提专用设备折旧850 000元，以银行存款支付其他费用2 000 000元，总计12 350 000元。其中，符合资本化条件的支出为6 500 000元。

(2)2023年2月28日前发生材料费用700 000元，人工费用450 000元，计提专用设备折旧50 000元，其他费用30 000元，总计1 230 000元。

本例中，甲公司经董事会批准研发某项新型技术，并认为完成该项新型技术无论从技术上，还是从财务等方面，都能够得到可靠的资源支持。一旦研发成功，将降低公司的生

产成本，并且有确凿证据予以支持，因为符合条件的开发费用可以资本化。

此外，甲公司在开发该项新型技术时，累计发生了 13 580 000 元的研究与开发支出，其中符合资本化条件的开发支出为 7 730 000 元，符合"归属于该无形资产开发阶段的支出能够可靠地计量"的条件。

甲公司的相关账务处理如下。

（1）2021 年度发生研发支出。

借：研发支出——费用化支出	5 850 000
——资本化支出	6 500 000
贷：原材料	4 000 000
应付职工薪酬	5 500 000
累计折旧	850 000
银行存款	2 000 000

（2）2021 年 12 月 31 日，将不符合资本化条件的研发支出转入当期管理费用。

借：管理费用	5 850 000
贷：研发支出——费用化支出	5 850 000

（3）2023 年 2 月份发生研发支出。

借：研发支出——资本化支出	1 230 000
贷：原材料	700 000
应付职工薪酬	450 000
累计折旧	50 000
银行存款	30 000

（4）2023 年 2 月 28 日，该项新型技术已经达到预定用途。

借：无形资产	7 730 000
贷：研发支出——资本化支出	7 730 000

3. 投资者投入的无形资产

根据企业经营管理的实际需要，企业可以接受来自政府和外来企业的以不同方式进行的投资，以获得双方最大的收益。投资者以无形资产的方式投入企业，其成本应当按照投资合同或双方协议的价值确定。除非合同或双方协议约定价值不公允的，应当按照无形资产的公允价值作为入账成本核算。无形资产的入账价值大于投资方在企业注册资本中占有份额的差额，作为资本溢价或股本溢价，计入"资本公积——资本溢价（股本溢价）"账户。

【例 9-3】甲公司因业务发展的需要接受 A 公司以一项商标权向企业进行投资。根据投资双方签订的投资合同，此项商标权的价值 20 000 元，在 A 公司注册资本中拥有的股票 5 000 股，每股面值 1 元。应编制的会计分录如下。

借：无形资产——专利权	20 000
贷：股本	5 000
资本公积——股本溢价	15 000

4. 接受捐赠的无形资产

企业通过接受捐赠的方式取得无形资产，无形资产的成本确定采用以下方式。

（1）在捐赠方提供了捐赠的有关凭据的情况下，无形资产的入账金额按照捐赠的有关凭据上注明的金额加上相关税费后的金额确定。

（2）在捐赠方提供捐赠凭据不全或无法提供捐赠凭据的情况下，捐赠投入的无形资产如果同类或类似无形资产存在活跃市场的，无形资产的入账价值应当参照同类或类似无形资产的市场价格估计的金额作为入账价值，接受捐赠时发生的应由企业自己负担的有关费用，也应计入无形资产入账价值；若同类或类似无形资产不存在活跃市场，无形资产的入账金额应当按接受受赠无形资产的预计未来现金流量的现值确定。

【例9-4】甲公司接受B公司捐赠的一项专利权，作价200 000元，发生的应交增值税进项税额为26 000元。不考虑其他情况，会计分录如下。

借：无形资产	200 000
应交税费——应交增值税(进项税额)	26 000
贷：营业外收入——捐赠利得	226 000

5. 债务重组取得的无形资产

在企业的债务人发生财务困难时，企业可以按照其与债务人达成的协议或者法院的裁决在做出让步的情况下，接受债务人以无形资产形式偿还其债务。通过这种方式取得的无形资产，入账价值应当按照《企业会计准则第12号——债务重组》的规定来确定。该准则规定，企业通过债务重组取得的无形资产，其入账价值应按照受让无形资产的公允价值确定。重组债权账面余额与受让无形资产公允价值之间的差额作为债务重组损失，计入营业外支出。如果债权人已对重组债权计提减值准备，应当先将该差额冲减减值准备，减值准备不足以冲减的部分，计入营业外支出；如果减值准备冲减该差额后仍有余额，应该转回并抵减当期资产减值损失，而不再确认债务重组损失。其成本的确认应分别按照相关准则进行。

6. 其他方式取得的无形资产

企业通过非货币性资产交换和企业合并等方式取得的无形资产，其成本的确认应分别按照相关准则进行。

非货币性资产交换取得的无形资产是指企业以其存货、固定资产、长期股权投资等非货币性资产通过与其他单位的无形资产进行交换而取得的无形资产。这种方式取得的无形资产，其入账价值应按照《企业会计准则第7号——非货币性资产交换》的规定来确定。

（1）以非货币性资产进行交换的业务具有商业实质，而且换入资产或换出资产公允价值能够可靠计量时，换入的无形资产应当以换出资产公允价值加上应支付的相关税费作为换入无形资产成本（入账价值），换出资产公允价值与换出资产账面价值的差额计入当期损益。涉及补价时，要分两种情况进行处理。

①换入资产方支付补价的，换入无形资产成本应按照换出资产的公允价值加上支付的补价（即换入资产的公允价值）和应支付的相关税费确定，换入无形资产成本与换出资产账面价值加支付补价、应支付相关税费之和的差额，计入当期损益。

②换入资产方收到补价的，换入无形资产成本应按照换入资产的公允价值（或换出资产的公允价值减去补价）和应支付的相关税费确定，换入无形资产成本加收到补价之和与换出资产账面价值加应支付相关税费之和的差额，计入当期损益。

（2）以非货币性资产进行交换的业务不具有商业实质，而且换入资产或换出资产公允价值不能可靠计量时，应当以换出资产的账面价值和应支付的相关税费作为换入无形资产的成本，不确认损益。涉及补价时，也要分两种情况进行处理。

①支付补价的，换入无形资产成本应当以换出资产账面价值加支付补价、应支付相关税费来确定。

②收到补价的，换入资产成本应当以换出资产账面价值，减去收到的补价，并加应支付相关税费来确定。

这两种情况下的交换业务均不确认交换损益。

通过企业合并等方式取得的无形资产，因篇幅有限，本任务中不再详细讲述。

📖 **任务作答清单**

(1)在任务描述第 1 笔业务中，宏利公司的业务处理是否妥当？是否可以作为无形资产核算？	
(2)在任务描述第 2 笔业务中，宏利公司的业务处理是否妥当？是否可以作为无形资产核算？	
(3)在任务描述第 3 笔业务中，宏利公司的业务处理是否妥当？是否可以作为无形资产核算？	
(4)企业为引入新产品进行宣传发生的广告费、管理费用以及其他间接费用，是否计入无形资产的初始成本？	

教师点评			
小组成员			
小组得分		组长签字	
教师评分		教师签字	

任务 2 无形资产的后续核算与计量

🌷 **任务布置**

任务描述	2023 年 12 月 31 日，宏利公司无形资产账面价值中包括用于生产甲产品的专利技术，该项专利技术是宏利公司于 2023 年 7 月 15 日购入的，入账价值为 1 220 万元，预计使用寿命为 5 年，预计净残值为零，采用直线法按月摊销。2023 年 12 月 31 日，宏利公司对该专利技术进行了减值测试，预计公允价值减去处置费用后的净额为 550 万元，未来现金流量的现值为 500 万元。那么 2023 年 12 月 31 日，宏利公司摊销期应该如何确定？摊销金额是多少万元？该项专利技术是否发生了减值？若发生减值，应为该项专利技术计提的减值准备为多少万元？应该如何做会计分录？

续表

任务目标	掌握无形资产的后续计量核算方法及账务处理
任务讨论	请根据任务描述，通过查阅资料，思考、讨论下列问题： (1)使用寿命不确定的无形资产是否进行摊销？ (2)无形资产进行摊销与固定资产计提折旧的时间有什么区别？
任务实施	学时建议：课上 1 学时、课下 1 学时
	任务分工：分组、布置任务、任务准备、查找资料
	实施方式：线上与线下相结合

知识参考

一、无形资产的摊销

无形资产为企业带来经济利益的能力会由于时间的推移、技术逐渐落后等原因而降低，如拥有的一项专利会随着市场要素的更新而降低应用价值。所以无形资产的价值也应分期进行摊销，以合理计量无形资产价值的变动。在摊销无形资产时，应当自无形资产可供使用时起，至不再作为无形资产确认时止。

1. 无形资产使用寿命的确定

无形资产的累计摊销计量以其使用寿命为基础，企业应于取得无形资产时分析判断其使用寿命，只有使用寿命有限的无形资产，才需要在估计的使用寿命内采用系统合理的方法进行摊销，使用寿命不确定的无形资产不应摊销。

无形资产的使用寿命有限的，应当估计该使用寿命的年限或者构成使用寿命的产量等类似计量单位的数量；无法预见无形资产为企业带来未来经济利益期限的，应当视为使用寿命不确定的无形资产。

2. 估计无形资产的使用寿命需考虑的因素

(1)该资产通常的产品寿命周期，以及可获得的类似资产使用寿命的信息。

(2)技术、工艺等方面的现实情况及对未来发展的估计。

(3)以该资产在该行业运用的稳定性和生产的产品或服务的市场需求情况。

(4)现在或潜在的竞争者预期采取的行动。

(5)为维持该资产产生未来经济利益的能力所需要的维护支出，以及企业预计支付有关支出的能力。

(6)对该资产的控制期限，以及对该资产使用的法律或类似限制。

(7)与企业持有的其他资产使用寿命的关联性等。

企业至少应当于每年年度终了，对使用寿命有限的无形资产的使用寿命进行复核。如果有证据表明无形资产的使用寿命与以前估计不同，应当改变其摊销期限，并按会计估计变更进行处理。

3. 无形资产的摊销方法

无形资产的摊销方法有直线法、生产总量法、加速摊销法等，类似于固定资产的折旧摊销方法。企业选择的无形资产摊销方法应当反映与该项无形资产有关的经济利益的预期实现方式。例如，受技术陈旧因素影响较大的专利权和非专利技术等无形资产，可采用类似固定资产加速折旧的方法进行摊销；有特定产量限制的特许经营权或专利权，应采用产量法进行摊销；无法可靠确定经济利益预期实现方式的无形资产，应当采用直线法摊销。

> **小贴士**：关于无形资产的摊销，当月增加的无形资产当月开始摊销，当月减少的无形资产当月不摊销；企业选择的无形资产摊销方法，应根据与无形资产有关的经济利益预期消耗方式做出决定，并一致地运用于不同会计期间。而对于企业固定资产的折旧摊销，当月增加的固定资产下月开始计提折旧，当月减少的固定资产当月仍计提折旧。

4. 无形资产的摊销额

无形资产的应摊销金额为其成本扣除预计残值后的金额。已计提减值准备的无形资产，还应扣除已计提的无形资产减值准备累计金额。使用寿命有限的无形资产，其残值通常应当视为零，但下列情况除外：

（1）有第三方承诺在无形资产使用寿命结束时购买该无形资产；

（2）可以根据活跃市场得到预计残值信息，并且该市场在无形资产使用寿命结束时很可能存在。

5. 无形资产摊销的核算与业务处理

为了核算无形资产摊销，企业应设置"累计摊销"账户。它属于资产类账户，也是"无形资产"账户的备抵调整账户，用来核算企业对使用寿命有限的无形资产计提的累计摊销。贷方登记企业按月计提的无形资产摊销，借方登记企业处置无形资产时转销的已提累计摊销；期末余额在贷方，反映企业现有无形资产的累计摊销。本账户可按无形资产的具体项目进行明细核算。

无形资产的摊销额一般应当计入当期损益，但如果某项无形资产专门用于生产某种产品或其他指定用途，应根据其服务对象，将摊销额借记"管理费用""制造费用""其他业务成本"等账户，贷记"累计摊销"账户。这和固定资产计提折旧的处理方法类似。

【例 9-5】2021 年 1 月 1 日，甲公司从外单位购得一项新专利技术用于产品生产，支付价款 65 000 000 元，款项已支付。该项专利技术法律保护期间为 15 年，公司预计运用该专利生产的产品在未来 10 年内会为公司带来经济利益。假定这项无形资产的净残值均为零，并按年采用直线法摊销。

本例中，甲公司外购的专利技术的预计使用期限（10 年）短于法律保护期间（15 年），则应当按照企业预期使用期限确定其使用寿命，这也就表明该项专利技术是使用寿命有限的无形资产，且该项无形资产用于产品生产，因此应当将其摊销金额计入相关产品的成本。

甲公司的账务处理如下。

（1）取得无形资产时。

借：无形资产	65 000 000
贷：银行存款	65 000 000

（2）按年摊销时。

借：制造费用	6 500 000
贷：累计摊销	6 500 000

2023 年 1 月 1 日，就上述专利技术，第三方向甲公司承诺在 2 年内以其最初取得公允价值的 60%购买该专利技术。从公司管理层目前的持有计划来看，准备在 2 年内将其出售给第三方。为此，甲公司应当在 2023 年将该项专利技术的估计使用寿命变更为 2 年，将净残值变更为 39 000 000（65 000 000×60%）元，并按会计估计变更进行处理。

2023 年该项无形资产的摊销金额（65 000 000－6 500 000×2－39 000 000）÷2 = 6 500 000。

甲公司 2023 年对该项专利技术按年摊销的账务处理。

借：制造费用　　　　　　　　　　　　　　　　　　　　　6 500 000

　　贷：累计摊销　　　　　　　　　　　　　　　　　　　　　　　6 500 000

二、无形资产的减值测试

根据可获得的相关信息判断，有确凿证据表明无法合理估计其使用寿命的无形资产，才能作为使用寿命不确定的无形资产。对于使用寿命不确定的无形资产，在持有期内不需要进行摊销，但应当至少在每个会计期末按照《企业会计准则第 8 号——资产减值》的有关规定进行减值测试。如经减值测试表明已发生减值，则需要计提相应的减值准备。具体账务处理为借方登记"资产减值损失"账户，贷方登记"无形资产减值准备"账户。

主要计算公式如下：

无形资产计提的减值准备金额＝无形资产的账面价值－无形资产的可收回金额

无形资产的账面价值通过无形资产的原价扣减累计摊销及相关项目等进行确定，其计算公式如下：

无形资产的账面价值＝无形资产的原价－累计摊销

无形资产可收回金额，应按预计未来现金流量的现值与公允价值减去处置费用后的净额之间较高者来确定。

【例 9-6】甲公司有一项无形资产，如果原价为 530 万元，已发生的累计摊销为 50 万元，预计未来现金流量的现值为 430 万元，无形资产的公允价值为 450 万元，处置费用为 15 万元，判断并计算该无形资产计提的减值准备金额。计算过程如下。

无形资产的账面价值＝530－50＝480（万元）。

公允价值减去处置费用后的净额＝450－15＝435（万元），高于预计未来现金流量的现值 430 万元，因此无形资产的可收回金额应当以公允价值减去处置费用后的净额确定，即为 435 万元。

无形资产计提的减值准备金额＝480－435＝45（万元）。

【例 9-7】2020 年 1 月 1 日，甲公司自行研发的某项非专利技术已经达到预定可使用状态，累计研究支出为 600 000 元，累计开发支出为 3 500 000 元（其中符合资本化条件的支出为 2 000 000 元）。有关调查表明，根据产品生命周期、市场竞争等方面情况综合判断，该非专利技术将在不确定的期间内为企业带来经济利益。由此，该非专利技术可视为使用寿命不确定的无形资产，在持有期内不需要进行摊销。

2021 年年末，甲公司对该项非专利技术按照资产减值的原则进行减值测试，经测试已发生减值。2021 年年末，该非专利技术的可收回金额为 1 800 000 元。

甲公司的账务处理如下。

（1）2020 年 1 月 1 日，非专利技术达到预定用途。

借：无形资产　　　　　　　　　　　　　　　　　　　　2 000 000
　　贷：研发支出——资本化支出　　　　　　　　　　　　2 000 000
（2）2021 年 12 月 31 日，非专利技术发生减值。
借：资产减值损失　　　　　　　　　　　　　　　　　　200 000
　　贷：无形资产减值准备　　　　　　　　　　　　　　　200 000

三、无形资产的处置

无形资产的处置是指由于无形资产出售（转让所有权）、对外出租（转让使用权）、对外投资和捐赠，或者是无法为企业未来带来经济利益时（报废），对无形资产的转销并终止确认。

1. 无形资产的出售

企业出售无形资产，应当将所取得的价款与该无形资产的账面价值（无形资产账面价值＝无形资产原值–累计摊销–无形资产减值准备）和应交税费（应交增值税–销项税额）之间的差额计入资产处置损益。企业出售无形资产的账务处理，一方面要体现因出售无形资产而取得的收入，另一方面要体现无形资产剩余摊销价值的转销。若该无形资产以前已计提减值准备，在出售时还要将已计提的减值准备同时予以转销。

在进行账务处理时，借方登记"银行存款""无形资产减值准备""累计摊销"等账户，贷方登记"无形资产""应交税费——应交增值税（销项税额）""资产处置损益"等账户，对于资产处置损益，如果是收益记入贷方，如果是损失记入借方。

【例 9-8】2023 年 1 月 8 日，甲公司与乙公司签订商标权销售合同，将一项饮品类商标出售，开出的增值税专用发票上注明价款 200 000 元，增值税税额为 12 000 元，款项已存入银行。该商标的账面余额为 210 000 元，累计摊销额为 63 000 元，已计提减值准备42 000 元。

甲公司的账务处理如下。
借：银行存款　　　　　　　　　　　　　　　　　　　　212 000
　　无形资产减值准备　　　　　　　　　　　　　　　　　42 000
　　累计摊销　　　　　　　　　　　　　　　　　　　　　63 000
　　贷：无形资产　　　　　　　　　　　　　　　　　　210 000
　　　　应交税费——应交增值税（销项税额）　　　　　　 12 000
　　　　资产处置损益　　　　　　　　　　　　　　　　　95 000

2. 无形资产的出租

无形资产的出租是指企业将所拥有的无形资产使用权让渡给他人并收取租金的经济行为。取得的租金应当按照有关收入确认原则确认所取得的转让使用权收入，记入"其他业务收入"账户。发生的与转让使用权有关的相关费用（累计摊销等），应记入"其他业务成本"账户。

在进行账务处理时，借方登记"银行存款""其他业务收入""应交税费——应交增值税（销项税额）"等账户，贷方登记"其他业务成本""累计摊销""银行存款"等账户。

【例 9-9】甲公司将某商标使用权出租给 B 公司，合同规定出租期限为 3 年，每月租金收入 100 000 元，每月月末收取当月租金。2023 年 7 月 31 日收到当月的租金及增值税合计 160 000 元，并已办理进账手续。该商标权每月的摊销金额为 70 000 元。

甲公司的账务处理如下。

借：银行存款　　　　　　　　　　　　　　　　　　　　160 000
　　贷：其他业务收入　　　　　　　　　　　　　　　　　100 000
　　　　应交税费——应交增值税(销项税额)　　　　　　　6 000
借：其他业务成本　　　　　　　　　　　　　　　　　　　70 000
　　贷：累计摊销　　　　　　　　　　　　　　　　　　　70 000

3. 无形资产的报废

按照企业会计准则的相关规定，如果无形资产预期不能够给企业带来未来经济利益，已不符合资产的定义，如该无形资产已被其他新技术、新工艺所替代，或超过规定的法律保护期，那么应当将该无形资产报废并予转销，并将其账面价值转入当期损益(营业外收支)。

在进行账务处理时，借方登记"营业外收支——非流动资产处置损失""累计摊销""无形资产减值准备"等账户，贷方登记"无形资产"账户。

【例 9-10】由于生产技术的快速发展，甲公司对有关因素进行综合后判断，某专利权未来给企业带来经济利益已经变得非常困难，因此甲公司按规定将其进行报废处理。某专利权进行报废处理时账面余额 400 000 元，已摊销金额 80 000 元。相关账务处理如下。

报废损失 = 400 000-80 000 = 320 000(元)。

借：累计摊销　　　　　　　　　　　　　　　　　　　　320 000
　　营业外支出——处置非流动资产损失　　　　　　　　　80 000
　　贷：无形资产　　　　　　　　　　　　　　　　　　400 000

📖 任务作答清单

(1)在任务描述中，宏利公司的该项专利技术摊销期应该如何确定？2023 年摊销金额是多少万元？	
(2)在任务描述中，2023 年 12 月 31 日，宏利公司的该项专利技术是否发生了减值？	
(3)在任务描述中，2023 年 12 月 31 日，该项专利技术若发生减值，应为该项专利技术计提的减值准备为多少万元？	
(4)在任务描述中，2023 年 12 月 31 日，宏利公司应该如何做会计分录？	
(5)通过完成上述任务，你学到了哪些知识或技能？	

续表

教师点评			
小组成员			
小组得分		组长签字	
教师评分		教师签字	

 知识链接 9-1　　　　　 知识链接 9-2

无形资产与商誉的区别　　　　　　　　　长期待摊费用

项目 10 负　债

📝 **学习目标**

➤**知识目标**

掌握负债的概念、特点；明确负债的确认条件；熟悉负债的分类；掌握短期借款、应付账款、应付票据、应交税费、长期借款、应付债券等账户的核算方法与会计处理。

➤**素质目标**

从企业过度负债入手，了解过度负债的危害，培养学生合理举债、适度消费的理念。

➤**技能目标**

认知应付应收业务中的债务关系，能够熟练进行借款业务、应付业务、应税业务、其他付款业务的核算与会计处理。

🗹 **知识点导图**

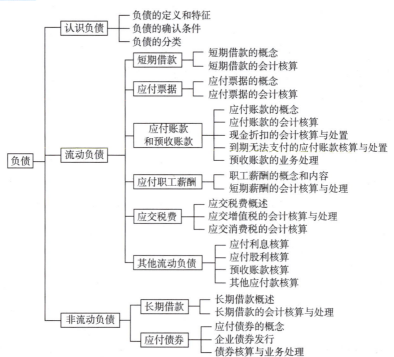

任务 1　认识负债

任务布置

任务描述	宏利公司有如下业务：购买乙公司材料，价值 30 万元，向其预先支付货款 10 万元；从丙公司购买一批价值为 50 万元的商品，款项未付；生产车间雇用工人从事产品的加工生产，发生工资 80 万元，款项未付；那么在上述条件下，30 万元、50 万元、80 万元产生的业务，是否应确认为负债？有的负债项目时间长，有的项目时间短，有的借款为了满足经营周转资金的需要，有的借款是为了固定资产建设，应怎样划分与计量？
任务目标	请根据学习的知识，解决上述问题。要完成的任务有：理解负债的概念，掌握负债的分类和确认标准，明确负债在企业经济运行中的作用
任务讨论	宏利公司如何通过负债力量扩大企业规模和经济实力，提高企业的运行效率和竞争力？请提供方案
任务实施	学时建议：课上 1 学时、课下 1 学时
	任务分工：分组、布置任务、任务准备、查找资料
	实施方式：线上与线下相结合

知识参考

一、负债的定义和特征

《企业会计准则——基本准则》对负债的定义是：负债是指企业过去的交易或者事项形成的、预期会导致经济利益流出企业的现时义务。

根据负债的定义，负债主要具备以下三个特征。

(1)负债是由已经发生的交易或者事项形成的。

只有过去发生的交易或者事项才能形成负债。例如，企业向购货单位赊购材料、从银行取得长短期借款、应付而未支付的职工薪酬等，这些要列为负债。企业未来可能发生的交易或者事项均不构成负债。例如，公司向员工承诺未来要发放股利、6 个月以后要采购一批产品，这些业务当前没有发生，或不具备发生条件，不属于负债。

(2)负债是企业承担的现时义务。

现时义务是指企业在现行条件下已经承担的义务。不属于现时义务的，不属于负债。这里的义务包括法定义务和推断义务。法定义务是指由具有约束力的合同或法律法规产生的义务，如依法缴纳的增值税、应该偿还的银行借款的本金和利息等。对于承担的法定义务，企业必须执行。推断义务是指根据企业多年来形成的惯例、公开做出的承诺或公开宣布的政策而导致企业承担的责任，如公司对外宣告发放股利、提供有期限的免费维修服务等。推断义务也属于企业承担的义务，构成企业负债。

(3)履行负债会导致经济利益流出企业。

企业用支付现金的形式偿还银行借款、转移非现金资产或提供劳务偿还债务等，这表明企业在履行现时义务时，会导致经济利益流出企业，意味着经济利益的减少或丧失。

需要注意的是，企业对当地政府的承诺(如对社会治安、环境卫生等提供服务和支持)无法计量时，不属于企业负债。

二、负债的确认条件

如果企业要确认某项义务为负债，该义务除了要符合负债的定义，还需同时满足以下两方面条件。

1. 与该义务有关的经济利益很可能流出企业

由于经济业务存在不确定性，企业在履行经济业务时流出的经济利益有时需要估计，特别是由于推定义务而产生的负债。例如，企业因销售产品而承担的产品质量保证义务所发生的支出金额就存在很大的不确定性。如果有证据表明，与现时义务有关的经济利益很可能流出企业，就应当确认为负债。反之，企业对于预期流出经济利益可能性较小或不复存在的现时义务，不应确认为一项负债。

2. 未来流出经济利益的金额能够可靠地估计

企业要确认负债，必须能够可靠地计量负债的金额，即能够可靠地计量未来经济利益流出的金额。企业因法定义务而预期发生的经济利益流出金额，通常可以根据法律或合同的规定予以确定。例如，企业应交税费的金额可以根据相关税法的规定计算确定。企业因推定义务产生的未来经济利益的流出金额，则往往需要根据合理的估计才能确定履行相关义务所需支出的金额。如果未来期间较长，还需要考虑货币时间价值的影响。

三、负债的分类

负债根据流动性和偿还时间的长短，可分为流动负债和非流动负债。

(1)流动负债是指将在一年或超过一年的一个营业周期内清偿的负债。流动负债偿还期短，举债目的是满足经营周转资金的需要，负债的数额相对较小，一般以企业的流动资金来偿付，主要包括短期借款、交易性金融负债、应付票据、应付账款、预收账款、应付职工薪酬、应交税费、应付利息、应付股利、其他应付款等。

(2)非流动负债偿还期限较长、债务金额较大，一般是用于购建固定资产和扩大经营规模，期限较长，利率较高，构成企业的一项长期的固定性支出。非流动负债可采用分期偿还利息、定期偿还本金的方式进行还债，也可采用到期一次偿还本息的方式，主要包括长期借款、应付债券、长期应付款、预计负债等。

📖 **任务作答清单**

(1)负债如何确认与分类?	

续表

(2)任务描述中的 30 万元、50 万元、80 万元产生的业务，是否应确认为负债？为什么？	
(3)长期借款与短期借款的区别	
(4)说明负债与资产的关系	
(5)如何通过负债扩大企业规模和经济实力，提高企业的运行效率和竞争力？	
教师点评	
小组成员	
小组得分	组长签字
教师评分	教师签字

任务 2　流动负债

任务 2-1　短期借款

🌸 **任务布置**

任务描述	宏利公司有如下业务：从工商银行取得时间为 8 个月的借款 200 万元；从中国银行取得时间为 3 个月的借款 100 万元，用于购买材料，利率为 8%。在编制会计报表时，短期借款账户的余额应如何列报？
任务目标	请根据学习的知识，解决上述问题。要完成的任务有：理解短期借款的概念，掌握短期借款本金和产生利息的核算方法，熟悉在会计报表中的列报要求
任务讨论	宏利公司在取得借款时，应采取哪些措施防范风险？请提供方案
任务实施	学时建议：课上 1 学时、课下 1 学时
	任务分工：分组、布置任务、任务准备、查找资料
	实施方式：线上与线下相结合

📖 **知识参考**

一、短期借款的概念

短期借款是指企业从银行或者其他金融机构借入的，期限在一年以内（含一年）的各种借款，通常指企业在日常生产经营活动中，为满足短期的资金需求时，从银行或其他金融机构借入的资金。银行经常会给企业一定的信用额度，借给企业一定资金维持临时的生产经营。企业要在双方约定的期限内偿还借款本金，并按利率支付利息。

二、短期借款的会计核算

1. 短期借款取得时核算

企业发生短期借款时，应当设置"短期借款"账户，核算企业从银行实际取得和归还借款时的资金流动。在取得短期借款时，借记"银行存款"等账户，贷记"短期借款"账户。

【例 10-1】甲公司 2023 年 7 月 1 日从银行取得短期借款 300 000 元。借款合同规定，借款利率为 6%，期限为 1 年，到期日为 2024 年 7 月 1 日。假定甲公司每个月末计提利息，每个季末支付利息。

甲公司对于该项短期借款的有关账务处理如下。

2023 年 7 月 1 日，甲公司实际取得短期借款时。

借：银行存款　　　　　　　　　　　　　　　　　　　300 000
　　贷：短期借款　　　　　　　　　　　　　　　　　　　　300 000

2. 短期借款的利息核算

对于短期借款的利息，根据权责发生制的要求，企业应当在每个月的月末计提短期借款利息，将当期应付未付的利息确认为一项流动负债，计入"应付利息"账户，同时确认为当期损益，并于每个季度末根据借款本金和合同利率确定的金额偿还利息，借记"应付利息""财务费用"等账户，贷记"银行存款"账户。

假定例 10-1 中甲公司每个月末计提利息，每个季末支付利息。

甲公司对于该项短期借款的有关账务处理如下。

（1）2023 年 7 月 31 日，甲公司计提借款利息时。

应付利息 = 300 000×6%÷12 = 1 500（元）。

借：财务费用　　　　　　　　　　　　　　　　　　　1 500
　　贷：应付利息　　　　　　　　　　　　　　　　　　　　1 500

（2）2023 年 9 月 30 日，甲公司支付 7 月份、8 月份和 9 月份的利息时。

借：应付利息　　　　　　　　　　　　　　　　　　　3 000
　　财务费用　　　　　　　　　　　　　　　　　　　1 500
　　　贷：银行存款　　　　　　　　　　　　　　　　　　　4 500

3. 短期借款到期偿还的会计核算

企业应于短期借款到期日偿还短期借款的本金，借记"短期借款"账户，贷记"银行存款"账户。

例 10-1 中甲公司偿还本金时应编制的会计分录如下。

借：短期借款　　　　　　　　　　　　　　　　　　　　　300 000
　　贷：银行存款　　　　　　　　　　　　　　　　　　　　　300 000

📖 **任务作答清单**

（1）取得时间为 8 个月的借款，是否可划分为短期借款？	
（2）短期借款有什么特征？	
（3）取得时间为 3 个月的借款 100 万元，利率为 8%，产生的利息和本金怎样进行会计核算？	
（4）如何理解负债是一把"双刃剑"？	

教师点评		
小组成员		
小组得分	组长签字	
教师评分	教师签字	

任务 2-2　应付票据

🌷 **任务布置**

任务描述	宏利公司发生如下业务：2021 年 1 月 5 日，从 A 公司购买一批材料，该批材料的不含税价格为 10 000 元，增值税为 1 300 元，采用商业汇票作为结算方式。宏利公司签发一张面值为 11 300 元的不带息银行承兑汇票，期限为 5 个月。如果宏利公司在到期日把款项支付给 A 公司，怎样进行会计核算？如果宏利公司到期无力支付款项，又怎样进行会计核算？
任务目标	请根据学习的知识，解决上述问题。要完成的任务有：理解应付票据的概念，熟悉应付票据的结算形式，掌握应付票据会计核算方法
任务讨论	宏利公司与 A 公司之间采用商业汇票作为结算方式时，有哪些优势与弊端？
任务实施	学时建议：课上 1 学时、课下 1 学时
	任务分工：分组、布置任务、任务准备、查找资料
	实施方式：线上与线下相结合

📖 **知识参考**

一、应付票据的概念

应付票据是在经济往来活动中因采用商业汇票作为结算方式而产生的，由出票人签发，承兑人承兑的票据。例如，企业购买材料、商品或者接受劳务的交易金额较大时，以商业汇票作为债务偿还和记录形式，票据的偿还期限和付款日期明确，付款人必须于到期日支付款项给票据的收款人，以确保债务的履行。

非电子商业汇票的最长付款期限不超过 6 个月，应付票据归为流动负债管理和核算。商业汇票根据承兑人的不同，可以分为银行承兑汇票和商业承兑汇票，银行承兑汇票由银行来承兑，商业承兑汇票是由银行以外的付款人承兑；根据是否带息，分为带息票据和不带息票据。

二、应付票据的会计核算

1. 应付票据发生时的会计核算

企业在购买材料、商品或者接受劳务并以商业汇票作为结算方式时，按照票面金额借记"原材料""应交税费——应交增值税（进项税额）"等账户，贷记"应付票据"账户；对于企业申请并签发的银行承兑汇票应支付给银行的手续费，直接计入当期损益，不能计入票据面值。

【例 10-2】2023 年 3 月 5 日，甲公司从乙公司购买一批原材料，该批材料的不含税价格为 20 000 元，增值税为 2 600 元。甲公司签发一张面值为 22 600 元的银行承兑汇票，期限为 3 个月。该批材料已经验收入库。甲公司另外支付给银行手续费 60 元。

2023 年 3 月 5 日，甲公司签发银行承兑汇票时，应编制的会计分录如下。

借：原材料　　　　　　　　　　　　　　　　　　　　　20 000
　　应交税费——应交增值税（进项税额）　　　　　　　　2 600
　　贷：应付票据　　　　　　　　　　　　　　　　　　　　22 600

2. 应付票据到期时的会计核算

对于不带息的票据，企业应于到期日按照商业汇票的票面金额进行偿还；对于带息的商业汇票，还应当根据票面金额和票面利率进行利息核算，并偿还利息业务处理；在到期日付款时，利息费用应当记入"财务费用"账户、票面金额记入"应付票据"账户，贷记"银行存款"账户，如果利息金额较大，则应于中期期末或年度终了时计算应付利息费用，利息费用应当记入"财务费用"账户，并相应地增加应付票据的账面价值。

【例 10-3】接例 10-2，如果甲公司签发的银行承兑汇票不带利息，有关账务处理如下。
（1）2023 年 6 月 5 日，商业汇票到期，甲公司按期付款。

借：应付票据　　　　　　　　　　　　　　　　　　　　22 600
　　贷：银行存款　　　　　　　　　　　　　　　　　　　　22 600

（2）2023 年 3 月 5 日，甲公司支付银行手续费。

借：财务费用　　　　　　　　　　　　　　　　　　　　　60
　　贷：银行存款　　　　　　　　　　　　　　　　　　　　60

【例 10-4】接例 10-3，如果甲公司签发的银行承兑汇票带利息，利率为 8%，做如下账务处理。

(1)计算利息。

利息＝面值×利率×票据期限＝22 600×8%×3/12＝452(元)。

(2)编制的会计分录如下。

借：应付票据　　　　　　　　　　　　　　　　　　　　　22 600
　　财务费用　　　　　　　　　　　　　　　　　　　　　　　452
　　　贷：银行存款　　　　　　　　　　　　　　　　　　　　　　23 052

3. 应付票据到期无法支付的会计处理

企业如果在商业汇票到期时无法支付时，根据承兑人的不同，分别进行相应处理。如果是商业承兑汇票，企业应当将应付的票据金额，结转至"应付账款"账户，企业的负债义务仍然存在，待双方协商后处理；如果是银行承兑汇票，由银行支付票据款项给收款人，企业应当将应付银行的款项视同一项短期借款，借记"应付票据"账户，贷记"短期借款"账户；对于利息，按约定的短期借利息进行业务处理。

【例 10-5】接例 10-3，假如上述业务甲公司无力支付，账务处理如下。

2023 年 6 月 5 日，甲公司到期无力支付银行承兑汇票的款项时，编制会计分录。

借：应付票据　　　　　　　　　　　　　　　　　　　　　23 052
　　　贷：短期借款　　　　　　　　　　　　　　　　　　　　　　23 052

假如上述业务中甲公司签发的是商业承兑汇票，到期无力支付，账务处理如下。

借：应付票据　　　　　　　　　　　　　　　　　　　　　23 052
　　　贷：应付账款　　　　　　　　　　　　　　　　　　　　　　23 052

📖 **任务作答清单**

(1)在任务描述中，如果宏利公司签发一张面值为 11 300 元的带息企业承兑汇票，期限为 5 个月，分别列出宏利公司在到期日把款项支付给 A 公司和在到期日无力把款项支付给 A 公司的会计处理	
(2)应付票据有什么特征？	
(3)应付票据的分类标准有哪些，怎样进行分类？	
(4)采用应付票据进行支付时，出票人和收票人各有哪些优势与弊端？	

续表

（5）宏利公司签发一张面值为 11 300 元的带息企业承兑汇票，期限为 5 个月，利率为 4%，计算宏利公司应偿还的利息，列示偿还利息和到期支付票据的业务处理	
教师点评	
小组成员	

小组得分		组长签字	
教师评分		教师签字	

任务 2-3　应付账款和预收账款

📖 任务布置

任务描述	宏利公司发生如下业务：2023 年 2 月 5 日从 A 公司购买一批材料，材料价款（不含税）为 30 000 元，增值税为 3 900 元，货物和发票同时到达企业，货款尚未支付，怎样进行会计核算；如果发票先到企业而货物未到企业，怎样进行会计的核算；如果 A 公司为了鼓励宏利公司提前付款，给出的现金折扣条件为"2/10，1/20，N/30"，假设折扣不考虑增值税，怎样进行会计核算？
任务目标	请根据学习的知识，解决上述问题。要完成的任务有：理解应付账款的概念，熟悉应付账款的形成原因，掌握应付账款和现金折扣的会计核算方法
任务讨论	宏利公司形成的应付账款，对公司加强财务管理有哪些启示？
任务实施	学时建议：课上 1 学时、课下 1 学时
	任务分工：分组、布置任务、任务准备、操作
	实施方式：线上与线下相结合

📖 知识参考

一、应付账款的概念

　　应付账款是指企业因购买材料、商品或接受劳务等经营活动而支付的款项，是由于买卖双方在取得物资和支付款项的时间不同而形成的债务。需要区别的是，应付票据属于书面承诺，是能证明延期付款的一种债务，而应付账款没有书面承诺。

　　企业应该在与所购货物所有权有关的风险和报酬已经转移，或对方提供劳务已经接受的时点上，确认应付账款并登记入账。企业应当在收到相关发票时，按照发票、账单注明的价款入账，包括三项内容：一是购买材料、商品或者接受劳务时，应向销货方或劳务提

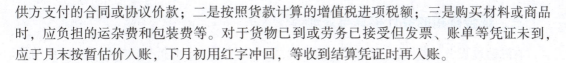

供方支付的合同或协议价款；二是按照货款计算的增值税进项税额；三是购买材料或商品时，应负担的运杂费和包装费等。对于货物已到或劳务已接受但发票、账单等凭证未到，应于月末按暂估价入账，下月初用红字冲回，等收到结算凭证时再入账。

二、应付账款的会计核算

1. 货物和发票同时到达企业的核算与处理

企业购买材料、商品或接受劳务时所形成的应付账款，应当在确认存货的同时，根据发票金额及相关税费合理确认应付账款，应借记"材料采购""原材料""库存商品"等账户，按照可抵扣的增值税进项税额，借记"应交税费——应交增值税(进项税额)"账户，贷记"应付账款"等账户。

【例 10-6】2023 年 6 月 10 日，甲公司从乙公司购买一批原材料，收到的增值税专用发票上注明的价款为 50 000 元，增值税为 6 500 元。材料已经验收入库，款项尚未支付。

甲公司在材料验收入库时应编制的会计分录如下。

借：原材料　　　　　　　　　　　　　　　　　　　　50 000
　　应交税费——应交增值税(进项税额)　　　　　　　　6 500
　　贷：应付账款　　　　　　　　　　　　　　　　　　　　56 500

2. 发票先到企业而货物未到企业的核算与处理

企业应当在收到发票时将发票金额及相关税费，确认为在途物资，借记"在途物资""应交税费——应交增值税(进项税额)"等账户，贷记"应付账款"等账户。

【例 10-7】2023 年 6 月 25 日，甲公司从乙公司购买一批原材料，收到的增值税专用发票上注明的价款为 50 000 元，增值税为 6 500 元。材料尚未收到，款项尚未支付。

甲公司应编制的会计分录如下。

借：在途物资　　　　　　　　　　　　　　　　　　　50 000
　　应交税费——应交增值税(进项税额)　　　　　　　　6 500
　　贷：应付账款　　　　　　　　　　　　　　　　　　　　56 500

3. 货物先到企业而发票未到的核算与处理

企业应当按照暂估金额或计划成本确定应付账款的入账价值，待下月初将暂估价值冲销，等收到发票账单时再重新入账。

【例 10-8】2023 年 7 月 10 日，甲公司购买一批原材料，材料已经入库，但到月末尚未收到发票账单。已知该批材料的计划成本为 80 000 元。

2023 年 7 月 31 日，甲公司对于该业务应当编制的会计分录如下。

借：原材料　　　　　　　　　　　　　　　　　　　　80 000
　　贷：应付账款　　　　　　　　　　　　　　　　　　　　80 000

2023 年 8 月 1 日，甲公司红字冲销上月末暂估的应付账款价值，应编制的会计分录如下。

借：应付账款　　　　　　　　　　　　　　　　　　　　80 000
　　贷：原材料　　　　　　　　　　　　　　　　　　　　80 000

三、现金折扣的会计核算与处理

在赊销过程中，若销售方根据购买方的付款时间给予一定的折扣，购货方应按照销货方在赊销商品时给出的现金折扣条件，选择采用总价法和净价法进行业务处理。在采用总价法时，"在途物资""应付账款"账户按照扣除现金折扣前的发票价格入账。如果在折扣期内付款而享受折扣，应该按照发票价格借记"应付账款"账户，按照实付金额贷记"银行存款"账户，二者之间的差额贷入"财务费用"账户等。

【例10-9】2023年6月10日，甲公司从乙公司购买一批原材料，材料价款（不含税）为60 000元，增值税为7 800元。材料已经验收入库，货款尚未支付。乙公司为了鼓励甲公司提前付款，给甲公司开出的现金折扣条件为"2/10，1/20，N/30"，假设折扣不考虑增值税。

本例中，甲公司应当按照材料的总价和相关税费确定应付账款的入账价值。具体的账务处理如下。

（1）2023年6月10日，甲公司收到材料，应编制的会计分录如下。

借：原材料   60 000
　　应交税费——应交增值税（进项税额）   7 800
　　　贷：应付账款   67 800

（2）如果甲公司在6月19日支付货款，业务处理如下。

甲公司应享有的现金折扣为1 200（60 000×2%）元，实际支付的价款为66 600（67 800-1 200）元。在付款时应编制的会计分录如下。

借：应付账款   67 800
　　贷：银行存款   66 600
　　　　财务费用   1 200

（3）如果甲公司在6月26日支付货款，业务处理如下。

甲公司应享有的现金折扣为600（60 000×1%）元，实际支付的价款为67 200（67 800-600）元。甲公司付款时应编制的会计分录如下。

借：应付账款   67 800
　　贷：银行存款   67 200
　　　　财务费用   600

（4）如果甲公司在7月8日支付货款，业务处理如下。

甲公司不享有现金折扣，实际支付的价款为67 800元。甲公司付款时应编制的会计分录如下。

借：应付账款   67 800
　　贷：银行存款   67 800

四、到期无法支付的应付账款核算与处理

对由于债权人单位撤销或其他原因，付款人到期确实无法支付的应付账款，企业应当将该应付账款确认为营业外收入。

【例10-10】甲公司应支付乙公司账款200 000元，由于乙公司单位注销无法支付，甲公司应编制的会计分录如下。

借：应付账款　　　　　　　　　　　　　　　　　　　　 200 000
　　贷：营业外收入　　　　　　　　　　　　　　　　　　　 200 000

五、预收账款的业务处理

预收账款是指企业在销售商品或提供劳务前，按照合同规定从购货方或接受劳务方预先收取的款项。预收账款具有订金的性质，收款方在收到款项后，在未来某一期限内按照合同约定向购货方发出货物或提供劳务，否则要如数退还订金。预收账款应确认为一项负债，对预收账款不多的企业，可以不设置"预收账款"账户，将发生的预收账款记入"应收账款"账户。

企业因销售商品或提供劳务等按照合同规定收到预收款项时，应当按实际收到的金额借记"银行存款"等账户，贷记"预收账款"账户。

企业如果采用预收账款的方式销售商品或提供劳务，应当在确认销售收入时按相关价款和税费，借记"预收账款"账户，贷记"主营业务收入""应交税费——应交增值税(销项税额)"等账户。

如果预收账款的金额不足以支付全部价款和相关税费，则应当在收到补付金额时，借记"银行存款"账户，贷记"预收账款"账户。

【例 10-11】2023 年 2 月 10 日，甲公司与乙公司签订 300 000 元的销货合同，适用的增值税税率为 13%，根据合同规定，甲公司于 2023 年 2 月 20 日预收到乙公司支付的货款 180 000 元。2023 年 4 月 26 日，甲公司收到乙公司支付的全部剩余价款。合同中约定的产品，发生成本 200 000 元。相关账务处理如下。

(1)2023 年 2 月 10 日，甲公司应编制的会计分录如下。

借：银行存款　　　　　　　　　　　　　　　　　　　　 180 000
　　贷：预收账款　　　　　　　　　　　　　　　　　　　 180 000

(2)2023 年 2 月 20 日，甲公司发出商品确认收入时应编制的会计分录如下。

借：预收账款　　　　　　　　　　　　　　　　　　　　 336 000
　　贷：主营业务收入　　　　　　　　　　　　　　　　　 300 000
　　　　应交税费——应交增值税(销项税额)　　　　　　　 36 000

同时结转商品成本如下。

借：主营业务成本　　　　　　　　　　　　　　　　　　 200 000
　　贷：库存商品　　　　　　　　　　　　　　　　　　　 200 000

(3)2023 年 4 月 26 日，甲公司收到剩余货款时应编制的会计分录如下。

借：银行存款　　　　　　　　　　　　　　　　　　　　 156 000
　　贷：预收账款　　　　　　　　　　　　　　　　　　　 156 000

📖 **任务作答清单**

(1)在任务描述中，如果货物和发票同时到达，宏利公司应怎样进行会计核算和业务处理？	

续表

（2）在任务描述中，如果发票先到而货物未到，宏利公司应怎样进行会计的核算和业务处理？	
（3）在任务描述中，如果 A 公司给了宏利公司的现金折扣条件为"2/10，1/20，N/30"，怎样进行会计核算和业务处理？	
（4）应付账款作为一种商业信用，对于收付款双方，应注意哪些问题？	
（5）如何理解现金折扣？	

教师点评			
小组成员			
小组得分		组长签字	
教师评分		教师签字	

任务 2-4　应付职工薪酬

任务布置

任务描述	宏利公司发生如下业务：2023 年 5 月 10 日生产一批产品，发生生产工人工资 600 000 元，发生生产车间管理人员工资 40 000 元，发生公司管理部门人员工资 50 000 元，发生销售人员工资 70 000 元。财务人员在进行会计核算时，应怎样进行工资项目的账务核算与处理？	
任务目标	请根据学习的知识，解决上述问题。要完成的任务有：理解应付职工薪酬的概念，熟悉各项应付职工薪酬的形式，掌握应付职工薪酬的会计核算方法	
任务讨论	宏利公司发生的工资支出，对于公司财务控制有什么意义？	
任务实施	学时建议：课上 1 学时、课下 1 学时	
	任务分工：分组、布置任务、任务准备、操作	
	实施方式：线上与线下相结合	

知识参考

一、职工薪酬的概念和内容

职工薪酬是指企业为获得职工提供的服务或解除劳动关系而给予的各种形式的报酬或补偿，属于企业获得职工服务从而对职工的一项负债。职工薪酬包括短期薪酬和长期薪酬（离职后福利、辞退福利和其他长期职工福利）。企业提供给职工配偶、子女、受赡养人、已故员工遗属及其他受益人等的福利也属于职工薪酬。

职工薪酬中所指的职工包括三类人员：一是与企业订立正式劳动合同的所有人员，含全职、兼职和临时职工；二是虽未与企业订立劳动合同，但由企业正式任命的人员，如公司的董事会成员和监事会成员；三是未与企业订立劳动合同或未由其正式任命，但向企业所提供服务与职工所提供服务类似的人员，包括通过企业与劳务中介公司签订用工合同而为企业提供服务的人员。

1. 短期薪酬

短期薪酬是指企业在职工提供相关服务的年度报告期间结束后 12 个月内需要全部予以支付的职工薪酬，因解除与职工的劳动关系给予的补偿除外。短期薪酬包括以下种类。

（1）职工工资、奖金、津贴和补贴。这是指按照国家有关规定构成职工工资总额的计时工资、计件工资、各种因职工超额劳动报酬和增收节支而支付的奖金、为补偿职工特殊贡献或额外劳动而支付的津贴、支付给职工的交通补贴、通信补贴等各种补贴。

（2）职工福利费。这是指职工因工负伤赴外地就医路费、职工生活困难补助、未实行医疗统筹企业的职工医疗费用，以及按规定发生的其他职工福利支出。

（3）社会保险费。这是指企业按照国家规定的基准和比例计算，并向社会保障经办机构缴纳的养老保险、医疗保险、失业保险、工伤保险和生育保险等。

（4）住房公积金。这是指企业按照国家规定的基准和比例计算，并向住房公积金管理机构缴存的用于购买商品房的公积金。

（5）工会经费和职工教育经费。这是指为改善职工文化生活、为职工学习先进技术和提高文化水平和业务素质，用于开展工会活动和职工教育及职业技能培训等的相关支出。

（6）短期带薪缺勤。这是指企业支付工资或提供补偿的职工缺勤，包括年休假、病假、短期伤残、婚假、产假、丧假、探亲假等。长期带薪缺勤属于其他长期职工福利。

（7）非货币性福利。这是指企业以自产产品或外购商品发放给职工作为福利、将自己拥有的资产或租赁的资产无偿提供给职工使用、为职工无偿提供医疗保健服务，或者向职工提供企业支付了一定补贴的商品或服务等。

（8）短期利润分享计划。这是指因职工提供服务而与职工达成的基于利润或其他经营成果提供薪酬的协议。

（9）其他短期薪酬。这是指除了上述薪酬以外的其他为获得职工提供的服务而给予的短期薪酬。

2. 长期薪酬

长期薪酬主要包括以下三方面。

（1）离职后福利。这是指企业为获得职工提供的服务而在职工退休或与企业解除劳动关系后，提供的各种形式的报酬和福利。

企业应当在职工为其提供服务的会计期间，将根据设定提存计划确定的应缴存金额确认为负债，并计入当期损益或相关资产成本。

（2）辞退福利。辞退福利包括以下两方面的内容。

①职工没有选择权的辞退福利。这是指在职工劳动合同到期前，不论职工本人是否愿意，企业都决定解除与职工的劳动关系而给予的补偿。

②职工有选择权的辞退福利。这是指在职工劳动合同到期前，企业为鼓励职工自愿接受裁减而给予的补偿，职工有权选择继续在职或接受补偿离职。

辞退福利的计量因职工是否有选择权而有所不同：对于职工没有选择权的辞退计划，企业应当根据辞退计划规定的拟辞退的职工数量、每一职位的辞退补偿计提应付职工薪酬（辞退福利）；对于自愿接受裁减的辞退建议，企业应当按照或有事项准则的规定预计将接受裁减建议的职工数量，并根据预计自愿辞退职工数量和每一职位的辞退补偿等计提应付职工薪酬（辞退福利）。

（3）其他长期职工福利。其他长期职工福利是指除短期薪酬、离职后福利、辞退福利之外所有的职工薪酬，包括长期带薪缺勤、长期残疾福利、长期利润分享计划等。

二、短期薪酬的会计核算与处理

1. 货币性职工薪酬

货币性职工薪酬，包括企业以货币形式支付给职工或为职工支付的工资、职工福利、各种社会保险、住房公积金、工会经费以及职工教育经费等。

对于货币性职工薪酬的计量，应当按照国家及地方有关规定确定计提基础和计提比例。国家没有规定计提基础和计提比例的，企业应当自行规定或参考历史经验数据和实际情况，合理预计当期应付职工薪酬的金额。

企业一般应于每期期末，按照职工薪酬的应付金额，贷记"应付职工薪酬"账户，同时根据职工服务的受益对象，借记相关费用或资产账户，具体如下。

（1）应由生产的产品或提供劳务负担的职工薪酬，计入产品成本或劳务成本。企业生产产品的生产职工和提供劳务的职工发生的职工薪酬，应当计入存货成本。

（2）对于在建工程、无形资产负担的职工薪酬，应计入建造固定资产或无形资产的初始成本。

（3）对于除上述两种情况之外的其他职工薪酬，应计入当期损益。包括公司总部的管理人员、董事会成员、监事会成员、财务人员、销售人员、人力资源管理人员等职工的薪酬，不能直接确定对应的受益对象，应在发生时直接计入当期损益。

企业一般应于每期期末，按照货币性职工薪酬的应付金额，贷记"应付职工薪酬"账户，同时根据职工服务的受益对象，借记相关费用或资产账户，具体为：生产部门工人的职工薪酬，借记"生产成本"账户；生产车间管理人员的职工薪酬，借记"制造费用"账户；管理部门人员的职工薪酬，借记"管理费用"账户；销售人员的职工薪酬，借记"销售费用"账户；应由在建工程、研发支出负担的职工薪酬，借记"在建工程""研发支出"账户。

【例10-12】2023年5月甲公司职工薪酬明细表见表10-1，如果职工的医疗保险费、住房公积金、工会经费和职工教育经费分别按照工资总额的10%、8%、2%和1.5%提取，应编制的会计分录如下。

表 10-1　甲公司职工薪酬明细表

2023 年 5 月　　　　　　　　　　　　　　　　单位：元

部门	薪酬项目					
	工资总额	医疗保险（10%）	住房公积金（8%）	工会经费（2%）	职工教育经费（1.5%）	合计
基本车间（从事生产工作的人员）	100 000	10 000	8 000	2 000	1 500	121 500
车间（从事管理工作的人员）	20 000	2 000	1 600	400	300	24 300
行政管理部门	40 000	4 000	2 000	800	600	47 400
财务部门	30 000	3 000	2 400	600	450	36 450
销售部门	25 000	2 500	2 000	500	375	30 375
合计	215 000	21 500	16 000	4 300	3 225	260 025

```
借：生产成本                              121 500
    制造费用                               24 300
    管理费用                               83 850
    销售费用                               30 375
    贷：应付职工薪酬——工资                215 000
                  ——社会保险费             21 500
                  ——住房公积金             16 000
                  ——工会经费                4 300
                  ——职工教育经费            3 225
```

企业在支付货币性职工薪酬时，应当按照实际应支付给职工的金额，借记"应付职工薪酬"账户；按照实际支付的总额，贷记"银行存款"账户；将职工个人负担由企业代扣代缴的职工个人所得税，贷记"应交税费——应交个人所得税"账户；将应由职工个人负担由企业代扣代缴的医疗保险费、住房公积金等，贷记"其他应付款"账户。

【例 10-13】甲公司 2023 年 6 月应付职工工资的总额为 155 000 元，其中应由公司代扣代缴的个人所得税为 20 000 元，应由职工个人负担由公司代扣代缴的各种社会保险费和住房公积金为 8 000 元，实发工资通过银行转账支付。甲公司应编制的会计分录如下。

```
借：应付职工薪酬——工资                  155 000
    贷：银行存款                          127 000
        应交税费——应交个人所得税          20 000
        其他应付款                          8 000
```

2. 非货币性职工薪酬的会计核算与处理

(1) 以自产产品或外购商品发放给职工作为福利，应视同销售处理。

作为非货币性福利发放给职工时，应当按照该产品的公允价值和相关税费进行计量，并在产品发出时确认销售收入，同时结转产品成本。企业将外购商品作为非货币性福利发放给职工时，应当按照该商品的公允价值和相关税费进行计量，计入当期损益或相关资产成本。

【例10-14】2023年5月，甲公司决定以自产的产品作为节日福利给职工发放。该批产品的生产成本为每台700元，售价为每台1 000元（不含税），甲公司适用的增值税税率为13%。假定甲公司共有职工100人，其中直接参加生产的生产工人有70人、车间管理人员有5人、销售人员有10人、行政管理人员有15人。相关账务处理如下。

该产品的公允价值加相关税费合计=1 000×100×（1+13%）=113 000（元）。

计入生产成本的金额=113 000×70÷100=79 100（元）。

计入制造费用的金额=113 000×5÷100=5 650（元）。

计入销售费用的金额=113 000×10÷100=11 300（元）。

计入管理费用的金额=113 000×15÷100=16 950（元）。

该批产品的成本=700×100=70 000（元）。

（1）甲公司决定向职工发放产品时，属于非货币性福利的核算，账务处理如下。

借：生产成本   79 100

  制造费用   5 650

  销售费用   11 300

  管理费用   16 950

  贷：应付职工薪酬——非货币性福利   113 000

（2）甲公司向职工实际发放产品时，账务处理如下。

借：应付职工薪酬   113 000

  贷：主营业务收入   100 000

    应交税费——应交增值税（销项税额）   13 000

甲公司要同时结转产品成本，账务处理如下。

借：主营业务成本   70 000

  贷：库存商品   70 000

（2）向职工提供轿车、无偿提供住房等固定资产的会计处理。

企业将拥有的住房、汽车等固定资产无偿提供给职工作为非货币性福利时，应当按照企业对该固定资产每期计提的折旧来计量应付职工薪酬，并根据职工提供服务的受益对象计入当期损益、相关成本。企业向职工无偿提供住房时，应当按照企业每期支付的租金来计量应付职工薪酬，同时根据职工提供服务的受益对象计入当期损益或相关的成本。

【例10-15】甲公司聘请一位高级管理人员，从2023年1月1日开始租赁一处房屋供其居住，每月支付租金2 000元。

甲公司每月支付租金时，账务处理如下。

借：管理费用   2 000

  贷：应付职工薪酬——非货币性福利   2 000

【例10-16】2023年某月，甲公司向公司的李姓高级管理人员提供一辆轿车作为非货币性福利，该轿车成本为600 000元，预计使用寿命为10年，采用直线法计提折旧，当月应计提折旧5 000元。

2023年12月31日，甲公司确认对该管理人员的非货币性福利，并计提轿车折旧的账务处理如下。

借：管理费用	5 000	
贷：应付职工薪酬——非货币性福利		5 000
借：应付职工薪酬——非货币性福利	5 000	
贷：累计折旧		5 000

📖 任务作答清单

（1）宏利公司发生的生产工人工资支出600 000元，生产车间管理人员工资支出40 000元，公司管理部门人员工资支出50 000元，销售人员工资支出70 000元，在财务发生时，怎样进行核算与处理？	
（2）宏利公司发生的生产工人工资支出600 000元，生产车间管理人员工资支出40 000元，公司管理部门人员工资支出50 000元，销售人员工资支出70 000元，在支付工资时，怎样进行会计处理？	
（3）应付职工薪酬包括哪些项目？	
（4）作为公司的一名员工，对自己获得的相关薪酬等，有怎样的认识？	

教师点评			
小组成员			
小组得分		组长签字	
教师评分		教师签字	

任务 2–5　应交税费

🌷 任务布置

任务描述	宏利公司为一般纳税人，2023年2月发生如下业务：从A公司购买一批材料，该批材料的不含税价格为10 000元，增值税为1 300元；销售给B公司一批产品，合同价款为15 000元（不含税），适用的增值税税率为13%，货款未收；销售一批产品，不含税售价为40 000元，该批产品为应税消费品，适用的增值税税率为13%，消费税税率为10%。上述会计业务，应怎样进行会计核算？

续表

任务目标	请根据学习的知识，解决上述问题。要完成的任务有：熟悉当前主要税种，理解增值税和消费税的含义、特征、征税范围，掌握增值税和消费税的会计核算方法
任务讨论	应交税费是企业的一项债务，企业纳税有何重要性和必要性？
任务实施	学时建议：课上 2 学时、课下 2 学时
	任务分工：分组、布置任务、任务准备、查找资料
	实施方式：线上与线下相结合

📖 知识参考

一、应交税费概述

企业按照规定应缴纳的税费主要包括增值税、消费税、企业所得税、个人所得税、土地增值税、资源税、房产税、车船税、城镇土地使用税、城市维护建设税、教育费附加、矿产资源补偿费等。企业应交的各项税费根据税法等相关法规规定一般应当定期缴纳，因而在缴纳之前形成企业的一项现时义务，应当确认为一项流动负债。企业应当设置"应交税费"账户计量各种税费的结算和缴纳情况，其中增值税、消费税是企业缴纳的两个主要税种，属于企业流转税。

二、应交增值税的会计核算与处理

增值税是我国的第一大税种，是以商品（含应税劳务和应税服务）在流转过程中产生的增值额为征税对象。根据税法规定，对在我国境内销售货物、无形资产或者不动产，提供服务，以及进口货物的单位和个人的增值额，应征收增值税。增值税的纳税人分为一般纳税人和小规模纳税人，年应税销售额超过财政部和国家税务总局规定标准的纳税人为一般纳税人，未超过规定标准的纳税人为小规模纳税人，小规模纳税人的会计核算资料不健全或不能提供准确的税务资料。

增值税实行比例税率为：一般纳税人增值税的基本税率为 13%、9%、6%，小规模纳税人的增值税征收率为 3%。

1. 一般纳税人增值税的会计核算与处理

一般纳税人销售货物或提供应税劳务，其应纳税额采用扣税法计算，其计算公式为：

$$应纳税额 = 销项税额 - 进项税额$$

要注意的是，如果有进项税转出项目，要从进项税额中扣除。

（1）销项税额的核算。

当期销项税额，是指纳税人发生应税行为按照销售额和增值税税率计算并收取的增值税额。一般纳税人在发生应税行为时，应向购买方开出增值税专用发票，按照应税行为的计税价格（不含税价格）和适用税率计算应交增值税的销项税额，贷记"应交税费——应交增值税（销项税额）"账户。

【例 10-17】2023 年 5 月 10 日，甲公司销售给乙公司一批产品，合同价款为 20 000 元

（不含税），适用的增值税税率为 13%，贷款未收。

应交增值税销项税额 = 20 000×13% = 22 600（元）。

甲公司应编制的会计分录如下。

借：应收账款——乙公司　　　　　　　　　　　　　　　　　22 600

　　贷：主营业务收入　　　　　　　　　　　　　　　　　　　　20 000

　　　　应交税费——应交增值税（销项税额）　　　　　　　　　　2 600

要注意的是，企业的下列行为虽然没有取得销售收入，也视同发生应税行为，应当缴纳增值税，包括单位或者个体工商户向其他单位或者个人无偿销售货物、提供服务，无偿转让无形资产或者不动产等，但用于公益事业或者以社会公众为对象的除外。

【例 10-18】2023 年 5 月 15 日，甲公司将自产的产品分配给乙公司（股东），该产品的成本为 8 000 元，市场售价（计税价格）为 10 000 元，适用的增值税税率是 13%。

该业务属于视同销售业务，甲公司应当按照产品的计税价格和适用税率计算增值税的销项税额。

销项税额 = 10 000×13% = 1 300（元）。

甲公司应编制的会计分录如下。

借：利润分配　　　　　　　　　　　　　　　　　　　　　　9 300

　　贷：库存商品　　　　　　　　　　　　　　　　　　　　　　8 000

　　　　应交税费——应交增值税（销项税额）　　　　　　　　　　1 300

（2）进项税额的核算。

进项税额是指纳税人当期购进货物或者应税劳务已缴纳的增值税额。根据税法相关规定，准许从当期销项税额中抵扣进项税额的情形，主要包括以下几类：从销售方取得的增值税专用发票上注明的增值税额；从海关取得的海关进口增值税专用缴款书上注明的增值税额；购进农产品，除取得增值税专用发票或者海关进口增值税专用缴款书外，按照农产品收购发票或者销售发票上注明的农产品买价和 13% 的扣除率计算的进项税额；从境外单位或者个人购进服务、无形资产或者不动产，自税务机关或者扣缴义务人处取得的解缴税款的完税凭证上注明的增值税额。

企业可以将增值税的进项税额，借记“应交税费——应交增值税（进项税额）”账户，从当期的销项税额中抵扣。

【例 10-19】2023 年 5 月 11 日，甲公司从乙公司购买一批原材料，取得的增值税专用发票上注明的材料价款（不含税）为 8 000 元，增值税为 1 040 元，材料已入库。

取得的增值税专用发票上注明增值税 1 040 元可以抵扣，甲公司编制的会计分录如下。

借：原材料　　　　　　　　　　　　　　　　　　　　　　　8 000

　　应交税费——应交增值税（进项税额）　　　　　　　　　　　1 040

　　贷：应付账款　　　　　　　　　　　　　　　　　　　　　　9 040

有些情况下，企业发生的进项税额不得从销项税额中抵扣，主要情形如下：用于简易计税方法计税项目、免征增值税项目、集体福利或者个人消费的购进货物、加工修理修配劳务、服务、无形资产和不动产；非正常损失的购进货物，以及相关的加工修理修配劳务和交通运输服务；非正常损失的在产品、产成品所耗用的购进货物（不包括固定资产）、加工修理修配劳务和交通运输服务；非正常损失的不动产，以及该不动产所耗用的购进货物、设计服务和建筑服务；非正常损失的不动产在建工程所耗用的购进货物、设计服务和建筑服务；购进的旅客运输服务、贷款服务、餐饮服务、居民日常服务和娱乐服务。

上述情形下，企业发生的进项税额不得从销项税额中抵扣，如果已经抵扣，应从增值税进项税额中转出，贷记"应交税费——应交增值税（进项税额转出）"账户。

【例10-20】甲公司于2023年5月有一批原材料因管理不善丢失，材料损失成本为30 000元，其进项税额为3 900元。公司查明原因，并批准结果为：应由责任人赔偿损失25 000元，其余部分为净损失。

①甲公司发生材料丢失时，其进项税额不得从销项税额中抵扣，应当予以转出，账务处理如下。

借：待处理财产损溢　　　　　　　　　　　　　　　　　　　　　33 900
　　贷：原材料　　　　　　　　　　　　　　　　　　　　　　　　　30 000
　　　　应交税费——应交增值税（进项税额转出）　　　　　　　　　　3 900

②甲公司查明原因批准处理后的账务处理如下。

借：其他应收款　　　　　　　　　　　　　　　　　　　　　　　25 000
　　管理费用　　　　　　　　　　　　　　　　　　　　　　　　　8 900
　　贷：待处理财产损溢　　　　　　　　　　　　　　　　　　　　33 900

（3）缴纳增值税的会计核算。

企业在向税务部门实际缴纳本期的增值税时，按照实际缴纳的增值税金额，借记"应交税费——应交增值税（已交税金）"账户，贷记"银行存款"等账户。企业向税务部门缴纳以前期间的增值税时，按照实际缴纳的增值税金额，借记"应交税费——未交增值税"账户，贷记"银行存款"等账户。

【例10-21】接本任务前面案例，甲公司缴纳增值税6 760（2 600+1 300-1 040+3 900）元。账务处理如下。

借：应交税费——应交增值税（已交税金）　　　　　　　　　　　6 760
　　贷：银行存款　　　　　　　　　　　　　　　　　　　　　　　6 760

2. 小规模纳税人增值税的会计核算与处理

小规模纳税人是指应纳增值税销售额在规定的标准以下，并且会计核算不健全的纳税人。小规模纳税人增值税相关规定：纳税人在购买货物或接受劳务时，按照所应支付的全部价款计入存货入账价值，不论是否取得增值税专用发票，其支付的增值税额均不确认为进项税额；小规模纳税人销售货物或者提供应税劳务时，只能开具普通发票，不能开具增值税专用发票，销售额通常含增值税；小规模纳税人应纳增值税额采用简易办法计算，按照不含税销售额和征收率计算确定。应纳增值税的计算公式为：

不含税销售额＝含税销售额/（1+征收率）
应纳增值税税额＝不含税销售额×征收率

【例10-22】甲企业为小规模纳税人，本期购入材料货款7 000元，增值税910元，价税款以银行存款支付，材料入库。该企业本期销售产品含税销售额为103 000元，增值税征收率为3%，收到款项并存入银行。

销售产品时应交增值税税额＝103 000÷（1+3%）×3%＝3 000（元）。相关账务处理如下。

（1）购进材料时。

```
借：原材料                                          7 910
    贷：银行存款                                          7 910
```
（2）销售货物时。
```
借：银行存款                                      103 000
    贷：主营业务收入                                   100 000
        应交税费——应交增值税                             3 000
```
（3）缴纳增值税时。
```
借：应交税费——应交增值税                           3 000
    贷：银行存款                                          3 000
```

三、应交消费税的会计核算

消费税是世界各国普遍征收的一种税，是以特定消费品的流转额为计税依据而征收的税种。在我国，消费税是国家为了正确引导消费方向，对在我国境内生产、委托加工和进口应税消费品的单位和个人，就其销售额或销售数量在特定环节征收的一种税。

目前，消费税征收范围主要包括：过度消费会对人类健康、社会秩序和生态环境造成危害的特殊消费品，包括烟、酒及酒精、鞭炮与烟火、木质一次性筷子、实木地板、电池、涂料等；奢侈品、非生活必需品，包括贵重首饰及珠宝宝石、化妆品、高尔夫球及球具、高档手表、游艇等；高能耗消费品，包括小汽车、摩托车等；使用和消耗不可再生和替代的稀缺资源的消费品，包括汽油、柴油等各种成品油等。征收消费税的目的是引导消费方向，调整产业结构，满足财政收入的需要。

消费税应纳税额的计算方法有三种，分别是：从价定率计征法、从量定额计征法以及复合计征法。企业将生产的应税消费品对外销售时，应按照税法规定计算应交消费税的金额，将其确认为一项负债，并直接计入当期损益，借记"税金及附加"账户，贷记"应交税费——应交消费税"账户。

（1）从价定率计征法。

实行从价定率计征法的消费税以销售额为基数，乘以适用的比例税率来计算应交消费税的金额。其中，销售额不包括向购货方收取的增值税，计算公式为：

$$应纳税额=销售额\times 比率税率$$

（2）从量定额计征法。

实行从量定额计征法的消费税以应税消费品销售数量为基数，乘以适用的定额税率来计算应交消费税的金额，计算公式为：

$$应纳税额=销售数量\times 定额税率$$

（3）复合计征法。

复合计征法是指既规定了比例税率，又规定了定额税率，那么其应纳税额实行从价定率和从量定额相结合的复合计征方法。根据相关规定，卷烟和白酒的计算要采用这种方法，计算公式为：

$$应纳税额=销售额\times 比率税率+销售数量\times 定额税率$$

【例 10-23】甲公司为增值税一般纳税人，2023 年 9 月销售一批产品，不含税售价为

400 000 元，该批产品为应税消费品，适用的增值税税率为 13%，消费税税率为 10%。该批产品的生产成本为 300 000 元。产品已经发出，款项已收到。

应交增值税销项税额 = 400 000×13% = 52 000(元)。

应纳消费税税额 = 400 000×10% = 40 000(元)。

甲公司具体的账务处理如下。

(1)甲公司确认销售收入时。

借：银行存款　　　　　　　　　　　　　　　　452 000
　　贷：主营业务收入　　　　　　　　　　　　　　　400 000
　　　　应交税费——应交增值税(销项税额)　　　　52 000

同时结转产品成本，账务处理如下。

借：主营业务成本　　　　　　　　　　　　　　300 000
　　贷：库存商品　　　　　　　　　　　　　　　　300 000

(2)甲公司确认应交消费税时。

借：税金及附加　　　　　　　　　　　　　　　40 000
　　贷：应交税费——应交消费税　　　　　　　　　40 000

📖 **任务作答清单**

(1)在任务描述中，宏利公司从 A 公司购买一批材料，该批材料的不含税价格为 10 000 元，增值税为 1 300 元，应怎样进行会计处理？	
(2)在任务描述中，宏利公司销售给 B 公司一批产品，合同价款为 15 000 元(不含税)，适用的增值税税率为 13%，贷款未收，应怎样进行会计处理？	
(3)在任务描述中，宏利公司销售一批产品，不含税售价为 40 000 元，该批产品为应税消费品，适用的增值税税率为 13%，消费税税率为 10%，应怎样进行会计处理？宏利公司发生的全部业务，应交增值税的税额怎样计量，应怎样进行会计处理？	
(4)如何培养"依法纳税"意识？"国无法不治，民无法不立"，怎样做到"知法、懂法、守法"？	

教师点评			
小组成员			
小组得分		组长签字	
教师评分		教师签字	

任务 2-6　其他流动负债

任务布置

任务描述	宏利公司发生如下业务：2023 年 4 月，计提短期借款利息 10 000 元，分配现金股利 20 000 元，销售一批产品给 A 公司，收到 A 公司的预收款 5 000 元，应怎样进行会计核算？
任务目标	请根据学习的知识，解决上述问题。要完成的任务有：熟悉其他流动负债包括的内容，掌握应付利息、应付股利、预收账款、其他应付款的会计核算方法
任务讨论	预收账款为什么属于一项负债？
任务实施	学时建议：课上 1 学时、课下 1 学时
	任务分工：分组、布置任务、任务准备、操作
	实施方式：线上与线下相结合

知识参考

一、应付利息核算

　　资产负债表日，企业应当按照借款或应付债券的摊余成本和实际利率计算确定当期的利息费用，属于筹建期间的借记"管理费用"账户；属于生产经营期间符合资本化条件的，借记"在建工程"等账户；属于生产经营期间但不符合资本化条件的，借记"财务费用"账户；按照借款或应付债券本金和合同利率计算确定的当期应支付的利息，贷记"应付利息"账户；按照借贷方之间的差额，作为由于合同利率和实际利率不同而产生的利息调整额，借记或贷记"长期借款——利息调整""应付债券——利息调整"等账户。

　　在按照合同规定的付息日，企业应当按照合同约定实际支付利息的金额，借记"应付利息"账户，贷记"银行存款"等账户。

二、应付股利核算

　　应付股利是指企业根据股东大会或类似机构审议批准的利润分配方案确定应分配而尚未发放给投资者的现金股利或利润。需要注意的是，企业董事会或类似机构做出的利润分配预案不能作为确认负债的依据，只能在财务报表附注中予以披露。

　　企业股东大会或类似机构审议批准利润分配方案时，按照应支付的现金股利或利润金额，借记"利润分配——应付现金股利或利润"账户，贷记"应付股利"账户；实际支付现金股利或利润时，借记"应付股利"账户，贷记"银行存款"等账户。

三、预收账款核算

预收账款是以买卖双方协议或合同为依据，由购货方预先支付一部分（或全部）货款给供应方而发生的一项负债，这项负债要用以后的商品或劳务来偿付。

企业在收到这笔钱时，商品或劳务的销售合同尚未履行，因而不能作为收入入账，只能确认为一项负债，即贷记"预收账款"账户。企业按合同规定提供商品或劳务后，再根据合同的履行情况，逐期将未实现收入转成已实现收入，即借记"预收账款"账户，贷记有关收入账户。

> **小贴士**：预收账款与预付账款
>
> A 公司销售给 B 公司一批产品，销售价款为 100 万元，A 公司如果预先向 B 公司收取了 20 万元订金，而且双方购销活动继续，则 20 万元转化为产品的货款，A 公司再收到 80 万元即可；如果双方后续取消了购销活动，则 A 公司应退还给 B 公司 20 万元，B 公司有权收回；故这 20 万元的款项，对于 A 公司属于预收账款，是负债；对于 B 公司属于预付账款，是资产。该过程如图 10-1 所示。
>
>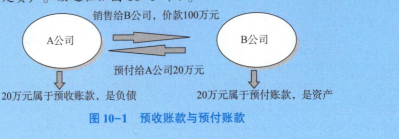
>
> **图 10-1　预收账款与预付账款**

四、其他应付款核算

其他应付款是指除应付票据、应付账款、预收账款、应付职工薪酬、应付利息、应付股利、应交税费、长期应付款等以外的其他经营活动产生的各项应付、暂收的款项。其他应付款主要核算内容包括：企业应付租入包装物的租金；企业发生的存入保证金；企业采用售后回购方式融入的资金；企业代职工缴纳的社会保险费和住房公积金等。

企业发生的各种应付、暂收款项，借记"管理费用"等账户，贷记"其他应付款"账户；实际支付其他各种应付、暂收款项时，借记"其他应付款"账户，贷记"银行存款"账户。

【例 10-24】 甲公司于 2023 年 4 月收到乙公司租用的周转包装物的押金 5 000 元，存入银行。相关账务处理如下。

（1）收到包装物押金时。

借：银行存款　　　　　　　　　　　　　　　　　　　　　5 000
　　贷：其他应付款——存入保证金　　　　　　　　　　　　　5 000

（2）收回包装物，退还押金时。

借：其他应付款——存入保证金　　　　　　　　　　　　　5 000
　　贷：银行存款　　　　　　　　　　　　　　　　　　　　5 000

任务作答清单

(1)在任务描述中，宏利公司计提短期借款利息 10 000 元，应怎样进行会计核算?	
(2)在任务描述中，宏利公司分配现金股利 20 000 元，应怎样进行会计核算?	
(3)在任务描述中，宏利公司收到 A 公司的预收款 5 000 元，怎样进行会计核算?	

教师点评			
小组成员			
小组得分		组长签字	
教师评分		教师签字	

任务 3　非流动负债

任务 3-1　长期借款

任务布置

任务描述	宏利公司发生如下业务：2023 年 5 月 1 日，从中国工商银行借入 200 000 元，期限是 3 年，利率为 5%。该公司对于收到的款项、产生的利息、还本付息等，作为企业重要的资金流动，应怎样进行会计核算与业务处理?
任务目标	请根据学习的知识，解决上述问题。要完成的任务有：熟悉长期借款的含义、特征，熟悉长期借款的借入、付息过程，掌握长期借款核算方法
任务讨论	有什么办法降低长期借款的还款成本，规避借款风险?
任务实施	学时建议：课上 1 学时、课下 1 学时
	任务分工：分组、布置任务、任务准备、操作
	实施方式：线上与线下相结合

📖 知识参考

一、长期借款概述

长期借款是指企业向银行或其他金融机构借入的偿还期在一年以上（不含一年）的各种借款。企业采用长期借款的方式融资的主要特点有：

（1）债务偿还的期限较长，长期借款的借款期限一般在一年以上；

（2）债务的金额较大，可以满足房屋建造、大型设备购买等项目的资金需要；

（3）债务利息一般按年支付，债务本金可以到期一次偿还，也可以分期偿还。

二、长期借款的会计核算与处理

企业应设置"长期借款"账户，记录长期借款的增减变动等情况，取得长期借款应记入该账户贷方，偿还长期借款则记入该账户借方。按照权责发生制的原则，企业应分期确认长期借款的利息。为购建长期工程项目而发生的长期借款费用，至该项目完工之前应予以资本化，计入所建造的长期工程项目成本，计入"在建工程"等账户；在工程完工达到预定可使用状态之后产生的利息支出，应予以费用化，直接计入当期损益，计入"财务费用"账户。企业取得的长期借款，一般是到期一次支付利息的，因而应付未付的借款利息与本金一同属于非流动负债，应贷记"长期借款"账户。

【例10-25】甲企业从中国银行取得长期借款800 000元，用于本企业的经营周转，存入开户银行，期限为4年，年利率为8%，按复利计息，每年计息一次，到期一次归还本息。

由于该项长期借款用于企业的经营周转，因而按期确认的借款利息应当费用化，计入财务费用。相关账务处理如下。

（1）取得借款时。

借：银行存款 800 000

　　贷：长期借款 800 000

（2）第1年年末计息时。

第1年的利息=800 000×8%=64 000（元）。

借：财务费用 64 000

　　贷：长期借款 64 000

（3）第2年年末计息时。

第2年的利息=（800 000+64 000）×8%=69 120（元）。

借：财务费用 69 120

　　贷：长期借款 69 120

（4）第3年年末计息时。

第3年的利息=（800 000+64 000+69 120）×8%=74 649.60（元）。

借：财务费用 74 649.60

　　贷：长期借款 74 649.60

（5）第4年年末计息时。

第4年的利息=（800 000+64 000+69 120+74 649.60）×8%=80 621.568（元）。

借：财务费用　　　　　　　　　　　　　　　　80 621.568

　　贷：长期借款　　　　　　　　　　　　　　　　　80 621.568

（6）到期偿还本息时。

4年累计利息＝64 000＋69 120＋74 649.60＋80 621.568＝288 391.168（元）。

应归还本利和＝800 000＋288 391.168＝1 088 391.168（元）。

借：长期借款　　　　　　　　　　　　　　　　1 088 391.168

　　贷：银行存款　　　　　　　　　　　　　　　　　1 088 391.168

📖 任务作答清单

（1）在任务描述中，宏利公司从中国工商银行借入200 000元，在收到借款时，应怎样进行会计核算与业务处理？	
（2）在任务描述中，宏利公司对于借款产生的利息，应怎样进行会计核算与业务处理？	
（3）宏利公司在还本付息时，应怎样进行会计核算与业务处理？	

教师点评			
小组成员			
小组得分		组长签字	
教师评分		教师签字	

👨‍🎓 知识育人探讨

合理举债是一种睿智的行为

　　负债能够增加企业可利用的资金，通过合理投资，可以带来经济效益。但负债是需要偿还的，如果投资不当，不仅没有利润回报，还会背负沉重的债务。要理性判断举债行为，综合考虑时间、成本、经济形势、发展条件等，做好投资与回报的衡量。合理举债是一种睿智的行为，在人生的不同阶段，都应考虑投入与回报的对应风险，杜绝校园贷和不确定的举债行为，让自己的思想不断成熟，有效控制自己的行为，成长为经济建设的有用之才。

任务 3-2　应付债券

📖 任务布置

任务描述	宏利公司发生如下业务：2023 年 1 月 1 日为了一项工程建设（工期 2 年），发行一批 10 年期债券，总面值 2 000 万元，年利率为 5%，每年年末付息一次，到期一次还本。如果发行时市场利率分别为 4%、5% 和 6%，如何计算不同利率水平下的债券价格，怎样进行会计核算？
任务目标	请根据学习的知识，解决上述问题。要完成的任务有：理解应付债券的概念，了解应付债券的发行，掌握应付债券会计核算方法
任务实施	学时建议：课上 1 学时、课下 1 学时
	任务分工：分组、布置任务、任务准备、操作
	实施方式：线上与线下相结合

📖 知识参考

一、应付债券的概念

企业可以依照法定程序，以对外发行债券的形式筹集资金。债券是依照程序发行的，约定在一定期限内还本付息的一种有价证券。应付债券是企业因发行债券筹措资金而形成的一种非流动负债。债券票面上一般会载明企业名称、债券面值、票面利率、还本期限和还本方式、利息的支付方式、债券的发行日期等内容。企业发行债券通常须经董事会及股东会正式核准。若向社会公众公开发行，则须经有关证券管理机构核准。企业发行的债券可以按不同的方式进行分类，在很多情况下，债券的种类不同，其会计处理也不相同。

二、企业债券发行

（1）票面利率和实际利率。

债券存在两个利率：一个是债券契约中标明的利率，称为票面利率，也称名义利率、合同利率；另一个是债券发行时的实际利率，也称市场利率，实际利率是计算债券未来现金流量现值时使用的折现率。根据票面利率和实际利率的不同，债券的发行方式包括平价发行、溢价发行与折价发行，具体分类方法见表 10-2。

表 10-2　债券的发行方式

发行方式	票面利率与实际利率的关系	发行价和面值的关系
平价发行	票面利率等于实际利率	发行价等于面值
溢价发行	票面利率大于实际利率	发行价大于面值
折价发行	票面利率小于实际利率	发行价小于面值

（2）债券发行价格的确定。

债券的发行价格由债券发行期间流出的现金流量的现值来确定，包括债券本金的现金流量现值和债券利息的现金流量现值两个部分。债券本金一般情况下于债券到期日一次性支付，因而其现金流量的现值表现为复利现值；债券利息通常定期支付，如每年支付一次，或者每半年支付一次，因而其现金流量的现值表现为年金现值。

企业债券的发行价格与债券面值不是同一概念，二者有时一致，有时不一致。在市场经济环境下，任何一个理性的债权人都要对市场上各种借出资金的风险与收益进行权衡后才会做出最终决策。债券的市场售价，在很大程度上由其票面利率来决定。在其他条件不变的情况下，票面利率越高，债券的市价也就越高。如果确定了一个较低的票面利率，债权人一般不愿意认购，发行人只能按低于面值的价格发行。如果确定了一个较高的票面利率，就会吸引更多的债权人购买，在供不应求的情况下，发行人可将债券以高出面值的价格出售。这里的"较低"或"较高"的票面利率是相对于金融市场上投资机会的平均收益率而言的。其他投资机会的平均收益率，即市场利率，是债权人进行决策时使用的重要参照指标。由此可见，企业债券的价格与票面利率和市场利率有直接的关系。

从理论上讲，债券的实际发行价格是根据货币时间价值的理论，将债券到期应付面值和各期应付的利息，按市场利率折算的复利现值之和。其一般计算公式为：

债券面值的现值＝债券面值×到期偿还本金的复利现值系数

各期利息的现值＝每期债券利息额×分期付息年金现值系数

每期债券利息额＝票面价值×每一付息期的票面利率

债券的发行价格＝债券面值的现值+各期利息的现值

【例 10-26】甲公司为建设某一工程项目（工期 2 年），于 2023 年 1 月 1 日发行一批 10 年期债券，总面值为 1 000 万元，年利率为 10%，每年年末付息一次，到期一次还本。下面分别假设发行时市场利率为 8%、10% 和 12%，计算不同利率水平下的债券价格。

（1）当市场利率为 8% 时。

债券发行价格＝1 000×（8%，10 期，复利现值系数）+100×（8%，10 期，年金现值系数）＝1 000×0.681+100×3.993＝1 080.3（万元）。

债券溢价金额＝1 080.3-1 000＝80.3（万元）。

（2）当市场利率为 10% 时。

债券发行价格＝1 000×（10%，10 期，复利现值系数）+100×（10%，10 期，年金现值系数）＝1 000×0.621+100×3.79＝1 000（万元）。

（3）当市场利率为 12% 时。

债券发行价格＝1 000×（12%，10 期，复利现值系数）+100×（12%，10 期，年金现值系数）＝1 000×0.567+100×3.605＝927.5（万元）。

债券折价金额＝1 000-927.5＝72.5（万元）。

在本例中，债券的发行价格随市场利率的变动而呈反方向变动，即当市场利率低于债券票面利率时，债券发行价格高于其面值，发行价格高于债券面值的部分，称为债券溢价。如果市场利率高于债券票面利率时，债券发行价格低于其面值，发行价格低于债券面值的部分，称为债券折价。值得注意的是，债券一经发售，债券信托合同即告成立，其后无论市场利率如何波动，对发行的债券均不产生影响，也就不必调整会计记录。

三、债券核算与业务处理

为了反映和监督债券的发行、归还和付息情况，发行债券的企业应设置"应付债券"账户。该账户为负债类账户，贷方登记应付债券的本金和应计利息，借方登记偿还债券本金和支付利息的金额，余额在贷方，表示尚未偿还的债券本金和利息。该账户应下设"面值""利息调整""应计利息"等明细账户，进行明细分类核算。

企业发行债券无论是按面值还是溢价或折价，均应按债券面值记入"应付债券——面值"账户。

当企业按面值发行债券时，债券价格与债券面值一致，可按债券面值金额借记"银行存款"等账户，贷记"应付债券——面值"账户。

当企业溢价发行债券时，债券价格高于债券面值金额，按实际收到的款项借记"银行存款"等账户，按债券的面值金额贷记"应付债券——面值"账户，按实际收到的款项与票面金额的差额贷记"应付债券——利息调整"账户。

当企业折价发行债券时，债券价格低于债券面值金额，按实际收到的款项借记"银行存款"等账户，按债券的面值金额贷记"应付债券——面值"账户，按实际收到的款项与票面金额的差额借记"应付债券——利息调整"账户。

1. 债券按面值发行

【例 10-27】承上例，甲公司于 2023 年 1 月 1 日发行一批 10 年期债券，总面值 1 000 万元，年利率为 10%，每年付息一次，到期一次还本。该公司发行债券时，若市场利率恰好等于票面利率 10%，则甲公司按面值发行债券，收到款项并存入银行。相关账务处理如下。

借：银行存款　　　　　　　　　　　　　　　　　10 000 000
　　贷：应付债券——面值　　　　　　　　　　　　　　　　10 000 000

2. 债券溢价发行

债券溢价发行意味着企业将以高于市场实际利率的利率支付利息，所以溢价的实质是发行企业为以后各期多付利息而预先从债券持有人处得到的补偿。

【例 10-28】承上例，甲公司于 2023 年 1 月 1 日发行一批 10 年期债券，总面值 1 000 万元，年利率为 10%，每年付息一次，到期一次还本。该公司发行债券时，若市场利率为 8%，则甲公司按 1 080 万元的溢价发行债券，收到款项并存入银行。相关账务处理如下。

借：银行存款　　　　　　　　　　　　　　　　　10 800 000
　　贷：应付债券——面值　　　　　　　　　　　　　　　　10 000 000
　　　　　　　　——利息调整　　　　　　　　　　　　　　　800 000

3. 债券折价发行

债券折价发行意味着企业将以低于市场实际利率的利率支付利息，所以折价的实质是发行企业为以后各期少付利息而预先给债券持有人的补偿。

【例 10-29】承上例，甲公司于 2023 年 1 月 1 日发行一批 10 年期债券，总面值 1 000

万元，年利率为 10%，每年付息一次，到期一次还本。该公司发行债券时，若市场利率为 12%，则甲公司按 927.5 万元的折价发行债券，收到款项并存入银行。相关账务处理如下。

借：银行存款　　　　　　　　　　　　　　　　　　　　　　　9 275 000
　　应付债券——利息调整　　　　　　　　　　　　　　　　　　725 000
　　　贷：应付债券——面值　　　　　　　　　　　　　　　　　　　10 000 000

【例 10-30】甲企业于 2021 年年末发行一笔面值为 200 000 元、票面利率为 5%、期限为 3 年、每年年末付息、到期一次还本的债券，实际发行价格为 205 876 元，实际利率为 4%。相关计算(见表 10-3)及账务处理如下。

表 10-3　相关计算

时间	应付利息 =面值×名义利率 ①	实际利息=期初摊 余成本×实际利率 ②	利息调整 (溢价摊销) ③=①-②	摊余成本 ⑤=期初摊余成本 (上行⑤)-③
2021 年 1 月 1 日				205 876
2021 年 12 月 31 日	10 000	8 235	1 765	204 111
2022 年 12 月 31 日	10 000	8 164	1 836	202 375
2023 年 12 月 31 日	10 000	7 725	2 275	200 000
合计	30 000	24 124	5 876	

(1)2021 年年末，发行债券时。

借：银行存款　　　　　　　　　　　　　　　　　　　　　　　205 876
　　　贷：应付债券——面值　　　　　　　　　　　　　　　　　　200 000
　　　　　　　——利息调整　　　　　　　　　　　　　　　　　　5 876

(2)2021 年年末确认应付利息及利息费用时。

借：财务费用　　　　　　　　　　　　　　　　　　　　　　　8 235
　　应付债券——利息调整　　　　　　　　　　　　　　　　　　1 765
　　　贷：应付利息　　　　　　　　　　　　　　　　　　　　　　10 000

(3)2021 年年末支付利息时。

借：应付利息　　　　　　　　　　　　　　　　　　　　　　　10 000
　　　贷：银行存款　　　　　　　　　　　　　　　　　　　　　　10 000

(4)2022 年年末确认应付利息及利息费用时。

借：财务费用　　　　　　　　　　　　　　　　　　　　　　　8 164
　　应付债券——利息调整　　　　　　　　　　　　　　　　　　1 836
　　　贷：应付利息　　　　　　　　　　　　　　　　　　　　　　10 000

(5)2022 年年末支付利息时。

借：应付利息　　　　　　　　　　　　　　　　　　　　　　　10 000
　　　贷：银行存款　　　　　　　　　　　　　　　　　　　　　　10 000

（6）2023 年年末确认应付利息及利息费用时。

借：财务费用   7 725

  应付债券——利息调整   2 275

 贷：应付利息   10 000

（7）2023 年年末支付本金和当年利息时。

借：应付利息   10 000

  应付债券——面值   200 000

 贷：银行存款   210 000

📖 **任务作答清单**

在任务描述中，宏利公司为了一项工程建设（工期 2 年），发行一批 4 年期债券，总面值 200 万元，年利率为 6%，每年年末付息一次，到期一次还本。如果发行时市场利率分别为 4%、5% 和 6%，如何计算不同利率水平下的债券价格？怎样进行利息调整？期末还款怎样进行会计处理？	
教师点评	
小组成员	
小组得分	组长签字
教师评分	教师签字

🌷 **知识育人探讨 10**   🌷 **知识链接 10**

根植纳税意识

商业折扣、现金折扣、销售折让的区别

项目 11 所有者权益

知识点导图

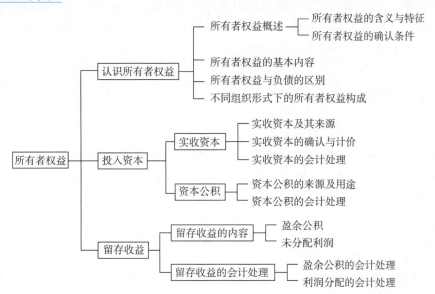

任务 1　认识所有者权益

任务布置

任务描述	某集团根据规划发展的需要，拟与甲公司联合成立合资公司，公司名称定为宏利公司。该公司为有限责任公司，需设计宏利公司的资本结构和投资方案
任务目标	请根据学习的知识，解决上述问题。要完成任务的有：理解所有者权益的概念、性质和内容等，掌握所有者权益各组成部分的内容
任务讨论	宏利公司的资本结构如何合规地构建与完善，以确保公司经营业务正常开展，投资人利益得到合理保证？请提供方案
任务实施	学时建议：1 学时
	任务分工：分组、布置任务、任务准备、查找资料
	实施方式：线上与线下相结合

知识参考

企业所有权是指企业资本归属的问题，这是一个古老而又重要的概念。所有者权益是企业所有者对企业资产的所有权，是企业资产扣除负债后，由所有者享有的剩余权益，包括实收资本、资本公积、盈余公积和未分配利润。所有者权益与负债有本质的区别，主要体现在性质、权利、偿还期限、风险和收益等方面。所有者权益主要来源于企业所有者投入的资本、企业历年实现的净利润中那部分留存收益、直接计入所有者权益中的利得或损失等。从财务管理的角度来看，企业价值不是账面资产的总价值，企业价值可以理解为企业所有者权益和债权人权益的市场价值，是企业所能创造的预计未来现金流量的现值。

一、所有者权益概述

1. 所有者权益的含义与特征

所有者权益又称股东权益，是所有者在企业资产中享有的经济利益，是企业全部资产减去全部负债后由所有者享有的剩余权益。简单而言，它代表了企业所有者（股东）对企业资产的要求权。所有者权益是企业财务管理中的一个核心概念，体现了企业的产权关系。它具有以下基本特征。

（1）剩余权益性。所有者权益是企业在清算时，分配给所有者的剩余财产，是在支付了所有负债后的剩余部分。

（2）长期性。与负债不同，所有者权益没有固定偿还期限，除非企业清算或者股东退出企业。

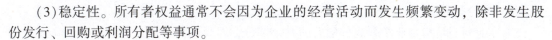

（3）稳定性。所有者权益通常不会因为企业的经营活动而发生频繁变动，除非发生股份发行、回购或利润分配等事项。

（4）收益性。所有者权益享有企业利润分配权，股东根据其所持股比获取相应的股息或分红。

2. 所有者权益的确认条件

所有者权益体现的是所有者在企业中的剩余权益，因此所有者权益的确认主要依赖于其他会计要素，特别是资产和负债的确认；所有者权益金额的确认也主要取决于资产和负债的计量。例如，企业接受投资者投入的资产，在该资产符合企业资产确认条件时，就相应地符合了所有者权益的确认条件；当该资产的价值能够可靠计量时，所有者权益的金额也就可以确定。

二、所有者权益的基本内容

《企业会计准则》规定，所有者权益的来源包括所有者投入的资本、直接计入所有者权益的利得和损失、留存收益等，通常由实收资本(或股本)、资本公积、盈余公积、未分配利润和其他综合收益构成。

所有者投入的资本是指所有者投入企业的资本部分，它既包括构成企业注册资本或者股本部分的金额，也包括投入资本超过注册资本或者股本部分的金额，即资本溢价或者股本溢价。直接计入所有者权益的利得和损失，是指不应计入当期损益、会导致所有者权益发生增减变动、与所有者投入资本或者向所有者分配利润无关的利得或损失。其中，利得是指由企业非日常活动所形成的、会导致所有者权益增加的、与所有者投入资本无关的经济利益的流入，其内容包括直接计入所有者权益的利得和直接计入当期利润的利得。损失是指由企业非日常活动所发生的、会导致所有者权益减少的、与向所有者分配利润无关的经济利益的流出，其内容包括直接计入所有者权益的损失和直接计入当期利润的损失。直接计入所有者权益的利得和损失主要包括可供出售金融资产的公允价值变动额等。

（1）实收资本(或股本)。

实收资本是指企业按照章程规定或合同、协议约定，接受投资者投入企业的资本。实收资本的构成比例(即投资者的出资比例或股东的股份比例)是确定所有者在企业所有者权益中份额的基础，也是企业进行利润或股利分配的主要依据。

（2）资本公积。

资本公积是指企业收到投资者出资额超出其在注册资本(或股本)中所占份额的部分，以及其他资本公积等。资本公积包括资本溢价(或股本溢价)和其他资本公积等。资本公积可以依法转增资本(不包括其他资本公积)，但不可以作为投资利润或股利分配，因此资本公积不会影响企业的损益。

（3）盈余公积。

盈余公积是指企业依据国家有关规定从税后净利润中提取的各种积累，包括法定盈余公积和任意盈余公积。法定盈余公积或任意盈余公积主要用于企业弥补以后年度亏损或按规定转增资本金，或用于发放股利和利润。

（4）未分配利润。

未分配利润是指企业净利润分配后的剩余部分，即尚未指定用途，留于以后年度分配或待分配的净利润。未分配利润包括以前年度积累和当年待分配的净利润。未分配利润是企业实现的净利润经过弥补亏损、提取盈余公积和向投资者分配利润后留存在企业的、历年结存的利润。

年度终了，企业应将全年实现的净利润，自"本年利润"账户转入"利润分配——未分配利润"账户，并将"利润分配"账户下的其他有关明细账户的余额转入"未分配利润"明细账户。结转后，"未分配利润"明细账户的贷方余额，就是累积未分配的利润金额；如出现借方余额，则表示累积未弥补的亏损金额。

（5）其他综合收益。

其他综合收益，是指企业根据其他会计准则规定未在当期损益中确认的各项利得和损失。企业在计算利润表中的其他综合收益时，应当扣除所得税影响；在计算合并利润表中的其他综合收益时，除了扣除所得税影响以外，还需要分别计算归属于母公司所有者的其他综合收益和归属于少数股东的其他综合收益。

三、所有者权益与负债的区别

企业的资产主要来源于负债和所有者权益两部分，二者统称为权益，所有者权益与负债的主要区别如下。

（1）对象不同。负债是企业对债权人承担的偿付责任；而所有者权益是企业对投资者承担的经济责任。

（2）性质不同。负债是企业因过去的交易或事项而形成的，预期会导致经济利益流出企业的现时义务；而所有者权益是资产减去负债后的余额，是企业的净资产。

（3）偿还期限不同。负债通常有明确的偿还期限，在此期限内企业应按约定条款偿还本金和利息；而所有者权益没有固定偿还期限，除非企业面临清算或股东决定退出。

（4）风险不同。负债的债权人只享有固定的利息和本金到期偿还的回报，不参与企业的生产经营；而企业所有者（股东）需承担企业的生产经营风险，但是也同时享有相应的剩余资产的要求权，即剩余权益。

四、不同组织形式下的所有者权益构成

1. 独资企业

独资企业是指个人出资经营、归个人所有和控制、由个人承担经营风险和享有全部经营收益的企业。《中华人民共和国个人独资企业法》第二条规定，独资企业的财产为投资人个人所有。独资企业的所有者权益主要由个体业主的投资所构成，另外还包括将企业净利润留存一部分进行再投资，这部分构成个体业主的追加投资。个人独资企业的投资人以其个人财产对企业债务承担无限责任，但其股东权益属于企业经营者个人所有，与企业资产分开计算。股东权益包括资本金、利润分配和企业产生的其他价值，如股权增资、知识产权等。

2. 合伙企业

合伙企业是指由各合伙人订立合伙协议，共同出资，共同经营，共享收益，共担风险，并对企业债务承担无限连带责任的营利性组织。合伙企业包括普通合伙企业和有限合伙企业两种类型。《中华人民共和国合伙企业法》规定，合伙人可以用货币、实物、知识产权、土地使用权或者其他财产权利出资，也可以用劳务出资。合伙企业所有者权益包括各合伙人的投资额、追加投资额及减少投资额。合伙人参加净收益分配提款或视为合伙人工资的提款，最终体现为合伙人资本的减少。合伙人退伙时，其他合伙人应当按照退伙时合伙企业的财产状况与该合伙人结算，退还退伙人的财产。退伙人对给合伙企业造成的损失承担责任的，赔偿额相应减少退还的财产。

3. 有限责任公司与股份公司

我国相关法律规定，公司有有限责任公司和股份有限公司两种形式。有限责任公司是指由 50 个以下的股东出资设立，每个股东以其所认缴的出资额为限对公司承担有限责任，公司以其全部资产对公司债务承担全部责任的经济组织。股份有限公司是指公司资本为股份所组成的公司，股东以其认购的股份为限对公司承担责任。《中华人民共和国公司法》（以下简称《公司法》）规定，股份有限公司应当有 1 人以上 200 人以下为发起人。有限责任公司和股份有限公司所有者权益（股东权益）按形成来源不同，可分为投入资本和留存收益两部分。投入资本是企业所有者投入的资本金，包括实收资本（股本）和资本公积两部分；留存收益是企业经营所获取的净利润的留存部分，包括盈余公积和未分配利润。

 任务作答清单

（1）所有者权益与负债的区别	
（2）所有者权益的特征	
（3）所有者权益的构成部分有哪些？在企业成立阶段，投资人如何设计投资结构，确保企业经营得到有效运转？	

教师点评			
小组成员			
小组得分		组长签字	
教师评分		教师签字	

任务 2　投入资本

任务布置

任务描述	宏利有限责任公司股东大会批准：按股东原出资比例将资本公积 2 000 万元转增资本；本年实现净利润 200 万元，经股东会批准，分别按净利润的 10%、5% 提取法定盈余公积、任意盈余公积，按净利润的 20% 以现金方式向投资者分配利润。宏利公司根据上述经济业务，应如何进行账务处理？
任务目标	请根据学习的知识，解决上述问题。要完成的任务有：理解实收资本和资本公积的含义、二者关系、计算方法和会计业务处理
任务讨论	宏利公司的资本结构如何合规地构建与完善，以确保公司经营业务正常开展，投资人利益得到合理保证？请提供方案
任务实施	学时建议：1 学时
	任务分工：分组、布置任务、任务准备、查找资料
	实施方式：线上与线下相结合

知识参考

投入资本是指企业投资者在注册资本范围内实际投入企业的资本，由实收资本（或股本）和资本公积两部分构成。股份公司的投入额即股本，表现为实际发行股票的面值。其他企业的投入额即实收资本，表现为投入企业的实际资本额。企业实收资本或股本的溢价即资本公积。注册资本是企业设立时注册登记的资本总额，是企业各方投入资本的总和。企业在注册登记时，注册资本可能不等于投入资本，但最终必须等于投入资本。

一、实收资本

（一）实收资本及其来源

实收资本是指投资者作为资本投入企业的各种财产，它反映了所有者对企业的基本产权关系，并且是企业注册登记的法定资本总额的来源。实收资本的构成比例是企业向投资者进行利润或股利分配的主要依据。

实收资本按投资主体可分为以下几类。

（1）国家资本，是指有权代表国家投资的政府部门或机构以国有资产投入企业形成的资本。不论企业的资本是哪个政府部门或机构投入的，只要是以国家资本进行投资的，均作为国家资本。

（2）集体资本，是指由本企业劳动群众集体所有和集体企业联合经济组织范围内的劳动群众集体所有的资产投入形成的资本金。

（3）法人资本，是指其他法人单位投入本企业的资本。

（4）个人资本，是指社会个人或者本企业内部职工以个人合法财产投入企业形成的资本。

（5）港澳台资本，是指香港、澳门特别行政区和台湾的投资者投入企业的资本。

（6）外商资本，是指外国投资者投入企业的资本。

实收资本按照投资形式可划分为货币资金和非货币资产，其中非货币资产主要由实物和无形资产构成。

（二）实收资本的确认与计价

实收资本由企业所有者投入的资产形成，按照企业章程、合同、协议或有关规定，企业根据实际收到的货币、实物及无形资产来确认投入资本。投资者出资方式不同，计价方法也有所不同。

1. 以货币作为投入资本

投资者以货币方式进行投资，包括人民币出资和外币出资两种方式。我国企业投资通常以人民币进行投资，企业在实际收到款项时，根据收款凭证统计投入资本入账。中外合资企业在收到外方投资者的外汇投资款时，需要按当日汇率将外汇折算为记账本位币入账。

2. 以实物资产作为投入资本

投资者以房屋建筑物、机器设备、材料物资等实物资产进行出资，应按公允性原则进行计价，即按照评估值或双方共同确认的价值入账。

3. 以无形资产作为投入资本

投资者以专利权、专有技术、商标权、土地使用权等无形资产出资的，同样按公允性原则计价，按照投资者各方共同确认的价值入账；如果是外购的无形资产，则按实际支付的价款入账。

（三）实收资本的会计处理

1. 有限责任公司的实收资本

有限责任公司是指是由股东投资组成，股东以其出资额为限，对公司承担责任，公司以其全部资产对公司债务承担责任的法人。有限责任公司设置"实收资本"账户，核算各投资者按照合同、协议或公司章程实际投入的资本。"实收资本"账户属于所有者权益类账户，贷方反映企业所有者投入的各项资产的价值，借方反映按法定程序减少的注册资本的数额，期末贷方余额反映企业所有者实际投入的资本。"实收资本"按投资人设置明细账户，进行明细分类核算。有限责任公司成立时，按照收到投资者投入货币资金、实物或无形资产等资产形式，借记"银行存款""固定资产""原材料""无形资产"等账户，贷记"实收资本"账户；当有限责任公司按法定程序减少注册资本时，借记"实收资本"账户，贷记"库存现金""银行存款"等账户。

【例 11-1】甲、乙、丙三方共同投资于 2023 年 1 月 1 日成立宏大有限责任公司，甲方投资 30 万元现款，乙方以不需安装的设备投资，评估价值为 10 万元，丙方将评估价值为 20 万元的一项技术专利权作价投资。该公司在收到投资者投入的资产时，相关账务处理如下。

(1) 收到货币投资时。

借：银行存款　　　　　　　　　　　　　　　　　　300 000
　　贷：实收资本——甲方　　　　　　　　　　　　　　　　　300 000

(2) 收到实物投资时。

借：固定资产　　　　　　　　　　　　　　　　　　100 000
　　贷：实收资本——乙方　　　　　　　　　　　　　　　　　100 000

(3) 收到无形资产投资时。

借：无形资产　　　　　　　　　　　　　　　　　　200 000
　　贷：实收资本——丙方　　　　　　　　　　　　　　　　　200 000

【例 11-2】甲方决定从公司撤资，按程序完成撤资手续后，宏大有限责任公司转给甲方 30 万元原始投资款。减少实收资本时，相关账务处理如下。

借：实收资本——甲方　　　　　　　　　　　　　　　300 000
　　贷：银行存款　　　　　　　　　　　　　　　　　　　　300 000

2. 股份有限公司的实收资本

股份公司是指公司资本是通过各大股东出资作为股份的公司，由于所有股份公司均须是负担有限责任的有限公司，所以一般合称"股份有限公司"。股份有限公司设立包括发起和募集两种方式。发起设立是指公司的全部股份或首期发行的股份由发起人共同出资认购全部股份，而不向发起人之外的他人募集股份的一种公司设立方式。在发起人认购的股份缴足前，不得向社会公众公开募集股份。募集设立是指发起人认购公司首期发行的部分股份，其余部分通过向社会公开募集而组建股份公司的方式。采取募集方式，通常发起人认购的股份不低于公司股份总数的 35%，剩余股份可向社会公开募集。

(1) 股票的分类。

股份公司通过股票向投资者发行股份。股票是指股份公司为筹集资金而发行给各个股东作为持股凭证并借以取得股息和红利的一种有价证券，可以转让、买卖。股票代表着股东对公司拥有的所有权，按股东权利不同，股票可分为普通股和优先股。

普通股是指在公司的经营管理和盈利及财产的分配上享有普通权利的股份，代表满足所有债权偿付要求及优先股东的收益权与求偿权要求后对企业盈利和剩余财产的索取权，它构成公司的基础，是股票的一种基本形式。持有普通股的股东享有以下基本权利。

①参与公司决策权。股东有权参与股东大会，并有建议权、表决权和选举权。

②享有利润分配权。股东有权从公司利润分配中得到股息。股息根据公司盈利状况及分配政策确定，因而并不是固定的。

③享有优先认股权。如果公司增发普通股股票，持股股东有权根据其持有股比，以低于市价的价格优先购买相应比例的股票。

④享有剩余资产分配权。当公司破产或清算时，若公司资产偿债后仍有剩余，此部分资产按先优先股股东、后普通股股东的顺序进行分配。

优先股是指将以往营业年度内未支付的股息累积起来，由以后营业年度的盈利一起支付的优先股股票。优先股具有固定的股息，公司须在派发普通股股息之前派发。优先股的优先权包括以下内容

①优先分配利润权。公司在分配利润时，可先于普通股且以约定的比率进行分配。

②优先分配剩余资产。当公司破产或清算时，优先股股东可优先分取剩余资产。

③不享有公司经营参与权。优先股股东无权过问公司的经营管理，但在涉及优先股股票所保障的股东权益时，优先股股东可发表意见并享有相应的表决权。

④优先股股票可由公司赎回。

（2）股票发行价格。

股票发行价格是指股份公司将股票出售给投资人时的价格。当股份公司发行股票时，应根据实际情况，确定股票发行价格。股票发行价格有以下两种。

①按面值发行，即按股票的票面金额作为发行价格，称为等价发行。

②按时价发行，即按股票的市场价格作为发行价格，一般市场价格高于票面金额，二者的差价称为溢价。

不允许以低于股票票面的价格发行，即不得进行折价发行。

（3）股票发行的会计处理。

股本是股份有限公司用发行股票方式组成的资本。股份有限公司设置"股本"账户核算股东对公司投入的资本，以及其增减变动情况，属于所有者权益账户，期末余额在贷方，反映股份有限公司的股本总额。企业可按投资单位或个人设置明细账户进行分类核算。股份有限公司发行股票收到现款时，借记"银行存款"等账户，按每股股票面值和发行股份总额的乘积计算的金额，贷记"股本"账户，实际收到的金额与该股本之间的差额贷记"资本公积——股本溢价"账户。发行股票产生的手续费冲减"资本公积——股本溢价"账户，溢价不足抵扣时，冲减盈余公积和未分配利润。

【例11-3】甲股份有限公司发行普通股 10 000 000 股，每股面值 1 元，按平价发行，已经收到全部股款。发行费用共计 300 000 元。甲公司发行股票，相关账务处理如下。

（1）发生股票手续费时。

借：资本公积——股本溢价 300 000
　　贷：银行存款 300 000

（2）发行股票、收到发行款时。

借：银行存款 10 000 000
　　贷：股本 10 000 000

【例11-4】甲股份有限公司发行普通股 10 000 000 股，每股面值 1 元，每股发行价格 3 元。假定股票发行成功，股款 30 000 000 元已全部收到，发行手续费为 900 000 元。甲公司发行股票，相关账务处理如下。

（1）发生股票手续费时。

借：资本公积——股本溢价 900 000
　　贷：银行存款 900 000

（2）发行股票、收到发行款时。

借：银行存款 30 000 000
　　贷：股本 10 000 000
　　贷：资本公积——股本溢价 20 000 000

二、资本公积

（一）资本公积的来源及用途

资本公积是企业收到的投资者投资额中超出其注册资本（或股本）所占份额的部分，以及从其他特定来源取得、由投资人共同享有的其他资本公积。资本公积与实收资本虽然同属于投入资本范畴，但二者有明显区别。实收资本是投资者为实现价值增值而实际投入的原始资本；而资本公积是企业运营过程中发生的与企业经营成果无关但与资本相关的款项，并归属企业投资者共同享有，资本公积无法直接以资本形式出现，但其本质仍属于投入资本范畴。

资本公积主要源于资本溢价或股本溢价。有限责任公司投资者的投资额超过其注册资本所占份额的部分，即为资本溢价；股份有限公司在发行股票时，如果所收到的款项超过股票面值，其差额部分即为股本溢价。具体来说，资本公积包括可直接转增资本的资本公积，如资本（或股本）溢价、现金资产捐赠、拨款转入、外币资本折算差额等；不可直接转增资本的资本公积，如非现金资产捐赠和股权投资准备等。

《公司法》规定，资本公积可用于转增资本，即企业在办理增资手续后，资本公积可以按照投资者投资比例增加投资者的实收资本（或股本），但是增资后留存的资本公积不能少于转增前企业注册资本的25%。

（二）资本公积的会计处理

企业通过设置"资本公积"账户反映资本公积的产生与使用情况，并下设"资本溢价"（"股本溢价"）、"其他资本公积"明细账户，进行明细分类核算。该账户属于所有者权益类账户，贷方反映因各种原因增加的资本公积，借方反映因转增资本等原因减少的资本公积，期末贷方余额反映资本公积的实际数额。

1. 资本溢价（或股本溢价）的会计处理

资本溢价按投资者超额缴入资本的数额，即投资者实际缴入的款额超过其在企业注册资本中所占份额的数额确认与计量。有限责任公司收到新股东的投资款时，按实际收到的现金资产或非现金资产，借记"银行存款"等账户，贷记"实收资本"账户，二者差额（即股东出资额超出其在注册资本中所按股比的那部分）计入"资本公积——资本溢价"账户的贷方。

股份有限公司溢价发行股票，收到认股款项时，按实际收到的款项，借记"银行存款"等账户；按照根据股票面值和核定的股份数量总额计算的金额，贷记"股本"账户；二者的差额在扣除发行费用后的余额，贷记"资本公积——股本溢价"账户。

【例11-5】宏达有限责任公司注册资本为60万元，由甲、乙两方各出资30万元设立，经过两年经营后，决定扩大规模，进行引资，按投资协议，新增投资者丙方需缴纳40万元现金，才能享有公司1/3的股份。公司现已收到该笔投资款，假定不考虑其他因素，相关账务处理如下。

```
借：银行存款                                      400 000
    贷：实收资本                                  300 000
        资本公积——资本溢价                        100 000
```

2. 资本溢价转增资本的会计处理

经股东大会或股东会决议变更资本后，按转增额，借记"资本公积——资本溢价(或股本溢价)"账户，贷记"实收资本"(或"股本")账户。

【例 11-6】承上例，宏达公司经批准，按 10∶1 的转增比例，将资本公积 9 万元转增资本。相关账务处理如下。

借：资本公积——资本溢价　　　　　　　　　　　　　　　90 000
　　贷：实收资本——甲方(300 000×10%)　　　　　　　　　30 000
　　　　　　　　　——乙方(300 000×10%)　　　　　　　　30 000
　　　　　　　　　——丙方(300 000×10%)　　　　　　　　30 000

3. 其他资本公积的会计处理

其他资本公积是指除资本溢价(或股本溢价)以外所形成的资本公积。常见的情况为长期股权投资形成的其他资本公积和权益法下的长期股权投资被投资方发生的以权益结算的所有者权益的其他变动等。一般会计分录如下，或者做相反会计分录。

借：长期股权投资
　　贷：资本公积——其他资本公积

如果以后将该长期股权投资处置了，那么计入资本公积的部分应该转入损益中，即计入投资收益中。一般会计分录如下，或者做相反会计分录。

借：资本公积——其他资本公积
　　贷：投资收益

【例 11-7】宏达公司于 2023 年 1 月 1 日向甲公司投资 800 万元，拥有该公司 20% 的股份，并对该公司有重大影响，因而对甲公司长期股权投资采用权益法核算。2023 年 12 月 31 日，甲公司除净损益、其他综合收益、利润分配之外的所有者权益增加了 100 万元。假定除此以外，甲公司的所有者权益没有变化，宏达公司的持股比例没有变化，甲公司资产的账面价值与公允价值一致，不考虑其他因素。相关账务处理如下。

借：长期股权投资——甲公司——其他权益变动　　　　　20
　　贷：资本公积——其他资本公积　　　　　　　　　　　20

📖 **任务作答清单**

(1)在任务描述中，宏利公司经股东大会批准，将资本公积 2 000 万元转增股本。不考虑其他因素，该公司应该如何进行账务处理？	
(2)在任务描述中，宏利公司本年实现净利润 500 万元，分别按净利润的 10% 和 5% 提取法定盈余公积和任意盈余公积。不考虑其他因素，该公司应该如何进行账务处理？	

续表

（3）在任务描述中，宏利公司经股东大会批准宣告，按净利润的20%向股东发放现金股利。不考虑其他因素，该公司应该如何进行账务处理？	
（4）通过完成上述任务，辨析实收资本和资本公积的区别	

教师点评			
小组成员			
小组得分		组长签字	
教师评分		教师签字	

任务3 留存收益

任务布置

任务描述	宏利公司年初未分配利润为2 000万元，盈余公积为200万元；本年实现净利润800万元，分别提取法定盈余公积80万元、任意盈余公积40万元，经股东大会批准，当年宣告发放现金股利50元。不考虑其他因素，以上业务应该如何进行账务处理？
任务目标	熟悉留存收益的含义，掌握留存收益的内容、核算过程、记账方法
任务讨论	请根据任务描述，通过查阅资料，思考并讨论下列问题： （1）留存收益的构成； （2）企业提取盈余公积的用途； （3）向投资者分配利润的会计处理
任务实施	学时建议：课上1学时、课下1学时
	任务分工：分组、布置任务、任务准备、查找资料
	实施方式：线上与线下相结合

知识参考

一、留存收益的内容

留存收益是指企业从历年实现的利润中提取或形成的留存于企业的内部积累，它来源

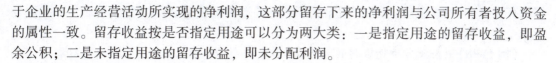

于企业的生产经营活动所实现的净利润，这部分留存下来的净利润与公司所有者投入资金的属性一致。留存收益按是否指定用途可以分为两大类：一是指定用途的留存收益，即盈余公积；二是未指定用途的留存收益，即未分配利润。

(一)盈余公积

盈余公积是指企业按照有关规定从净利润中提取的积累资金。公司制企业的盈余公积包括法定盈余公积和任意盈余公积。法定盈余公积是指企业按照规定的比例从净利润中提取的盈余公积。《公司法》规定，公司分配当年税后利润时，应当提取税后利润的10%列入公司法定公积金，提取的法定公积金累计额为公司注册资本的50%以上的，可以不再提取。任意盈余公积是指企业从税后利润中提取法定公积金后，经股东会或者股东大会决议，还可以从税后利润中提取的盈余公积，它的提取比例和用途不受公司法限制，而由公司章程规定或股东大会决定。

提取后的盈余公积主要用于以下用途。

(1)弥补亏损。企业发生年度经营亏损，可以用其后五年内实现的税前利润弥补，但第六年开始只能用税后利润弥补，若仍无法补足亏损额，则可以用企业亏损前提取的盈余公积来弥补。

(2)转增资本。企业将盈余公积转增资本时，必须经股东大会决议批准方可。在盈余公积转增资本时，按股东原有持股比例结转，转增后留存的盈余公积的数额不得少于注册资本的25%。

(3)分配股利。在企业没有利润的情况下，不可以分配股利。如果分配股利，必须符合3个条件：弥补亏损后，该项公积金仍有结余；分配股利时，股利率不得超过股票面值的6%；分配股利后，盈余公积金不得低于注册资本的25%。企业提取的盈余公积在完成公司批准程序后方可用于弥补亏损、转增资本或发放现金股利或利润等。

(二)未分配利润

未分配利润是指企业实现的净利润经过弥补亏损、提取盈余公积和向投资者分配利润后留存在企业的历年结存的利润。未分配利润有两层含义：一是留待以后年度处理的利润；二是未指定特定用途的利润。

二、留存收益的会计处理

(一)盈余公积的会计处理

盈余公积是指企业按照有关规定从净利润中提取的积累资金。公司制企业的盈余公积包括法定盈余公积和任意盈余公积。企业提取的盈余公积经批准可用于弥补亏损、转增资本或发放现金股利或利润等。

企业通过设置"盈余公积"账户反映盈余公积的产生与使用情况，并下设"法定盈余公积"和"任意盈余公积"明细账户，分别在相关账户中进行明细分类核算。该账户属于所有者权益类账户，贷方反映盈余公积提取数(增加数)，借方反映盈余公积的使用数(减少数)，期末贷方余额反映盈余公积的累积结存数。

1. 盈余公积增加

企业按规定提取盈余公积，应借记"利润分配——提取法定盈余公积""利润分配——

提取任意盈余公积"账户，贷记"盈余公积——提取法定盈余公积""盈余公积——提取任意盈余公积"账户。

【例11-8】甲企业当年税后利润为 5 000 000 元，分别按 10%、5% 的比例提取法定盈余公积和任意盈余公积。相关账务处理如下。

借：利润分配——提取法定盈余公积　　　　　　　　　　　500 000
　　　　　　　——提取任意盈余公积　　　　　　　　　　250 000
　　贷：盈余公积——提取法定盈余公积　　　　　　　　　　500 000
　　　　　　　　——提取任意盈余公积　　　　　　　　　　250 000

2. 盈余公积减少

（1）盈余公积转增资本（盈余公积派送新股）。

企业根据股东大会（或股东会）决议，用盈余公积转增资本时，借记"盈余公积"账户，贷记"实收资本"（或"股本"）账户。

【例11-9】因扩大经营规模需要，经股东大会批准，甲股份有限公司将盈余公积 40 万元转增股本。假定不考虑其他因素，相关账务处理如下。

借：盈余公积　　　　　　　　　　　　　　　　　　　　　400 000
　　贷：股本　　　　　　　　　　　　　　　　　　　　　　400 000

（2）盈余公积补亏。

企业如果发生年度亏损，可以使用以前年度累积的盈余公积弥补当期亏损。当企业用盈余公积弥补亏损时，借记"盈余公积"账户，贷记"利润分配——盈余公积补亏"账户。

【例11-10】经股东大会批准，甲股份有限公司用以前年度提取的盈余公积弥补当年亏损，当年弥补亏损的数额为 30 万元。假定不考虑其他因素，相关账务处理如下。

借：盈余公积　　　　　　　　　　　　　　　　　　　　　300 000
　　贷：利润分配——盈余公积补亏　　　　　　　　　　　　300 000

（3）盈余公积发放股利。

【例11-11】甲股份有限公司 2021 年 12 月 31 日普通股为 1 000 万股，可供投资者分配的利润为 200 万元，盈余公积为 1 500 万元。2023 年 3 月 20 日，股东大会批准了 2021 年年度利润分配方案，按每 10 股发放 3 元现金股利。甲股份有限公司共需要分派 300 万元现金股利，其中动用可供投资者分配的利润 200 万元、盈余公积 100 万元。相关账务处理如下。

①动用可供投资者分配的利润发放股利。

借：利润分配——应付现金股利或利润　　　　　　　　　2 000 000
　　贷：应付股利　　　　　　　　　　　　　　　　　　　2 000 000

②以盈余公积发放股利。

借：盈余公积　　　　　　　　　　　　　　　　　　　　1 000 000
　　贷：应付股利　　　　　　　　　　　　　　　　　　　1 000 000

③支付股利。

借：应付股利　　　　　　　　　　　　　　　　　　　　3 000 000
　　贷：银行存款　　　　　　　　　　　　　　　　　　　3 000 000

（二）利润分配的会计处理

企业在"利润分配"账户下，设置"提取法定盈余公积""提取任意盈余公积""应付现金股利或利润""盈余公积补亏""未分配利润"等明细账户。

利润分配中除"未分配利润"明细账户以外的其他明细账户年末无余额。

年度终了，企业应将全年实现的净利润或发生的净亏损，自"本年利润"账户转入"利润分配——未分配利润"账户，并将"利润分配"账户下的其他有关明细账户的余额，转入"未分配利润"明细账户。结转后，"未分配利润"明细账户如为贷方余额，表示累积未分配的利润数额；如为借方余额，则表示累积未弥补的亏损数额。具体程序如下：

（1）结转净利润；

（2）提取法定盈余公积；

（3）提取任意盈余公积；

（4）按照股东大会的决议，向投资者分配利润；

（5）将利润分配各明细账户"提取法定盈余公积""提取任意盈余公积""应付现金股利"余额转入"利润分配——未分配利润"账户。

1. 利润分配的顺序

企业根据已经形成的利润，计算可供分配的利润，公式如下：

可供分配的利润=当年实现的净利润（或净亏损）+年初未分配利润（或−年初未弥补亏损）+其他转入（即盈余公积补亏转入）

2. 提取盈余公积

（1）法定盈余公积。

公司制企业按照净利润（减弥补以前年度亏损）的 10% 提取法定盈余公积。法定盈余公积累计额已达注册资本的 50% 时可以不再提取。此处需注意盈余公积提取的基数。

如果以前年度未分配利润有盈余（即年初未分配利润余额为正数），在计算提取法定盈余公积的基数时，不应包括企业年初未分配利润。

如果以前年度有未弥补的亏损（即年初未分配利润余额为负数），应先弥补以前年度亏损，再提取盈余公积。

（2）提取任意盈余公积与提取法定盈余公积的方法相同。

3. 向投资者分配利润

【例 11–12】甲股份有限公司年初未分配利润为 500 万元，本年实现净利润 700 万元，提取法定盈余公积 70 万元，宣告发放现金股利 80 万元。

（1）转实现净利润。

借：本年利润　　　　　　　　　　　　　　　　　　　　　　7 000 000
　　贷：利润分配——未分配利润　　　　　　　　　　　　　　　　7 000 000

如发生亏损，做相反会计处理。

（2）提取法定盈余公积、宣告发放现金股利。

借：利润分配——提取法定盈余公积　　　　　　　　　　　　700 000
　　贷：盈余公积——法定盈余公积　　　　　　　　　　　　　　700 000

借：利润分配——应付现金股利或利润　　　　　　　　　　　800 000
　　贷：应付股利　　　　　　　　　　　　　　　　　　　　　　800 000

（3）盈余公积弥补亏损。

借：盈余公积
　　贷：利润分配——盈余公积补亏

（4）将利润分配账户所属其他明细账户的余额结转至"未分配利润"明细账户。

借：利润分配——未分配利润　　　　　　　　　　　　　　1 500 000
　　贷：利润分配——提取法定盈余公积　　　　　　　　　　700 000
　　　　　　　　——应付现金股利或利润　　　　　　　　　800 000

4. 未分配利润的计算

【例 11-13】接上例，计算甲股份有限公司期末未分配利润。

期末未分配利润＝期初未分配利润＋净利润−提取盈余公积−分配现金股利

＝500+700−70−80

＝1 050（万元）

根据计算结果，甲股份有限公司的期末未分配利润为 1 050 万元。

📖 任务作答清单

（1）在任务描述中，宏利公司提取法定盈余公积 50 万元、任意盈余公积 25 万元，应该如何进行账务处理？	
（2）在任务描述中，宏利公司用以前年度提取的盈余公积弥补当年亏损，当年弥补亏损的数额为 30 万元，应该如何进行账务处理？	
（3）在任务描述中，宏利公司向投资者宣告发放现金股利 40 万元，应该如何进行账务处理？	
（4）在任务描述中，宏利公司年末留存收益为多少万元？	
（5）留存收益是指留存在企业里的部分资金，占资产的比例多少合理？	
教师点评	
小组成员	
小组得分	组长签字
教师评分	教师签字

🌷 知识链接 11-1

注册资本与实收资本的联系与区别

🌷 知识链接 11-2

所有者权益与利润的关系

项目 12 费用与成本

学习目标

> **知识目标**

了解费用与成本的含义、特点；明确费用与成本的关系；熟悉生产成本、制造费用、期间费用的界定；掌握制造费用的分配方法和期末结转；掌握生产成本会计核算与账务处理方法；掌握期间费用的账务处理方法。

> **素质目标**

从费用与成本控制入手，帮助学生树立正确的消费和支出观念，提醒学生认清不当消费的危害。合理节约与适度消费是一种美德，更是一种睿智。

> **技能目标**

认知费用与成本关系，能够熟练进行生产成本、制造费用、期间费用的核算与会计账务处理，具备制造费用分配和期末结转的业务能力。

知识点导图

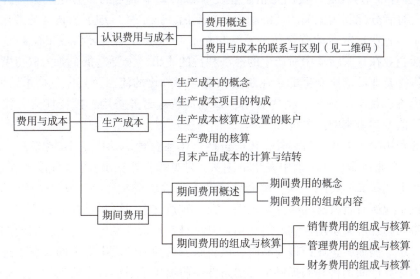

任务 1　认识费用与成本

任务布置

任务描述	宏利公司有如下业务：2023 年 8 月 2 日，购买价值 30 万元的原材料，购买煤炭等发生的支出 1 万元，支付当月水电费 2 万元，计提设备折旧 3 万元。以上是否列为费用？生产甲类产品支付生产工人的工资 5 万元，是否列为成本？费用与成本有怎样的关系？
任务目标	请根据学习的知识解决上述问题。要完成的任务有：理解费用的概念，掌握费用的分类、确认标准、核算方法，明确费用在企业经济运行中的作用
任务讨论	宏利公司通过何种途径降低费用？请提供方案
任务实施	学时建议：课上 1 学时、课下 1 学时
	任务分工：分组、布置任务、任务准备、查找资料
	实施方式：线上与线下相结合

知识参考

一、费用概述

1. 费用的概念与特征

（1）费用的概念。

《企业会计准则》规定，费用是指企业在日常活动中发生的、会导致所有者权益减少的、与向所有者分配利润无关的经济利益的总流出。该定义可理解为狭义的费用，这部分费用的发生与企业日常活动有密切关系，与企业一定会计期间经营成果的确定有直接关系，仅包括企业在日常活动中所产生的经济利益的流出，主要是指企业为取得营业收入进行产品销售等营业活动所发生的企业现金和现金等价物的流出，具体包括主营业务成本、其他业务成本、税金及附加、销售费用、管理费用、财务费用、投资损失、资产减值损失、公允价值变动带来的损失等。

广义的费用除了上述项目之外，还应包括企业在管理活动中发生的损失。《企业会计准则》规定，企业在非日常活动中发生的损失（例如营业外支出）可以直接计入当期利润，这种损失和上述狭义的费用一样，都会导致经济利益从企业流出，减少企业当期的利润，并最终导致企业所有者权益的减少。因而，在一定意义上也可将其视为具有费用性质的一种要素，将其归入广义费用。狭义的费用强调在日常活动中发生，与企业实现的收入之间存在配比关系。例如，企业销售商品时，销售收入与商品的成本等之间形成了鲜明的对比关系，并为计算产品销售利润提供了必要条件；而损失不强调日常活动发生，是偶然发生的现象，与利得相对应，但损失和利得之间不存在配比关系。本项目所提到的费用是狭义费用。

要注意的是，企业在生产经营过程中发生的资产的减少并不都会引起企业所有者权益的减少。例如，企业以银行存款偿付一项债务本金，只是一项资产和一项负债的等额减少，不会对企业的所有者权益产生影响，因此不应确认为企业的费用。

(2)费用的特征。

按照《企业会计准则》对费用的定义，费用应具有以下三种基本特征。

①费用是企业在日常活动中形成的。费用是企业在其日常活动中所形成的，日常活动是确认费用的重要判断标准，将费用界定为日常活动而形成，就将其与企业非日常活动所形成的经济利益的流出区分开来。例如，商业企业销售商品、工业企业制造并销售产品、安装公司提供安装业务等，这些业务经常在企业的日常活动中发生。日常活动所产生的费用通常包括营业成本(主营业务成本等)和期间费用(销售费用、管理费用、财务费用)等。非日常活动所形成的经济利益的流出不能确认为费用，而应当计入损失。例如，企业因违反税法规定上交的滞纳金罚款或因自然灾害等造成的材料损失等，这些业务不是企业在日常活动中发生的，就不作为费用处理，而应确认为企业的损失，即列为即营业外支出项目。

②费用会导致所有者权益的减少。

与费用相关的经济利益的流出应当会导致所有者权益的减少，不会导致所有者权益减少的经济利益的流出不符合费用的定义，不应确认为费用。费用的发生是对企业收入的一种抵减，最终减少企业的利润，而利润又是所有者权益的一部分，因此费用的增加会减少企业的所有者权益。

③费用是与向所有者分配利润无关的经济利益的流出。

费用的发生应当会导致经济利益的流出，从而导致资产的减少或者负债的增加，表现形式包括现金或者现金等价物的流出，存货、固定资产和无形资产等的流出或者消耗等。企业向所有者分配利润也会导致经济利益的流出，但该经济利益的流出属于企业的投资人向企业投资后获得的回报和分配，能够导致所有者权益的抵减，但是不能归属于费用。

2. 费用的确认条件

费用的确认除了应当符合定义外，还应至少符合以下三个条件。

(1)与费用相关的经济利益应当很可能流出企业。

费用会导致经济利益流出企业，如果有确凿证据表明，有关的经济利益很可能流出企业，就应当将其作为费用予以确认；反之，就不符合费用的确认条件，不应当确认为费用。

(2)经济利益流出企业会导致资产的减少或者负债的增加。

费用的增加是对企业资产的消耗，会引起企业资产的减少。例如，企业用银行存款支付应由企业负担的运输费、装卸费、广告费等销售费用，或者用库存现金支付办公费等，表明了经济利益流出，即企业资产的直接减少；经济利益的流出会导致费用和负债的同时发生。例如，企业在一定会计期末计算确定短期借款利息时，如果实际没有付款，在借贷记账法下，借方计入当期的财务费用，表明费用的增加，贷方计入当期负债，表明负债的增加，因此费用和负债同时增加。

(3)经济利益的流出额能够可靠计量。

与费用有关的经济利益流出金额，应能够可靠计量，也是费用确认的必要条件。可根据合同或者法律规定的金额予以确定。

3. 费用的分类

费用可按其与企业日常活动的关系及经济内容等不同标准分类。

（1）按经济内容分类。

按经济内容进行分类，有如下项目。

①外购材料：指企业为进行生产经营管理而耗用的从外部购入材料物资所发生的费用，包括购买的原料及主要材料、辅助材料、半成品、包装物、修理用备件和低值易耗品等发生的支出。

②外购燃料：指企业为进行生产经营活动而耗用的从外部购入的燃料所发生的费用，包括各种固体燃料、液体燃料和气体燃料，如购买煤炭、油料等发生的支出。外购燃料和外购材料从内容而言可以归为一类，如果燃料在产品成本中所占的比重较大，则单独进行归类核算。

③外购动力：指企业为进行生产经营管理而耗用的从外部购入动力所发生的费用，例如购入热力、电力、蒸汽等各种支出。

④薪酬费用：指企业按照一定的标准支付给职工的应计入成本和费用的薪酬费用，为获得职工提供的服务而给予的各种形式的报酬以及其他相关支出，包括职工的工资和奖金等，以及根据工资总额按一定比例计提的社会保险费等支出。

⑤折旧费用：指企业按照选用的折旧方法和确定的折旧率计算提取并计入成本和费用的固定资产折旧额。

⑥利息费用：指企业应计入成本费用的利息支出减去利息收入后的净额，包括短期借款利息费用、发行企业债券应付利息费用，以及利用借款进行项目建设所发生的借款费用等。

⑦税费：指企业应计入成本和费用的各种税金及有关费用，包括税金及附加、所得税费用等。

⑧其他费用：指除以上费用内容以外的其他各种费用支出，包括销售费用和财务费用、管理费用等。

费用按经济内容分类，可以反映企业在一定期间消耗了哪些性质的费用和每种费用的发生额。了解和分析费用的构成，有利于加强费用的核算和管理，同时为编制企业的采购和预算计划提供了必要依据。

（2）按经济用途分类。

费用按经济用途分类是指将企业发生的费用按照其在企业的生产经营中所起的作用和用途进行分类，有如下项目。

①直接材料：指直接用于产品生产，构成产品实体，或有助于产品形成的各项原料及主要材料、辅助材料、燃料、备品备件、外购半成品和其他直接材料等。

②直接人工：指直接从事产品生产人员的工资、奖金、津贴和补贴、福利费。

③制造费用：指企业各生产单位为组织、管理生产和提供劳务所发生的各项间接费用，如生产单位管理人员的职工薪酬、车间发生的水电费和办公费、房屋和机器设备等发生的折旧费等。

④期间费用：指企业在生产经营过程中发生的销售费用、管理费用和财务费用。

上述直接材料、直接人工和制造费用三个项目构成了产品成本项目，而期间费用不能计入产品成本项目。

生产费用按其经济用途分类，便于划清产品制造成本和期间费用的界限，了解产品成本构成情况，分析每项费用发生是否合理，为考核每种产品成本和期间费用提供参考，寻找降低成本和费用的途径。

二、费用与成本的联系与区别

相关内容请扫描二维码查看。

 知识链接 12-1

费用与成本的联系与区别

📖 **任务作答清单**

（1）费用如何分类？	
（2）任务描述中的购买 30 万元的原材料、购买煤炭等发生的支出 1 万元，支付当月水电费 2 万元，计提设备折旧 3 万元，是否列为费用？支付甲产品生产工人的工资，是否列为成本？为什么？	
（3）说明费用与成本的关系	
（4）企业如何降低费用与保持合理支出？各组制作 PPT，并进行交流	

教师点评			
小组成员			
小组得分		组长签字	
教师评分		教师签字	

任务 2　生产成本

📋 任务布置

任务描述	宏利公司有如下业务：计提本月第一生产车间固定资产折旧费用 1 000 元；用银行存款支付本月生产车间发生的水电费 2 000 元；生产车间领用一般性消耗材料，实际成本为 9 000 元。针对这些业务，宏利公司应怎样进行会计核算？
任务目标	请根据学习的知识，解决上述问题。要完成的任务有：理解生产成本的概念，掌握生产成本的划分及生产成本核算方法
任务讨论	宏利公司如何在产品生产过程中降低原料消耗、提高原料利用率？
任务实施	学时建议：课上 1 学时、课下 1 学时
	任务分工：分组、布置任务、任务准备、查找资料
	实施方式：线上与线下相结合

一、生产成本的概念

生产成本是指企业在一定会计期间生产产品所发生的直接费用和间接费用的总和。生产成本与费用既有联系又有区别。首先，成本是对象化的费用，生产成本是相对于一定的产品所发生的费用，它是按照产品品种等计算对象对当期发生的费用进行归集而形成的。只有当生产费用实际计入了某种产品的成本时，才被称为生产成本。如果按照费用的经济用途进行分类，企业在一定期间发生的直接费用和间接费用的总和构成一定期间产品的生产成本。费用的发生过程同时也是产品成本的形成过程。其次，成本与费用是相互转化的。对于直接费用，按照成本计算对象进行归集；对于间接费用，则通过分配计入各成本计算对象；对于本期发生的费用，予以对象化，将其转化为成本。

二、生产成本项目的构成

生产费用在计入产品成本时，不仅要按照一定的产品品种等核算对象归集，而且要按照一定的成本项目进行归集，这些项目在会计上称为成本项目。企业的产品成本的形成基础是生产费用，因而可以根据生产费用的组成内容确定产品生产成本的项目。生产成本一般包括直接材料、燃料及动力、直接人工和制造费用等项目。

（1）直接材料。直接材料指构成产品实体的原料、主要材料以及有助于产品形成的辅助材料、设备配件、外购半成品的消耗。

（2）燃料及动力。燃料及动力指直接用于产品生产的外购和自制的燃料及动力。

（3）直接人工。直接人工是指企业支付给直接参加产品生产的工人的工资，以及按生产工人工资总额一定比例计算提取，并计入产品生产成本的职工福利费等。

（4）制造费用。制造费用是指直接用于产品生产，但不便于直接计入产品成本的费用，

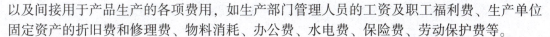

以及间接用于产品生产的各项费用，如生产部门管理人员的工资及职工福利费、生产单位固定资产的折旧费和修理费、物料消耗、办公费、水电费、保险费、劳动保护费等。

直接材料、燃料及动力、直接人工如果确定是为生产哪一种产品而发生，就可在发生时按照成本核算对象进行归集，直接计入所生产产品的成本，也被称为直接费用。制造费用包含的内容比较多，发生时比较杂乱、零散，涉及项目多，如生产车间为产品生产发生的机器设备，机器的使用频率、车间管理人员的工资和办公费、车间机器维修费、车间办公费用等，一般在生产多种产品的情况下发生，这些费用需在各个产品之间进行分配，核算的过程更为复杂，在期末（一般为月末）时，应采用一定的分配方法计入各种产品的成本，因而制造费用也称为间接费用。

三、生产成本核算应设置的账户

企业为了核算各种产品所发生的各项生产费用，应设置"生产成本"账户和"制造费用"账户。

1. "生产成本"账户

"生产成本"账户用来核算企业进行工业性生产所发生的各项费用，包括生产各种产成品、自制半成品、提供劳务、自制材料、自制工具和自制设备等所发生的各项费用。

"生产成本"账户应按不同的成本计算对象（包括产品的品种、产品的批次和产品的生产步骤等）来设置明细分类账户，并按直接材料、直接工资和制造费用等成本项目设置专栏，进行明细核算，以便于分别归集各成本计算对象所发生的各项生产费用，计算各成本计算对象的总成本、单位成本和期末在产品成本。企业可以根据本身生产特点和管理要求，将"生产成本"账户分为"基本生产成本"和"辅助生产成本"两个明细账户。"基本生产成本"二级账户用于核算企业为完成主要生产目的而进行的产品生产所发生的费用，计算基本生产的产品成本。"辅助生产成本"二级账户用于核算企业为基本生产服务而进行的产品生产和劳务供应所发生的费用，计算辅助生产成本。

企业发生的各项直接费用，直接记入本账户（基本生产成本）的借方，记入"原材料""库存现金""银行存款""应付职工薪酬"等账户的贷方；企业生产的各种产品应负担的制造费用，应分配记入本账户（基本生产成本）的借方，记入"制造费用"账户的贷方；企业已经生产完成并已验收入库的产成品以及入库的自制半成品，应于月末时记入"库存商品"等账户的借方，记入本账户（基本生产成本）的贷方。本账户期末借方余额，反映企业尚未加工完成的在产品成本。

2. "制造费用"账户

"制造费用"账户用来核算企业生产车间、生产部门为进行产品生产和提供劳务而发生的各项费用，包括生产车间管理人员的职工薪酬、折旧费、修理费、办公费、水电费、机物料消耗、劳动保护费、租赁费、保险费、季节性和修理期间的停工损失等。

在核算时，应当按照不同的生产车间、部门和费用项目进行明细核算。生产车间发生的物料消耗，记入本账户的借方，记入"原材料"等账户的贷方；发生的生产车间管理人员的工资等职工薪酬，记入本账户的借方，记入"应付职工薪酬"账户的贷方；生产车间计提的固定资产折旧，记入本账户的借方，记入"累计折旧"账户的贷方；以货币资金支付的生产车间发生的办公费、水电费等，记入本账户的借方，记入"库存现金""银行存款"等账户的贷方；在会计期末将制造费用分配计入有关的成本核算对象的成本时，记入"生产成本——基本生产成本"等账户的借方，记入本账户的贷方。期末分配后，该账户无余额。

四、生产费用的核算

1. 材料费用的归集和分配

进行产品生产所消耗的各种材料的货币表现称为直接材料。在一般情况下，直接材料包括产品在生产过程中消耗的原料、主要材料、辅助材料和外购半成品等项目。材料费用的归集和分配是会计工作核算的主要内容，一般由财会部门在月份终了时，根据当月产品生产时发出材料的领料单、限额领料单和退料单等各种原始凭证，按产品的品种和用途等进行完整归集，并编制发出材料汇总表。对于直接用于产品加工的材料费用，能够直接计入成本核算对象的，直接记入"生产成本"账户中的"直接材料"。如果是几种产品同时耗用一种材料且在使用中难归属于哪种产品对象时，可采用适用的方法分配计入各种产品成本。

材料费用的分配方法可以按各种产品的材料定额耗用量的比例、各种产品的重量比例进行分配。归集和分配之后，根据分配的结果编制发出材料汇总表，据此登记有关明细账和产品成本计算单。对于产品生产车间进行设备维修所利用的材料，通常被称为一般性材料消耗。这些材料消耗不是直接发生在产品生产上的，因而不能直接记入"生产成本"账户，而应记入"制造费用"账户。

【例 12-1】甲公司生产 A 产品耗用材料 50 000 元，生产 B 产品耗用材料 35 000 元，车间一般性材料消耗 5 000 元。应编制的会计分录如下。

借：生产成本——A 产品　　　　　　　　　　　　　　　 50 000
　　　　　　　——B 产品　　　　　　　　　　　　　　　 35 000
　　制造费用　　　　　　　　　　　　　　　　　　　　　 5 000
　　贷：原材料　　　　　　　　　　　　　　　　　　　　　　　 90 000

【例 12-2】甲公司本月发生的材料费用汇总表见表 12-1，根据表 12-1 中的信息编制会计分录。

表 12-1　甲公司本月发生的材料费用汇总表
2022 年 7 月 31 日
单位：元

会计账户	领用单位及用途		原材料	低值易耗品	合计
生产成本	一车间：A 产品		6 000	—	—
		B 产品	4 000		
	二车间：A 产品		5 000		
		B 产品	5 000		
	小计		20 000	—	20 000
制造费用	一车间		2 000	3 000	5 000
	二车间		4 000	3 000	7 000
	小计		6 000	6 000	12 000
生产成本	供电		3 000	4 000	7 000
管理费用	厂部		1 000	2 000	3 000
合计			30 000	12 000	42 000

借：生产成本——基本生产成本——A 产品　　　　　　　11 000

　　　　　　　　　　　　　　——B 产品　　　　　　　　 9 000

　　　　　　　　——辅助生产成本——供电车间　　　　　 3 000

　　　制造费用——一车间　　　　　　　　　　　　　　　 2 000

　　　　　　　——二车间　　　　　　　　　　　　　　　 4 000

　　　管理费用　　　　　　　　　　　　　　　　　　　　 1 000

　　　　贷：原材料　　　　　　　　　　　　　　　　　　　　　 30 000

借：制造费用——一车间　　　　　　　　　　　　　　　　 3 000

　　　　　　　——二车间　　　　　　　　　　　　　　　 3 000

　　　生产成本——辅助生产成本——供电车间　　　　　　 4 000

　　　管理费用　　　　　　　　　　　　　　　　　　　　 2 000

　　　　贷：周转材料——低值易耗品　　　　　　　　　　　　　 12 000

2. 直接人工的归集和分配

直接人工项目是对职工薪酬进行核算，职工薪酬是指企业为获得职工提供的服务或解除劳动关系而给予的各种形式的报酬或补偿。职工薪酬包括短期薪酬、离职后福利、辞退福利和其他长期职工福利等内容。企业发放给员工的劳动报酬称为工资，其中企业应付给直接从事产品生产活动职工的劳动报酬是生产费用的重要组成部分。其他类别的职工工资应根据其所从事业务活动的不同性质，构成企业的其他成本费用。例如，从事企业管理工作的人员的工资应计入管理费用，从事车间产品生产管理的人员的工资应计入制造费用等。此外，职工还可以按照国家的有关规定享受福利待遇，福利待遇方面的资金要按工资总额的一定比例计算提取的福利费等项目。企业计提福利费的，可以计入产品生产成本和有关费用。企业的福利费一般不直接发放给职工，而是用于职工的集体福利事业，如可以用来创办活动室、提供娱乐文化、培训、团建等。

企业的工资费用应按其发生用途和性质进行分配。企业工资费用的归集与分配是根据工资结算凭证统计记录，通过编制工资结算汇总表和工资费用分配表进行分配与核算。

【例 12-3】甲公司发生工资费用的结算汇总表见表 12-2，根据表 12-2 中的有关信息编制会计分录。

表 12-2　甲公司发生工资费用的结算汇总表

2023 年 7 月

单位：元

车间、部门	标准工资	奖金	病假工资	应发工资	扣款			实发工资
					房租	医药费	小计	
一车间	—	—	—	—	—	—	—	—
生产工人	5 000	500	200	5 700	100	600	700	5 000
管理人员	6 000	1 100	—	7 100	100	—	100	7 000
二车间	—	—	—	—	—	—	—	—
生产工人	5 000	500	100	5 600	100	—	100	5 500
管理人员	6 000	1 100	—	7 100	100	—	100	7 000

| 车间、部门 | 标准工资 | 奖金 | 病假工资 | 应发工资 | 扣款 | | | 实发工资 |
					房租	医药费	小计	
企业管理部门	10 000	3 000	—	13 000	100	—	100	12 900
合计	32 000	6 200	300	38 500	500	600	1 100	37 400

对于生产车间直接从事产品生产工人的工资，能直接计入各种产品成本的，应根据"工资结算汇总表"直接计入基本生产成本明细账和产品成本计算单，并借记"生产成本"账户中的"直接工资"项目。对于车间管理人员的工资和企业管理部门的工资，应分别计入有关的费用明细账，并分别记入"制造费用"和"管理费用"账户。固定资产建造等工程人员的工资，应记入"在建工程"账户。

根据分配工资费用时，应编制的会计分录如下。

借：生产成本——基本生产成本   10 500

    制造费用   14 000

    管理费用   12 900

    贷：应付职工薪酬   37 400

【例12-4】甲公司根据员工的劳动时间和生产产品数量等有关记录，计算出本月应付各类人员的工资数额：生产A产品工人工资40 000元，生产B产品工人工资25 000元，生产车间管理人员工资7 000元。应编制的会计分录如下。

借：生产成本——A产品   40 000

        ——B产品   25 000

    制造费用   7 000

    贷：应付职工薪酬   72 000

3. 制造费用的归集和分配

制造费用属于间接费用，是指企业为组织和管理生产所发生的各项费用，主要包括各个生产单位（分厂、车间）为组织和管理生产所发生的生产单位管理人员工资、职工福利费、生产单位房屋建筑物及机器设备等的折旧费、机物料消耗、低值易耗品、办公费、水电费、劳动保护费、季节性及修理期间的停工损失以及其他费用。

因为这些费用不是生产产品的直接费用，不能直接计入产品成本，需要通过"制造费用"账户进行归集核算，再进行分配计入各种产品成本。在实际工作中，企业应将发生的制造费用记入"制造费用"账户，设置制造费用明细账，按费用项目归集。在生产多种产品的情况下，就需要在不同产品之间进行分配，分配方法主要有生产工时比例法、生产工人工资比例法、生产产品消耗材料所占比重法、预算分配率法等。如果只生产一种产品，制造费用就可以直接计入该种产品成本，无须分配。

"制造费用"账户属于集合分配账户，按不同车间、部门和费用项目明细核算，借方登记制造费用的发生数，贷方登记制造费用的分配数。在一般情况下，期末应将全部费用都分配出去，没有余额。在分配时，应从"制造费用"账户的贷方转入"生产成本"账户的借方，如果车间还制造一些自制材料、自制设备等，应按各自负担的数额分配转入"原材料""在建工程""周转材料"等账户的借方。

【例12-5】月末，甲公司计提本月第一生产车间固定资产折旧费用2 000元，编制会计分录如下。

借：制造费用   2 000

 贷：累计折旧   2 000

【例12-6】甲公司用银行存款支付本月生产车间发生的水电费2 500元，编制会计分录如下。

借：制造费用   3 000

 贷：银行存款   3 000

【例12-7】甲公司生产车间技术人员李某出差回来报销差旅费1 000元，出差前借款为1 200元，交回现金200元，编制会计分录如下。

借：制造费用   1 000

 库存现金   200

 贷：其他应收款   1 200

【例12-8】甲公司生产车间领用一般性消耗材料，实际成本为4 000元，编制会计分录如下。

借：制造费用   4 000

 贷：原材料   4 000

【例12-9】甲公司应付车间管理人员的工资5 000元，编制会计分录如下。

借：制造费用   5 000

 贷：应付职工薪酬   5 000

【例12-10】甲公司如果生产A、B两种产品，将生产车间本月发生的制造费用15 000（2 000+3 000+1 000+4 000+5 000）元按两种产品实耗的生产工时分配计入各自的产品成本，A产品生产消耗生产工时1 000小时，B产品生产消耗生产工时2 000小时。相关账务处理如下。

①计算制造费用分配率，计算公式如下：

$$分配率=制造费用总额÷生产工时总额$$

制造费用分配率=15 000÷（1 000+2 000）=5（元/小时）。

②计算各种产品应分配的制造费用额，计算公式如下：

$$某种产品应分配制造费用=该产品生产工时×分配率$$

A产品应分配制造费用=1 000×5=5 000（元）。

B产品应分配制造费用=2 000×5=10 000（元）。

③根据上面的计算结果编制会计分录。

借：生产成本——A产品   5 000

    ——B产品   10 000

 贷：制造费用   15 000

五、月末产品成本的计算与结转

企业在核算生产成本时，如果当月的月初、月末都没有在产品，本月发生的费用就等于本月完工产品成本；如果月初、月末都有在产品，本月发生的生产费用加上月初在产品成本之后的合计数额，还要在完工产品和月末在产品之间进行分配，分别确定在产品成本和完工产品成本两部分。完工产品成本一般按下式计算：

本月完工产品成本=本月月初在产品成本+本月发生费用-本月月末在产品成本

本月月初在产品成本和本月发生费用都可以从"生产成本"明细账的记录中获取，而本月月末在产品成本一般没有现成的资料可供利用。因而，在比较复杂的情况下，本月月末在产品成本的确定就成为计算完工产品成本的关键。计算月末在产品成本是计算完工产品成本的条件。

1. 月末在产品成本的计算

企业进行产品生产，发生料工费的消耗以后，有些消耗仍处在生产过程中尚未完成全部加工，有待进一步加工才能变成产成品，这些消耗构成了产品成本的一部分，这就是在产品。在产品包括正在加工中的产品和加工已经告一段落的自制半成品，这叫广义在产品。从某一加工阶段来讲，在产品是指正在加工中的产品，一般将它叫作狭义在产品。

对于在产品成本的核算，根据不同情形，可采取不同方法计量和处理。月末在产品数量较多，而且各月之间变化也较大的企业，要根据实际结存的产品数量，计算月末在产品成本；如果月末在产品数量很少，计算或不计算月末在产品成本对完工产品成本的影响都很小，为了简化工作，可以不计算月末在产品成本，某种产品每月发生的生产费用，可视为当月完工产品成本；如果月末在产品数量较少，或者月末在产品数量虽然较多，但各月之间变化不大，因而月初、月末在产品成本的差额对完工产品成本几乎没有影响，可将月末在产品成本按年初数固定不变，把每月发生的生产费用全部作为当月完工产品成本，但在年终时，要根据实际盘点的在产品数量，重新计算一次月末在产品成本，以免月末在产品成本与实际出入过大，注意提高核算的正确性。

企业应根据生产特点、月末在产品数量的多少、各项费用比重的大小，以及定额管理基础的好坏等情况，采用适当的方法计算月末在产品成本。针对月末在产品数量较多的情形，月末在产品成本计算的方法有在产品成本按其所耗用的原材料费用计算、按定额成本计算、按约当产量计算、按定额比例分配计算等。

2. 完工产品成本的结转

完工产品是指已经生产完工，并且已经具备对外销售条件的各种产成品。针对这部分验收入库的完工产品，需要计算出当期完工产品成本，同时结转成本。结转本期完工产品成本时，借记"库存商品"账户，贷记"生产成本"账户。通过在产品成本的计算，生产费用在完工产品和月末在产品之间进行分配，确定完工产品的成本，再根据完工产品成本，从有关"产品成本计算单"中转出，编制完工产品成本汇总计算表，计算出完工产品单位成本和总成本。在结转时，借记"库存商品"账户，贷记"生产成本"账户。上例中甲公司完工产品成本汇总计算表见表12-3。

表12-3　甲公司完工产品成本汇总计算表

2023年7月　　　　　　　　　　　　　　　　　　单位：元

产品名称	A产品		B产品		成本合计
	总成本	单位成本	总成本	单位成本	
直接材料	15 000	150	35 000	175	50 000
直接工资	16 000	160	15 000	75	31 000
燃料及动力	14 000	140	16 000	80	30 000
制造费用	20 000	200	20 000	100	40 000
合计	65 000	650	86 000	430	151 000

生产 A 产品 100 件，生产 B 产品 200 件，根据表 12-3，编制会计分录如下。

借：库存商品——A 产品   55 000

           ——B 产品   86 000

    贷：生产成本——基本生产成本——A 产品   55 000

                   ——B 产品   86 000

📖 任务作答清单

(1)在任务描述中，宏利公司计提第一生产车间固定资产折旧费用 1 000 元，应怎样进行会计核算？	
(2)在任务描述中，宏利公司用银行存款支付本月生产车间发生的水电费 2 000 元，应怎样进行会计核算？	
(3)在任务描述中，宏利公司生产车间领用一般性消耗材料，实际成本为 9 000 元，怎样进行会计核算？	
(4)制造费用属于间接费用，是指企业为组织和管理生产所发生的各项费用。制造费用为什么不能直接列入生产成本？	
(5)总结制造费用和生产成本在会计核算时的差别	
教师点评			
---	---	---	---
小组成员			
小组得分		组长签字	
教师评分		教师签字	

任务 3　期间费用

任务布置

任务描述	宏利公司发生如下业务：2023 年 1 月 5 日用银行存款支付产品广告费 200 000 元，用银行存款支付企业管理部门发生的水电费 4 000 元，本月生产车间发生水电费 1 000 元，管理部门工资支出 5 000 元，判断哪些费用应计入期间费用，怎样进行会计核算？
任务目标	请根据学习的知识，解决上述问题。要完成的任务有：理解期间费用的概念，熟悉期间费用的分类，掌握各项费用的会计核算方法
任务讨论	企业的期间费用是一项重要支出，如何降低费用、提高利润？
任务实施	学时建议：课上 1 学时、课下 1 学时
	任务分工：分组、布置任务、任务准备、查找资料
	实施方式：线上与线下相结合

知识参考

一、期间费用概述

（一）期间费用的概念

期间费用是指企业当期日常活动所发生的不能归属于某个特定核算对象的费用。因难以判定其应该归属的具体产品，不能列入产品制造成本，而在发生的当期直接计入当期损益。期间费用主要包括销售费用、管理费用（含研发费用）、财务费用。

期间费用属于企业在日常活动中所发生的费用，属于日常活动所发生的经济利益流出，是为组织和管理企业整个生产经营活动而发生的，而与可以确定一定成本核算对象的材料采购、产品生产等发生的消耗没有直接关系，因此不计入有关成本核算对象，而是直接计入当期损益。

（二）期间费用的组成内容

期间费用包括销售费用、管理费用和财务费用。

1. 销售费用

销售费用是与企业销售商品活动等有关的费用，但不包括销售商品本身的成本和劳务成本。已经销售的产品的成本属于企业的"主营业务成本"，提供劳务所发生的成本属于企业的"劳务成本"，均不属于企业的销售费用。

2. 管理费用

管理费用是指企业为组织和管理企业生产经营所发生的管理费用，包括企业的董事会和行政管理部门在企业的经营管理中发生的或者应由企业统一负担的公司经费(包括行政管理部门职工薪酬、修理费、物料消耗、低值易耗品摊销、办公费和差旅费等)工会经费、董事会费(包括董事会成员津贴、会议费和差旅费等)、聘请中介机构费、咨询费(含顾问费)、诉讼费、业务招待费、技术转让费、矿产资源补偿费、研究费用和排污费等。

应当注意的是,管理费用与制造费用之间有以下区别:管理费用一般发生在企业管理部门,而制造费用发生在产品的生产车间(部门);管理费用是企业的一种期间费用,发生后应计入当期损益,而制造费用是企业的一种生产费用,发生后应分配计入一定的产品核算对象;尽管管理费用与制造费用的有些费用内容(如办公费和差旅费等)是相同的,但应利用不同的账户组织核算。

3. 财务费用

财务费用是指企业为筹集生产经营所需资金等而发生的筹资费用,包括利息支出(减利息收入)、汇兑差额以及相关的手续费等。

应当注意的是,财务费用构成内容有的会增加企业的财务费用,有的会减少企业的财务费用。例如,利息支出会增加企业的财务费用,而利息收入会减少企业的财务费用。在核算中,应注意区分不同的情况,采用不同的处理方法。

二、期间费用的组成与核算

1. 销售费用的组成与核算

销售费用是指企业在销售商品和材料、提供劳务的过程中发生的各种费用以及为销售本企业商品而专设的销售机构(含销售网点、售后服务网点等)的经营费用,具体项目如下:产品自销费用,包括应由本企业自身负担的包装费、运输费、装卸费、保险费等;产品促销费用,包括广告费、展览费、经营租赁费、销售服务费等;销售部门的费用,一般是指专设销售机构的职工工资及福利费、业务费等经营费用;委托代销费用,主要是指企业委托其他单位代销,按代销合同规定支付的委托代销手续费等;商品流通企业的进货费用,一般是指商品流通企业在进货过程中发生的运输费、装卸费、包装费、保险费、运输途中的合理损耗和入库前的挑选整理费等;还有商品维修费、预计产品质量保证损失、销售部门使用的固定资产折旧费等。

企业进行销售费用核算,应设置"销售费用"账户,用于核算企业在销售商品和材料、提供劳务的过程中发生的各项费用。企业在销售商品过程中发生的保险费、包装费、展览费和广告费、运输费和装卸费等费用,记入本账户的借方,贷方记入"库存现金"和"银行存款"等账户;企业发生的为销售本商品而专设的销售机构的职工薪酬、业务费等经营费用,记入本账户的借方,贷方记入"应付职工薪酬""银行存款""累计折旧"等账户。会计期末时,应将本账户贷方余额转入"本年利润"账户的借方,计入当期损益,结转后"销售费用"账户无余额。

【例 12-11】甲公司用银行存款支付产品广告费 4 000 元。编制会计分录如下。

借:销售费用——广告费　　　　　　　　　　　　　　　　　　　4 000
　　贷:银行存款　　　　　　　　　　　　　　　　　　　　　　　　4 000

【例 12-12】甲公司用现金支付销售 A 产品的运输费 800 元。编制会计分录如下。

借：销售费用——运输费 800
  贷：库存现金 800

【例12-13】甲公司计算出本月应付给为销售本企业商品而专设的销售机构的职工工资5 000元。编制会计分录如下。

借：销售费用——工资 5 000
  贷：应付职工薪酬 5 000

【例12-14】甲公司计算出专设销售机构使用房屋应提取的折旧570元。编制会计分录如下。

借：销售费用——折旧费 570
  贷：累计折旧 570

2. 管理费用的组成与核算

管理费用是指企业为组织和管理企业生产经营所发生的费用，具体项目如下：企业发生的直接管理费用，包括管理部门职工薪酬、办公费、差旅费、工会经费、折旧费、修理费、物料消耗、低值易耗品摊销及其他公司经费；用于企业直接管理之外的费用，主要包括董事会费（包括董事会成员津贴、会议费和差旅费等）、咨询费、聘请中介机构费，诉讼费等；提供生产技术条件的费用，主要包括研究费用、无形资产摊销、长期待摊费用；其他费用，主要包括业务招待费、排污费等。

管理费用与制造费用的主要区别如下：管理费用一般发生在企业管理部门，是企业的一种期间费用，发生后应计入当期损益；而制造费用发生在产品的生产车间，发生后应分配计入一定的产品核算对象。有些费用项目（如办公费、差旅费、折旧费等）相同，如果费用项目属于管理部门发生，应列为管理费用，如果费用项目属于生产车间发生，应列入制造费用。

企业在进行管理费用核算时，应设置"管理费用"账户，发生的各项管理费用借记该账户，并按费用项目设置明细账进行明细核算，贷方根据发生费用的具体情况，记入"库存现金""银行存款""原材料""应付职工薪酬""累计折旧""累计摊销""研发支出""应交税费"等账户；会计期末时，将本账户借方归集的管理费用全部由本账户的贷方余额转入"本年利润"账户的借方，计入当期损益，结转后"管理费用"账户无余额。

【例12-15】甲公司用银行存款支付业务培训费7 000元。编制会计分录如下。

借：管理费用——培训费 7 000
  贷：银行存款 7 000

【例12-16】甲公司用银行存款支付企业管理部门发生的水电费6 000元。编制会计分录如下。

借：管理费用——水电费 6 000
  贷：银行存款 6 000

【例12-17】甲公司用现金支付业务招待费800元。编制会计分录如下。

借：管理费用——业务招待费 800
  贷：库存现金 800

3. 财务费用的组成与核算

财务费用是指企业为筹集生产经营所需资金等而发生的费用，具体包括的项目有利息净支出(减利息收入后的支出)、汇兑净损失(减汇兑收益后的损失)、相关的金融机构手续费等。财务费用构成内容有的会增加企业的财务费用,有的则会减少企业的财务费用。例如,利息支出会增加企业的财务费用,而利息收入会减少企业的财务费用,要采用不同的方法进行业务处理。

企业进行财务费用的核算,应设置"财务费用"账户。发生的财务费用,记入本账户的借方,该账户按费用项目设置明细账进行明细核算,同时记入"银行存款"等账户的贷方;企业获取的应冲减财务费用的利息收入以及汇兑收益等,记入"银行存款"等账户的借方,记入本账户的贷方。会计期末时,由本账户的贷方余额转入"本年利润"账户的借方,计入当期损益,结转后本账户无余额。

【例 12-18】甲公司用银行存款支付本月应负担的短期借款利息 1 800 元。编制会计分录如下。

借:财务费用   1 800
 贷:银行存款   1 800

【例 12-19】甲公司用银行存款支付在银行办理业务的手续费 800 元。编制会计分录如下。

借:财务费用   800
 贷:银行存款   800

【例 12-20】甲公司收到银行的存款利息为 1 500 元,已划入公司的银行存款账户。编制会计分录如下。

借:银行存款   1 500
 贷:财务费用   1 500

【例 12-21】甲公司在月末将"财务费用"账户的发生额 4 100(1 800+800+1 500)元转入"本年利润"账户。编制会计分录如下。

借:本年利润   4 100
 贷:财务费用   4 100

任务作答清单

(1)在任务描述中,宏利公司用银行存款支付产品广告费 200 000 元,企业管理部门发生的水电费 4 000 元,应怎样进行会计核算?	
(2)在任务描述中,宏利公司本月生产车间发生水电费 1 000 元,管理部门工资支出 5 000 元,哪项应计入期间费用,应怎样进行业务处理?	
(3)宏利公司月末将"财务费用"账户的发生额 30 000 元转入"本年利润"账户,应怎样进行会计处理?	

续表

（4）企业存在一种现象：有时候期间费用占用比例较高。试从期间费用特点入手，分析其产生的原因，以及怎样防范这种情形	
教师点评	
小组成员	

小组得分		组长签字	
教师评分		教师签字	

知识育人探讨

开源节流，控制费用

开源创效、策划节流。对于企业来说，开源就是开辟增加收入的途径；节流就是节支，即节省不必要的资源消耗与费用支出。除通过不断开展新业务和提高服务水平来开辟新的利润源外，如何充分利用手头一切资源来节省成本，减少不明智的添置费用和一大部分设施闲置造成的浪费，也是企业持续运营的关键。开源是增效的有效途径，节流是增效的措施。也就是说，企业开源加上节流才是最大的企业效益。在"节流"方面，企业应充分发挥管理职能，合理控制成本，优化营销管理模式，增进与客户的交流合作，延伸财务管理职能，促进管理提升，加强人力成本和办公成本管理，降低直接生产成本，提升产品竞争力。

知识链接 12-2

企业如何降低期间费用

项目 13 收入、利润、所得税

学习目标

➤ 知识目标

掌握收入的概念和分类；明确收入的确认条件和计量方法；掌握收入核算中销售商品一般业务和特殊业务的核算；掌握销售材料等存货业务的核算；掌握提供劳务的核算。掌握利润的概念及构成；了解其他收益的确认与计量；了解营业外收支的确认与计量；掌握利润的核算方法。掌握所得税的概念；了解所得税的计税基础；明确所得税的暂时性差异和永久性差异。

➤ 素质目标

引导学生形成积极向上的学习和工作状态，学生能正确核算收入和利润，按时足额交税，避免偷税漏税。

➤ 技能目标

能够熟练进行销售商品一般业务、销售商品特殊业务、销售材料等存货业务和提供劳务的核算与会计账务处理；能够采用正确的方法核算利润；能够正确核算企业所得税。

知识点导图

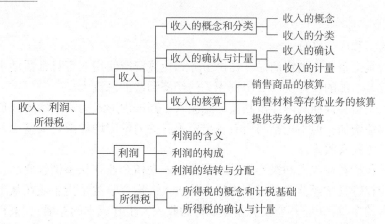

243

任务 1　收　入

任务布置

任务描述	宏利公司为增值税一般纳税人，主要业务如下： ①2023 年 3 月 5 日，宏利公司以赊销的方式向乙公司销售一批商品，该商品的标价为每件 200 元，由于乙公司一次性购买该种商品 1 000 件，宏利公司根据规定的折扣条件，给予乙公司 10% 的商业折扣，增值税税率为 13%。在上述条件下，赊销业务是否应确认收入？收入的确认金额为多少？赊销时的增值税税额如何计算？实际收到货款时的金额有多少？ ②2023 年 3 月 8 日，采用赊销方式销售 A 产品 200 件，增值税发票上列明售价 200 000 元，增值税 26 000 元；现金折扣的条件为"2/10，1/20，N/30"；客户于 3 月 15 日付款，取得 2% 的现金折扣 4 000 元。现金折扣条件如何理解？如何进行账务处理？
任务目标	请根据学习的知识，解决上述问题。要完成的任务有：理解收入的概念，掌握收入的确认标准、收入的核算方法；明确商业折扣和现金折扣的处理方法，充分理解收入在企业经济运行中的作用
任务讨论	宏利公司在有赊销业务时，如何才能鼓励客户尽快付款？请提供方案
任务实施	学时建议：课上 1 学时、课下 1 学时
	任务分工：分组、布置任务、任务准备、查找资料
	实施方式：线上与线下相结合

知识参考

一、收入的概念和分类

1. 收入的概念

收入有狭义和广义之分。

狭义收入是指企业在销售商品、提供劳务和让渡资产使用权等日常活动中形成的、会引起所有者权益增加的、与所有者出资无关的经济利益的总流入。

广义收入是指会计期间内经济利益的总流入，其表现形式为资产增加或负债减少而引起的所有者权益增加，但不包括与所有者出资等有关的资产增加或负债减少。我国会计准则将收入定义为狭义收入。

狭义收入包括营业收入和投资收益。营业收入是指企业在从事销售商品、提供劳务和让渡资产使用权等日常经营业务过程中形成的收入；投资收益是指企业在从事各项对外投资活动中取得的净收入（即各项投资业务取得的收入大于其成本的差额），其性质也属于让渡资产使用权取得的收入。

2. 收入的分类

（1）按从事日常活动的性质分类，收入可分为销售商品收入、提供劳务收入、让渡资产使用权收入。

① 销售商品收入：指企业通过销售商品取得的收入。用于企业销售的商品包括工业企业为销售而生产的商品以及商品流通企业为销售而购入的商品等，有时也包括企业销售的其他存货，如原材料、包装物等。

② 提供劳务收入：指企业通过提供劳务而取得的收入，如企业通过提供旅游、运输、咨询、代理、培训、产品安装等劳务所实现的收入。

③ 让渡资产使用权收入：指企业通过让渡资产使用权而取得的收入，包括利息收入和使用费收入。另外，还包括出租资产收取的租金、进行债权投资取得的利息、进行股权投资取得的现金股利收入等。其账务处理参照有关租赁、金融工具确认和计量、长期股权投资等内容。

（2）按经营业务的主次分类，收入可分为主营业务收入、其他业务收入。

① 主营业务收入：指企业为完成其经营目标所从事的经常性活动取得的收入。不同行业的企业，具有不同的主营业务。主营业务收入一般占企业总收入的比重较大，对企业的经济效益产生较大影响。

② 其他业务收入：指企业为完成其经营目标所从事的与经常性活动相关的活动取得的收入。不同行业的企业，具有不同的其他业务。其他业务收入不经常发生，金额一般较小，占企业总收入的比重较小，对企业经济效益的影响也较小。

二、收入的确认与计量

1. 收入的确认

当企业与客户之间的合同同时满足下列条件时，企业应当在客户取得相关商品控制权时确认收入：

（1）合同各方已批准该合同并承诺将履行各自义务；

（2）该合同明确了合同各方与所转让商品或提供劳务（以下简称"转让商品"）相关的权利和义务；

（3）该合同有明确的与所转让商品相关的支付条款；

（4）该合同具有商业实质，即履行该合同将改变企业未来现金流量的风险、时间分布或金额；

（5）企业因向客户转让商品而有权取得的对价可能收回。

2. 收入的计量

企业应当按照分摊至各单项履约义务的交易价格计量收入。

交易价格是指企业因向客户转让商品而预期有权收取的对价金额。企业代第三方收取的款项以及企业预期将退还给客户的款项，应当作为负债进行会计处理，不计入交易价格。

企业应当根据合同条款，并结合以往的习惯做法来确定交易价格。在确定交易价格时，企业应当考虑可变对价、合同中存在的重大融资成分、非现金对价、应付客户对价等因素的影响。

三、收入的核算

（一）销售商品的核算

1. 一般业务核算

通常情况下，企业在履行了合同中的单项履约义务时，应按照已收或应收的合同价款，加上应收取的增值税税额，借记"银行存款""应收账款""应收票据"等账户。按应确认的收入金额，贷记"主营业务收入"账户，该账户期初、期末应无余额。按应收取的增值税，贷记"应交税费——应交增值税（销项税额）""应交税费——待转销项税额"账户。

【例 13-1】甲公司为增值税一般纳税人，2022 年 3 月发生如下销售业务，编制相关会计分录如下。

（1）3 月 2 日，采用支票结算方式销售甲产品 100 件，每件 1 000 元，总价款 100 000元，增值税 13 000 元。

借：银行存款　　　　　　　　　　　　　　　　　　　　113 000
　　贷：主营业务收入　　　　　　　　　　　　　　　　　　100 000
　　　　应交税费——应交增值税（销项税额）　　　　　　　 13 000

（2）3 月 5 日，采用赊销方式销售甲产品 10 件，增值税发票上列明售价 10 000 元，增值税 1 300 元，款项尚未收到。

借：应收账款　　　　　　　　　　　　　　　　　　　　 11 300
　　贷：主营业务收入　　　　　　　　　　　　　　　　　　 10 000
　　　　应交税费——应交增值税（销项税额）　　　　　　　　1 300

企业为促进商品销售，在商品标价上给予价格扣除，该扣除价格即为商业折扣。企业销售商品涉及商业折扣的，应当按照扣除商业折扣后的金额确定销售商品的收入金额。

【例 13-2】甲公司为增值税一般纳税人。2022 年 3 月 10 日，甲公司向乙公司销售一批商品，开出的增值税专用发票上注册的销售价款为 600 000 元，增值税税额为 78 000 元。乙公司在验收过程中，发现商品质量不合格，要求在价格上给予 5% 的折让。折让金额为30 000（600 000×5%）元，冲减主营业务收入 30 000 元、应交税费——应交增值税（销项税额）3 900 元。发生销售折让时应编制的会计分录如下。

借：主营业务收入　　　　　　　　　　　　　　　　　　 30 000
　　应交税费——应交增值税（销项税额）　　　　　　　　　3 900
　　贷：银行存款　　　　　　　　　　　　　　　　　　　　33 900

企业已经销售的商品，可能由于品种、质量等不符合购销合同的规定而被客户退回。企业收到退回的商品时，应退还货款或冲减应收账款，并冲减主营业务收入和增值税销项税额，借记"主营业务收入""应交税费——应交增值税（销项税额）"等账户，贷记"银行存款""应收票据""应收账款"等账户。应由企业承担的发货及退货运杂费等，计入销售费用。

【例 13-3】甲公司为增值税一般纳税人，2022 年 3 月 15 日，某客户因产品质量问题退回上月销售的 B 产品 10 件，价款 50 000 元，增值税 6 500 元。公司已将转账支票交给客户。编制相关会计分录如下。

借：主营业务收入　　　　　　　　　　　　　　　　　　　50 000

　　应交税费——应交增值税(销项税额)　　　　　　　　　 6 500

　　贷：银行存款　　　　　　　　　　　　　　　　　　　　56 500

企业无论采用何种方式销售商品，均应结转已销商品(扣除销售退回)的成本，借记"主营业务成本"账户，贷记"库存商品(或发出商品)"账户。

2. 附有退货条件的商品销售

企业销售商品如果附有退货条件，应根据以往经验合理估计退货的可能性，将不会退货的已销商品确认为主营业务收入，同时结转主营业务成本；将有可能退货的已销商品，确认为发出商品，借记"发出商品"账户，贷记"库存商品"账户。如果企业已经收取可能退货商品的价款，应确认为预收款项，借记"银行存款"等账户，贷记"预收账款"账户。如果企业已经开具增值税专用发票，则应确认应交增值税，借记"银行存款""应收账款"等账户，贷记"应交税费——应交增值税(销项税额)"账户。企业如果无法合理确定退货的可能性，则应全部确认为发出商品，于退货期满时确认营业收入。

3. 附有销售回购条件的商品销售

企业附有售后回购条件的商品销售，由于商品的控制权仍属于企业，购货单位不得随意将该商品进行处置，因而企业不得确认商品销售收入，收取的价款应确认为负债。企业应根据收取的全部价款，借记"银行存款"等账户；根据收取的不含增值税的价款，贷记"其他应付款"账户；根据应交增值税，贷记"应交税费——应交增值税(销项税额)"账户。同时，还要根据发出商品的成本，借记"发出商品"账户，贷记"库存商品"账户。企业回购商品的价格超过销售商品价格的差额，实质上属于商品回购期内支付的利息费用，应在回购期内分期平均确认为利息支出，借记"财务费用"账户，贷记"其他应付款"账户。企业回购商品时，应根据回购商品不含增值税的价款，借记"其他应付款"账户；根据支付的增值税税额，借记"应交税费——应交增值税(进项税额)"账户；根据支付的全部价款，贷记"银行存款"等账户。同时，根据收回的商品成本，借记"库存商品"账户，贷记"发出商品"账户。

【例 13-4】甲公司为增值税一般纳税人，2022 年 1 月 31 日，采用支票结算方式销售 C 商品 40 件，不含增值税的价款为 400 000 元，增值税税额为 52 000 元，该批商品实际成本为 250 000 元。销售合同规定，该企业在 5 月 31 日将该批商品购回，购回价格为 405 000 元，增值税为 52 650 元。

甲公司编制会计分录如下。

(1) 2022 年 1 月 31 日销售商品。由于甲公司保留着对该批商品的控制权，因而不确认收入。

借：银行存款　　　　　　　　　　　　　　　　　　　　452 000

　　贷：应交税费——应交增值税(销项税额)　　　　　　　 52 000

　　　　其他应付款　　　　　　　　　　　　　　　　　　400 000

借：发出商品　　　　　　　　　　　　　　　　　　　　250 000

　　贷：库存商品　　　　　　　　　　　　　　　　　　　250 000

(2) 2022 年 2—5 月各月月末计提利息费用。销售至回购期间的利息支出为 5 000 (405 000-400 000)元，2—6 月每月计提利息支出 1 250(5 000÷4)元。

借：财务费用 1 250
 贷：其他应付款 1 250

（3）2022 年 5 月 31 日回购商品。

借：其他应付款 405 000
  应交税费——应交增值税（销项税额） 52 650
 贷：银行存款 457 650
借：库存商品 250 000
 贷：发出商品 250 000

4. 以旧换新的商品销售

企业在销售商品的同时收购旧商品，则收购的旧商品确认为存货，收购旧商品支付的价款，不得冲减收入，应当计入存货成本，借记"原材料"等账户，贷记"银行存款"等账户。根据《国家税务总局关于印发〈增值税若干具体问题的规定〉的通知》的规定，纳税人采取以旧换新式销售货物，应按新货物的同期销售价格确定销售额。因此，采取以旧换新方式销售货物，应按货物的同期销售价格开具发票并计税。收取旧货物，取得增值税专用发票注明的进项税额可以抵扣。

【例 13-5】甲公司为增值税一般纳税人，2022 年 6 月 10 日，销售 D 商品 20 件，价款共 20 000 元，增值税销项税额 2 600 元，总成本 12 000 元；甲公司已经开具增值税专用发票，并收取全部价款。甲公司在销售 D 商品的同时，收购旧商品 20 件，共支付价款600 元。

甲公司应编制的会计分录如下。

（1）销售 D 商品时。

借：银行存款 22 600
 贷：主营业务收入 20 000
  应交税费——应交增值税（销项税额） 2 600
借：主营业务成本 12 000
 贷：库存商品 12 000

（2）收购旧商品时。

借：原材料 600
 贷：银行存款 600

5. 采用分期预收款方式销售商品

分期预收款销售，是指购货方在商品尚未收到前按照合同协议约定分期付款。在这种方式下，销售方直到收到最后一笔款项时才将商品交付购货方，这表明商品所有权上的主要风险和报酬只有在收到最后一笔款项时才转移给购货方。因此，企业通常应在发出商品时确认收入，在此之前预收的货款应确认为负债。当销货方收到购货方预付的货款时，贷记"预收账款"。

【例 13-6】甲公司为增值税一般纳税人，2022 年 6 月 12 日，甲公司与丙公司签订协议，采用分期预收方式向丙公司销售一批商品。该批商品实际成本为 500 000 元。协议约定，该批商品销售价格为 800 000 元，增值税税额为 104 000 元；丙公司应在协议签订时预付 60% 的货款（按销售价格计算），剩余货款于两个月后支付。假定不考虑其他因素，甲公司应编制的会计分录如下。

(1) 收到60%的货款时。

| 借：银行存款 | 480 000 |
| 　贷：预收账款 | 480 000 |

(2) 收到剩余货款及增值税税额时。

借：预收账款	480 000
银行存款	424 000
贷：主营业务收入	800 000
应交税费——应交增值税(销项税额)	104 000

同时结转成本。

| 借：主营业务成本 | 500 000 |
| 　贷：库存商品 | 500 000 |

(二)销售材料等存货业务的核算

企业在日常活动中，还可能发生对外销售不需用的原材料、随同商品对外销售单独计价的包装物等业务。企业销售原材料、包装物等存货也视同商品销售，其收入确认和计量原则比照商品销售。企业销售原材料、包装物等存货实现的收入作为其他业务收入处理，结转的相关成本作为其他业务成本处理。

企业销售原材料、包装物等存货实现的收入，以及结转的相关成本，通过"其他业务收入""其他业务成本"账户核算。

"其他业务收入"账户核算企业除主营业务活动以外的其他经营活动实现的收入，包括以销售材料、出租包装物和商品、出租固定资产、出租无形资产等实现的收入。该账户贷方登记企业实现的各项其他业务收入，借方登记期末结转"本年利润"账户的其他业务收入，结转后该账户应无余额。

"其他业务成本"账户核算企业除主营业务活动以外的其他经营活动所发生的成本，包括销售材料的成本、出租固定资产的折旧额、出租无形资产的摊销额、出租包装物的成本或摊销额。该账户借方登记企业结转或发生的其他业务成本，贷方登记期末结转"本年利润"账户的其他业务成本，结转后该账户应无余额。

【例13-7】甲公司为增值税一般纳税人，2022年6月22日销售一批原材料，开出的增值税专用发票上注明的售价为50 000元，增值税税额为6 500元，款项已由银行收妥。该批原材料的实际成本为38 000元。甲公司应编制的会计分录如下。

(1) 取得原材料销售收入时。

借：银行存款	56 500
贷：其他业务收入	50 000
应交税费——应交增值税(销项税额)	6 500

(2) 结转已销原材料的实际成本时。

| 借：其他业务成本 | 38 000 |
| 　贷：原材料 | 38 000 |

(三)提供劳务的核算

企业提供劳务的种类很多，如旅游服务、运输服务、餐饮服务、广告策划与制作、管理咨询、代理业务、培训业务、建筑安装、软件设计、提供特许权等。企业通过提供劳务而取得的收入即为劳务收入。

1. 提供劳务交易结果能够可靠估计

提供劳务交易的结果能够可靠估计，应采用完工百分比法确认劳务收入，并结转劳务成本。劳务完工程度可以由专业测量师进行测量后确定，也可以根据实际发生的成本占预计总成本的比例确定。具体计算公式为：

各期确认的劳务收入=预计总收入×完工程度-前期累计确认劳务收入

各期结转的劳务成本=预计总成本×完工程度-前期累计确认劳务成本

企业采用完工百分比法确认提供劳务收入时，应按计算确定的提供劳务收入金额，借记"应收账款""银行存款"等账户，贷记"主营业务收入"账户。结转劳务成本时，借记"主营业务成本"账户，贷记"劳务成本"账户。

【例 13-8】甲公司为增值税一般纳税人，甲公司与丁公司于 2022 年 6 月 25 日签订一项劳务合同，安装期为 6 个月，合同约定安装总额 500 000 元，丁公司先预付 50%的工程款，其余款项在工程完工验收合格后结算。2022 年 7 月 1 日，甲公司开始进行设备安装，并收到丁公司预付款 200 000 元。截至 2022 年 8 月 31 日已实际发生安装费用 280 000 元，其中，支付安装人员工资 100 000 元，领用库存材料 50 000 元，其余款项以银行存款支付。据估计，至设备安装完毕，还会发生安装费用 120 000 元，甲公司按实际发生的成本占估计总成本的比例确定劳务的完工进度。相关账务处理如下。

实际发生的成本占估计总成本的比例=280 000÷(280 000+120 000)=70%。

2022 年 8 月 31 日确认的劳务收入=500 000×70%-0=350 000(元)。

2022 年 8 月 31 日结转的劳务成本=(280 000+120 000)×70%-0=280 000(元)。

(1) 预收劳务款时。

借：银行存款	200 000
贷：预收账款	200 000

(2) 实际发生劳务成本时。

借：劳务成本	280 000
贷：应付职工薪酬	100 000
原材料	50 000
银行存款	130 000

2. 提供劳务交易结果不能可靠估计

企业在资产负债表日提供劳务交易结果不能可靠估计的，则不能采用完工百分比法确认提供劳务收入。此时，企业应正确预计已经发生的劳务成本，确认是否能够得到补偿，分别进行会计处理。

(1)已经发生的劳务成本预计全部能够得到补偿的，应按已收或预计能够收回的金额确认提供劳务收入，并结转已经发生的劳务成本。

(2)已经发生的劳务成本预计部分能够得到补偿的，应按能够得到补偿的劳务成本金额确认提供劳务收入，并结转已经发生的劳务成本。

(3)已经发生的劳务成本预计全部不能得到补偿的，应将已经发生的劳务成本计入当期损益，不确认提供劳务收入。

【例 13-9】甲公司于 2022 年 11 月 5 日接受 A 公司委托，为其培训一批学员，培训期为 6 个月，当日开学。协议约定，A 公司应向甲公司支付的培训费总额为 90 000 元，分三次等额支付，第一次在开学时预付，第二次在 2023 年 2 月 1 日支付，第三次在培训结束时支付。

当日，A 公司预付第一次培训费。至 2022 年 12 月 31 日，甲公司得知 A 公司经营发生困难，后两次培训费能否收回难以确定。因此，甲公司将已经发生的培训成本 40 000 元（假定均为培训人员薪酬）中能够得到补偿的部分（即 30 000 元）确认为收入。将发生的 40 000 元成本全部确认为当年费用。不考虑其他因素，甲公司应编制的会计分录如下。

（1）2022 年 11 月 5 日收到 A 公司预付的培训费时。

借：银行存款   30 000
    贷：预收账款   30 000

（2）实际发生培训支出 40 000 元时。

借：劳务成本   40 000
    贷：应付职工薪酬   40 000

（3）2022 年 12 月 31 日确认提供劳务收入并结转劳务成本时。

借：预收账款   30 000
    贷：主营业务收入   30 000
借：主营业务成本   40 000
    贷：劳务成本   40 000

📖 任务作答清单

（1）如何区分商业折扣和现金折扣？	
（2）宏利公司在有销售商品时，如遇到商品质量问题需要退货，该如何处理？	
（3）在任务描述中，宏利公司应怎样进行账务处理？	
（4）在有赊销业务时，如何才能鼓励客户尽快付款？	

教师点评			
小组成员			
小组得分		组长签字	
教师评分		教师签字	

任务2　利　润

任务布置

任务描述	宏利公司是增值税一般纳税人，2023年3月主要发生如下业务： 　①2023年3月收到两笔政府补助：一是因其自主研发生产的软件符合增值税即征即退政策，在提交退税申请后收到经主管税务机关审核后的应收退税款20万元；二是因遭受重大水灾而收到政府补助资金300万元。政府补助都应计入什么会计账户？政府补助对应的收益影响企业的什么利润？ 　②2022年度公司实现净利润950万元，按净利润的10%提取法定盈余公积，按净利润的15%提取任意盈余公积。需要进行怎样的账务处理？
任务目标	请根据学习的知识，解决上述问题。要完成的任务有：理解利润的概念和构成，掌握利润核算与分配方法，明确利润在企业经济运行中的作用
任务讨论	宏利公司在接受政府补助时，是否影响企业的营业利润？
任务实施	学时建议：课上1学时、课下1学时
	任务分工：分组、布置任务、任务准备、操作
	实施方式：线上与线下相结合

知识参考

一、利润的含义

利润是指企业在一定会计期间的经营成果，包括收入减去费用后的净额，以及计入当期利润的利得和损失等。利润的确认主要依赖于收入和费用，以及直接计入当期利润的利得和损失。利润是衡量企业优劣的一个重要标志，也是评价企业管理层业绩的一项重要指标，还是投资者等财务报告使用者进行决策时的重要参考。

二、利润的构成

利润包括营业利润、利润总额和净利润。

1. 营业利润

营业利润是指企业在一定期间内的日常活动取得的利润，是企业利润的主要来源。其具体内容用以下公式计算：

营业利润＝主营业务收入－主营业务成本＋其他业务收入－其他业务成本－销售费用－
　　　　　管理费用－财务费用－税金及附加＋其他收益±投资净损益±公允价值变动
　　　　　净损益－资产减值损失－信用减值损失±资产处置净损益

其中各部分的解释如下。

主营业务收入是指企业销售商品或提供劳务等取得的收入。

主营业务成本是指企业确认销售商品或提供劳务等主营业务收入时应结转的成本。

其他业务收入是指企业取得的除主营业务活动以外的其他经营活动实现的收入。

其他业务成本是指企业确认除主营业务活动以外的其他经营活动实现的收入时应结转的成本。

销售费用是指企业销售商品、提供劳务的过程中发生的各项费用，包括销售商品过程中发生的保险费、包装费、展览费、广告费、运输费、装卸费等以及专设销售机构的各项经营费用。

管理费用是指企业为组织和管理生产经营发生的各种费用，包括企业在筹建期间发生的开办费、董事会和行政管理部门在企业经营管理中发生的或者应由企业统一负担的公司经费、行政管理部门负担的工会经费、董事会费、咨询费、业务招待费、技术转让费等。

财务费用是指企业为筹集生产经营所需的资金而发生的筹资费用，包括利息支出（减利息收入）、汇兑损益以及相关的手续费、企业发生的现金折扣或收到的现金折扣等。

税金及附加是指企业经营业务应负担的税金及附加费用，如消费税、城市维护建设税、资源税、教育费附加、房产税、城镇土地使用税、车船税、印花税等。

其他收益是指与企业日常活动相关但不属于营业收入的经济利益流入，主要包括与企业日常活动相关但不宜冲减成本费用而应计入其他收益的政府补助、代扣代缴税款手续费、增值税减免、债务人获得的部分债务重组收益等。

投资净损益包括投资收益和投资损失，是指企业对外投资所取得的收益，减去投资发生的损失，包括取得、持有、出售以公允价值计量且其变动计入当期损益的金融资产实现的损益，持有、出售以摊余成本计量的金融资产实现的损益，持有、出售以公允价值计量且其变动计入其他综合收益的投资实现的损益等。

公允价值变动净损益是指企业的交易性金融资产、交易性金融负债，以及采用公允价值模式计量的投资性房地产、衍生工具、套期保值业务等公允价值变动形成的应计入当期损益的利得或损失。

资产减值损失是指企业计提各项资产减值准备所形成的损失，包括存货、长期股权投资、固定资产、无形资产等资产发生的减值损失。在建工程、工程物资、生产性生物资产、商誉以及采用成本模式计量的投资性房地产等资产发生的减值，也属于资产减值损失。

信用减值损失是指因企业应收账款的账面价值高于其可收回金额而造成的损失。

资产处置净损益是指企业出售划分为持有待售的非流动资产（金融资产、长期股权投资和投资性房地产除外）或处置组（子公司和业务除外）时确认的处置利得或损失，以及处置（包括抵债、投资、非货币性资产交换、捐赠等）未划分为持有待售的固定资产、在建工程、无形资产等而产生的处置利得或损失。

2. 利润总额

利润总额是指企业一定期间的营业利润加上营业外收入减去营业外支出后的所得税税前利润总额。可以用以下公式计算：

$$利润总额 = 营业利润 + 营业外收入 - 营业外支出$$

其中，营业外收入和营业外支出是指企业发生的与其经营活动无直接关系的收支项目。

营业外收入是指企业取得的与生产经营活动没有直接关系的各种收入，主要包括非流动资产处置利得、非货币性资产交换利得、出售无形资产收益、债务重组利得、企业合并损益、盘盈利得、因债务人原因确实无法支付的应付款项、政府补助、教育费附加返还款、罚款收入、捐赠利得等。

营业外支出是指企业发生的与生产经营活动没有直接关系的各种支出，主要包括非流动资产处置损失、非货币性资产交换损失、债务重组损失、罚款支出、公益性捐赠支出、非常损失、盘亏损失等。

3. 净利润

净利润是指企业一定期间的利润总额减去所得税费用后的净额。可以用以下公式计算：

$$净利润＝利润总额－所得税费用$$

其中，所得税费用是指根据《企业会计准则》的要求确认的应从当期利润总额中扣除的当期所得税费用和递延所得税费用。

三、利润的结转与分配

（一）利润的结转

企业应设置"本年利润"账户，用于核算企业当期实现的净利润或发生的净亏损。

利润的结转分为以下两个步骤。

（1）损益类账户余额转入"本年利润"。会计期末，企业应将各损益类账户的余额转入"本年利润"账户，损益类账户期末无余额。期末结转损益类账户余额后，"本年利润"账户若为贷方余额，则表示年度内累计实现的净利润；若为借方余额，则表示年度内累计发生的净亏损。

（2）"本年利润"转入"利润分配——未分配利润"。年度终了，企业应将收入和支出相抵后本年实现的净利润（即"本年利润"账户余额）转入"利润分配——未分配利润"账户。结转后，"本年利润"账户无余额。

【例13-10】甲公司年末一次结转利润，2022年12月末损益类账户余额见表13-1。

根据表中信息，写出结转本年度所有收入和费用类账户的会计分录。

表13-1　2022年12月末损益类账户余额

单位：元

账户	借方余额	贷方余额
主营业务收入		5 500 000
其他业务收入		500 000
投资收益		300 000
营业外收入		60 000
主营业务成本	3 000 000	

续表

账户	借方余额	贷方余额
其他业务成本	250 000	
税金及附加	80 000	
销售费用	320 000	
管理费用	450 000	
财务费用	100 000	
资产减值损失	80 000	
信用减值损失	40 000	
营业外支出	150 000	

(1)2022 年 12 月 31 日，结转本年度所有损益类账户余额。

借：主营业务收入　　　　　　　　　　　　　　　　　　5 500 000
　　其他业务收入　　　　　　　　　　　　　　　　　　　500 000
　　投资收益　　　　　　　　　　　　　　　　　　　　　300 000
　　营业外收入　　　　　　　　　　　　　　　　　　　　 60 000
　　贷：本年利润　　　　　　　　　　　　　　　　　　　　　　6 360 000
借：本年利润　　　　　　　　　　　　　　　　　　　4 470 000
　　贷：主营业务成本　　　　　　　　　　　　　　　　　　　　3 000 000
　　　　其他业务成本　　　　　　　　　　　　　　　　　　　　 250 000
　　　　税金及附加　　　　　　　　　　　　　　　　　　　　　　80 000
　　　　销售费用　　　　　　　　　　　　　　　　　　　　　　 320 000
　　　　管理费用　　　　　　　　　　　　　　　　　　　　　　 450 000
　　　　财务费用　　　　　　　　　　　　　　　　　　　　　　 100 000
　　　　资产减值损失　　　　　　　　　　　　　　　　　　　　　80 000
　　　　信用减值损失　　　　　　　　　　　　　　　　　　　　　40 000
　　　　营业外支出　　　　　　　　　　　　　　　　　　　　　 150 000

经过上述结转后，"本年利润"账户余额为 1 890 000(6 360 000-4 790 000)元(贷方余额)，即甲公司本年净利润为 1 890 000 元。

(2)2022 年 12 月 31 日，结转本年净利润。

借：本年利润　　　　　　　　　　　　　　　　　　　1 890 000
　　贷：利润分配——未分配利润　　　　　　　　　　　　　　　 1 890 000

(二)利润的分配

企业应设置"利润分配"账户，用于核算企业可供分配的利润。

可供分配的利润是指企业当期实现的净利润加上年初未分配利润(或减去年初未弥补亏损)后的余额。利润分配的顺序如下。

1. 提取法定盈余公积

法定盈余公积是指企业按照规定从净利润中提取的积累资金。《公司法》规定，公司制企业的法定盈余公积按照税后利润的 10% 提取，法定盈余公积累计额已达注册资本的 50% 时可以不再提取。企业提取法定盈余公积时，应借记"利润分配——提取法定盈余公积"账户，贷记"盈余公积——法定盈余公积"账户。

2. 提取任意盈余公积

任意盈余公积是指企业出于实际需要，从税后利润中提取的盈余公积。企业提取任意盈余公积时，应借记"利润分配——提取任意盈余公积"账户，贷记"盈余公积——任意盈余公积"账户。

法定盈余公积和任意盈余公积的区别在于各自计提的依据不同。前者按照国家法律或行政法规提取，后者按照企业实际需要自行决定。

3. 向投资者分配利润或股利

公司弥补亏损和提取公积金后的剩余税后利润，应按照公司章程向投资者分配股利。向投资者分配现金股利时，应借记"利润分配——应付现金股利"账户，贷记"应付股利"账户。

4. 转作股本的股利

转作股本的股利是指企业按照利润分配方案，以分派股票股利的形式转作股本的股利，也包括非股份有限公司以利润转增的资本。向投资者分配股票股利时，股利转作股本，应借记"利润分配——转作股本的股利"账户，贷记"股本"账户。

5. 将"利润分配"账户所属其他明细账户余额结转至"利润分配——未分配利润"账户

年度终了，企业应将"利润分配"账户所属其他明细账户余额转入"未分配利润"明细账户，借记"利润分配——未分配利润"账户，贷记"利润分配——提取法定盈余公积""利润分配——提取任意盈余公积""利润分配——应付现金股利""利润分配——转作股本的股利"等账户。结转后，除"未分配利润"明细账户外，其他明细账户应无余额。

【例 13-11】甲公司 2022 年度实现净利润 1 080 万元，按照净利润的 10% 提取法定盈余公积，按照净利润的 15% 提取任意盈余公积，向股东分派现金股利 400 万元，同时分派每股面值 1 元的股票股利 200 万股。编制的甲公司利润分配的会计分录如下。

（1）提取盈余公积。

借：利润分配——提取法定盈余公积	1 080 000
——提取任意盈余公积	1 620 000
贷：盈余公积——法定盈余公积	1 080 000
——任意盈余公积	1 620 000

（2）分配现金股利。

借：利润分配——应付现金股利	4 000 000
贷：应付股利	4 000 000

（3）分配股票股利，已办妥增资手续。

借：利润分配——转作股本的股利	2 000 000
贷：股本	2 000 000

（4）结转"利润分配"账户所属其他明细账户余额。

借：利润分配——未分配利润　　　　　　　　　　　　　　8 700 000
　　贷：利润分配——提取法定盈余公积　　　　　　　　　1 080 000
　　　　　　　　——提取任意盈余公积　　　　　　　　　1 620 000
　　利润分配——应付现金股利　　　　　　　　　　　　　4 000 000
　　利润分配——转作股本的股利　　　　　　　　　　　　2 000 000

📖 **任务作答清单**

(1)总结利润的构成	
(2)政府补助对应的收益账户有哪些？是否影响企业的营业利润？	
(3)利润分配包括哪几步？	
(4)任务描述中，宏利公司应怎样进行账务处理？	
(5)根据营业利润、息税前利润、利润总额、净利润的形成，对这四项进行区分	

教师点评			
小组成员			
小组得分		组长签字	
教师评分		教师签字	

任务 3　所得税

 任务布置

任务描述	宏利公司 2022 年利润表中的利润总额为 32 000 000 元，该公司适用的所得税税率为 25%。递延所得税资产及递延所得税负债不存在期初余额。在 2022 年发生的有关交易和事项中，会计处理与税收处理存在以下差异： 　　(1)当年购入 A 股票作为交易性金融资产，购入成本为 3 200 000 元，年末公允价值为 3 600 000 元； 　　(2)期末首次对实际成本为 20 000 000 元的存货计提了 2 000 000 元的存货跌价准备

续表

任务目标	请根据学习的知识，解决上述问题。要完成的任务有：理解所得税的概念，掌握所得税会计处理与税收处理的差异，明确所得税在企业经济运行中的作用		
任务讨论	宏利公司 2022 年年末暂时性差异为多少？		
任务实施	学时建议：课上 1 学时、课下 1 学时		
	任务分工：分组、布置任务、任务准备、查找资料		
	实施方式：线上与线下相结合		

 知识参考

一、所得税的概念和计税基础

所得税是对企业的应税所得征收的一种税。根据《企业会计准则第 18 号——所得税》的规定，企业应采用资产负债表核算所得税。通过比较资产负债表上列示的资产和负债，按照《企业会计准则》确定的账面价值与按照税法确定的计税基础，将二者之间的差异分为应纳税暂时性差异和可抵扣暂时性差异。

二、所得税的确认与计量

采用资产负债表对所得税费用进行确认与计量时，分为以下三个步骤。

(1)根据当期应纳税所得额和所得税税率，确定当期的应交所得税。

(2)根据本期发生的暂时性差异和相关税率计算确定本期应确认的递延所得税。暂时性差异分为应纳税暂时性差异和可抵扣暂时性差异。

(3)根据当期应交所得税和应确认的递延所得税金额，确定当期所得税费用。

(一)当期应交所得税的确认与计量

当期应交所得税是指企业按照税法规定计算确定的，针对当期交易或事项应缴纳的所得税金额。其计算公式为：

$$当期应交所得税 = 应纳税所得额 \times 所得税税率$$

当期应交所得税在进行账务处理时，借记"所得税费用"账户，贷记"应交税费——应交所得税"账户。

应纳税所得额通常是在企业税前会计利润(即利润总额)的基础上进行调整的，需要调整的项目见表 13-2。

表 13-2　会计利润需要调整的项目

序号	需要调整的项目	对会计利润的影响
1	会计上计入利润表而税法不允许税前扣除的费用或损失	+
2	会计上计入利润表而税法不计入应税收入的收入或利得	−
3	会计上不计入利润表而税法允许税前扣除的费用或损失	−

序号	需要调整的项目	对会计利润的影响
4	会计上不计入利润表而税法计入应税收入的收入或利得	+
5	会计上本期计入利润表而税法允许以后期间税前扣除的费用或损失	+
6	会计上本期计入利润表而税法允许以后期间计入应税收入的收入或利得	−
7	税法允许本期税前扣除而会计上将于以后期间计入利润表的费用或损失	−
8	税法允许本期计入应税收入而会计上将于以后期间计入利润表的收入或利得	+

【例 13–12】甲公司 2022 年度利润表中的利润总额为 20 000 000 元，该公司适用的所得税税率为 25%。2022 年发生的有关交易和事项中，会计处理与税收处理存在以下差异。

(1)取得国债利息收入 600 000 元。按照税法规定，企业取得的国债利息收入免征企业所得税。

(2)因排污超标，企业支付罚款 400 000 元。按照税法规定，环保罚款不得税前扣除。

(3)当年购入某公司股票作为交易性金融资产，购入成本为 2 500 000 元，年末公允价值为 2 800 000 元，确认交易性金融资产公允价值变动利得 300 000 元。

(4)期末首次对实际成本为 2 000 000 元的存货计提了 800 000 元存货跌价准备。

(5)期末首次预计产品质量保证费用为 60 000 元。

根据上述资料，计算甲公司当期所得税，并进行账务处理。

根据上述资料，甲公司有关账务处理如下。

纳税调整，并计算确认 2022 年度当期应交所得税。

(1)按照税法规定，国债利息收入免征企业所得税，调减应税所得 600 000 元。

(2)按照税法规定，环保罚款不得税前扣除，调增应税所得 400 000 元。

(3)交易性金融资产公允价值变动利得并未实现，按实质课税原则，应调减应税所得 300 000 元。

(4)计提存货跌价准备并未发生真实损失，调增应税所得 800 000 元。

(5)期末首次预计产品质量保证费用并未真实发生，调增应税所得 60 000 元。

经上述调整，应纳税所得额和应交所得税的计算如下。

应纳税所得额=20 000 000−600 000+400 000−300 000+800 000+60 000=20 360 000(元)。

应交所得税=20 360 000×25%=5 090 000(元)。

编制会计分录如下。

借：所得税费用　　　　　　　　　　　　　　　　　　5 090 000
　　贷：应交税费——应交所得税　　　　　　　　　　　　　　5 090 000

(二)递延所得税的确认与计量

1. 永久性差异与暂时性差异

由于会计核算与税法计税的口径不一致，二者之间产生了差异。根据差异在未来期间是否能转回，可以将差异分为永久性差异与暂时性差异。

永久性差异发生在某一会计期间，不会在以后各期转回。常见的永久性差异包括不得从应纳税所得额中扣除的行政性罚款、税收滞纳金、技术开发费加计扣除、超标的利息费用、业务招待费、捐赠支出、国债利息收入等。永久性差异不产生递延所得税。

暂时性差异是由于资产、负债的账面价值与其计税基础不同，产生了在未来收回资产或清偿债务期间应纳税所得额增加或减少，并导致未来期间应交所得税增加或减少的情况。按照对未来期间应税金额的影响，暂时性差异分为应纳税暂时性差异和可抵扣暂时性差异。企业应当设置"递延所得税负债"账户或"递延所得税资产"账户，用来核算暂时性差异发生当期对应纳税所得额的影响。

2. 递延所得税负债的确认与计量

应纳税暂时性差异是指在确定未来收回资产或清偿负债期间的应纳税所得额时，将导致产生应税金额的暂时性差异。该差异在未来期间转回时，会增加转回期间的应纳税所得额，即在未来期间不考虑该事项影响的应纳税所得额的基础上，由于该暂时性差异的转回，会进一步增加转回期间的应纳税所得额和应交所得税金额。在应纳税暂时性差异产生当期，应当确认相关的递延所得税负债。递延所得税负债的确认体现了会计的谨慎性，即企业进行会计核算时不能高估资产或低估负债。

确认递延所得税负债时，交易或事项发生时影响到会计利润或应纳税所得额的，相关的所得税影响借记"所得税费用"账户，贷记"递延所得税负债"账户；与直接计入所有者权益或其他综合收益的交易或事项相关的，其所得税影响借记"其他综合收益"账户，贷记"递延所得税负债"账户。

应纳税暂时性差异通常产生于以下两种情况。

（1）资产的账面价值大于其计税基础。

资产的账面价值大于其计税基础，该项资产未来期间产生的经济利益不能全部税前抵扣，二者之间的差额需要缴税，产生应纳税暂时性差异。

例如，企业某项交易性金融资产的购入成本是 50 000 元，期末公允价值为 56 000 元。则该项资产的账面价值为 56 000 元，计税基础为 50 000 元，产生应纳税暂时性差异 6 000 元。此项公允价值变动产生的差异在会计核算时已于发生当期作为公允价值变动损益计入了利润总额，但此项收益当期并未实现，按照实质课税原则，此项收益当期不缴纳企业所得税，即从应纳税所得额中扣除。该项交易性金融资产只有在未来以 56 000 元的价格出售时，扣除购入成本 50 000 元，才算真正实现收益 6 000 元，才需要缴纳所得税（未来需缴纳）。因此，公允价值变动当期，产生递延所得税负债。

（2）负债的账面价值小于其计税基础。

负债的账面价值为企业预计在未来期间清偿该项负债时的经济利益流出，而其计税基础代表的是账面价值在扣除税法规定未来期间允许税前扣除的金额之后的差额。负债的账面价值小于其计税基础，意味着就该项负债在未来期间可以税前抵扣的金额为负数，即应在未来期间应纳税所得额的基础上增加应纳税所得额，产生应纳税暂时性差异。

例如，某项长期应付款的余额为 800 000 元，按实际利率法计算的未确认融资费用为 80 000 元，则期末该项长期应付款的账面价值为 720 000 元，而计税基础为 800 000 元，产生应纳税暂时性差异 80 000 元。在差异发生当期，差异作为财务费用减少了当期应纳税

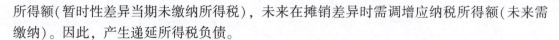

所得额（暂时性差异当期未缴纳所得税），未来在摊销差异时需调增应纳税所得额（未来需缴纳）。因此，产生递延所得税负债。

3. 递延所得税资产的确认与计量

可抵扣暂时性差异是指在确定未来收回资产或清偿负债期间的应纳税所得额时，将导致产生可抵扣金额的暂时性差异。该差异在未来期间转回时，会减少转回期间的应纳税所得额，减少未来期间的应交所得税金额。在可抵扣暂时性差异产生当期，符合确认条件的情况下，应当确认相关的递延所得税资产。

确认递延所得税资产时，交易或事项发生时影响到会计利润或应纳税所得额的，相关的所得税影响借记"递延所得税资产"账户，贷记"所得税费用"账户；与直接计入所有者权益或其他综合收益的交易或事项相关的，其所得税影响借记"递延所得税资产"账户，贷记"其他综合收益"账户。

可抵扣暂时性差异通常产生于以下两种情况。

（1）资产的账面价值小于其计税基础。

资产的账面价值小于其计税基础，该项资产在未来期间产生的经济利益较少，按照税法规定允许税前扣除的金额较多，即企业在未来期间可以减少应纳税所得额，并减少应交所得税。当期该项资产账面价值与计税基础之间的差额即为可抵扣暂时性差异。

例如，企业存货的购入成本（计税基础）是 1 200 000 元，期末账面价值为 1 100 000 元，账面价值小于计税基础，产生可抵扣暂时性差异 100 000 元。差异原因是计提了存货跌价准备 100 000 元，此项资产减值损失并未真实发生，根据税法规定，不得提前扣除，待以后真正发生损失时才能确认，从而减少未来的应纳税所得额。因此，在发生减值损失的当期产生可抵扣暂时性差异，进而产生递延所得税资产。

（2）负债的账面价值大于其计税基础。

负债的账面价值大于其计税基础，二者产生的暂时性差异实质上是税法规定就该项负债可以在未来期间税前扣除的金额。这意味着未来期间与该项负债相关的全部或部分支出可以从未来应纳税所得额中扣除，减少未来期间的应纳税所得额和应交所得税。

例如，企业将产品保修费在销售当期确认为预计负债 200 000 元，但税法规定有关费用或支出只有在实际发生时才能够税前扣除，只有在未来期间预计负债转为真实负债时，经济利益才会流出企业。当期预计负债的计税基础为 0，账面价值为 200 000 元，二者之间的差异即为可抵扣暂时性差异，进而产生递延所得税资产。

【例 13-13】结合例 13-12 的资料，确认 2022 年年末暂时性差异，递延所得税金额，并进行相关账务处理。假定递延所得税资产及递延所得税负债均无期初余额。

①确认 2022 年年末暂时性差异。

甲公司 2022 年资产负债表相关项目账面价值及其计税基础，见表 13-3。

表 13-3　甲公司 2022 年资产负债表相关项目账面价值及其计税基础

单位：元

项目	账面价值	计税基础	差异		调整应纳税所得额
			应纳税暂时性差异	可抵扣暂时性差异	
交易性金融资产	2 800 000	2 500 000	300 000		−300 000

续表

项目	账面价值	计税基础	差异		调整应纳税所得额
			应纳税暂时性差异	可抵扣暂时性差异	
存货	1 200 000	2 000 000		800 000	+800 000
预计负债	60 000	0		60 000	+60 000
合计			300 000	860 000	+560 000

②确认2022年度递延所得税。交易性金融资产账面价值与计税基础之间产生的应纳税暂时性差异，对所得税费用产生影响。存货和预计负债账面价值与计税基础之间产生的可抵扣暂时性差异。

递延所得税负债=300 000×25%=75 000（元）。

　　借：所得税费用　　　　　　　　　　　　　　　　　　　　75 000
　　　　贷：递延所得税负债　　　　　　　　　　　　　　　　　　　75 000

递延所得税资产=860 000×25%=215 000（元）。

　　借：递延所得税资产　　　　　　　　　　　　　　　　　　215 000
　　　　贷：所得税费用　　　　　　　　　　　　　　　　　　　　215 000

③确认利润表中所得税费用金额。

所得税费用=5 090 000+75 000-215 000=4 950 000（元）。

（三）所得税费用的账务处理

期末，企业应将"所得税费用"账户的余额转入"本年利润"账户，借记"本年利润"账户，贷记"所得税费用"账户。结转后，"所得税费用"账户应无余额。

【例13-14】结合例13-12和例13-13的资料，将2022年年末所得税费用进行相关账务处理。

　　借：本年利润　　　　　　　　　　　　　　　　　　　　4 950 000
　　　　贷：所得税费用　　　　　　　　　　　　　　　　　　　4 950 000

任务作答清单

（1）任务描述中，宏利公司应纳税所得额为多少？	
（2）任务描述中，宏利公司应交所得税为多少？	
（3）任务描述中，宏利公司可抵扣暂时性差异为多少？应计入什么会计账户？	
（4）任务描述中，宏利公司应纳税暂时性差异为多少？应计入什么会计账户？	

续表

（5）任务描述中，宏利公司所得税费用最终的金额为多少？	
（6）暂时性差异和永久性差异有何区别？	
教师点评	

小组成员			
小组得分		组长签字	
教师评分		教师签字	

🌷 **知识链接 13-1**

营业外收支与其他收益

🌷 **知识链接 13-2**

收入与利得的联系和区别

项目 14　财务报告

学习目标

> ### 知识目标
掌握财务报告的含义、构成、作用和内容；明确资产负债表和利润表的内容与格式；明确现金流量表的概念、分类和作用；掌握资产负债表、利润表和现金流量表的填制方法；熟悉所有者权益变动表和财务报表附注的主要内容。

> ### 技能目标
能够明确资产负债表各项目的填制方法；能够正确计算营业利润、利润总额和所得税费用，从而核算净利润，正确编制利润表；能够正确计算企业的投资活动现金流量、筹资活动现金流量和经营活动现金流量，并正确编制现金流量表。

> ### 素质目标
引导学生形成积极向上的学习和工作状态，学生能采用正确、谨慎的方法确认企业的资产和负债，正确划分收入和费用确认的会计期，合理编制资产负债表、利润表和现金流量表。

知识点导图

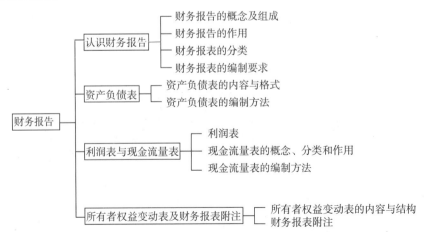

财务报告
- 认识财务报告
  - 财务报告的概念及组成
  - 财务报告的作用
  - 财务报表的分类
  - 财务报表的编制要求
- 资产负债表
  - 资产负债表的内容与格式
  - 资产负债表的编制方法
- 利润表与现金流量表
  - 利润表
  - 现金流量表的概念、分类和作用
  - 现金流量表的编制方法
- 所有者权益变动表及财务报表附注
  - 所有者权益变动表的内容与结构
  - 财务报表附注

任务 1   认识财务报告

 任务布置

任务描述	宏利公司 2022 年年初总资产为 1 020 000 元，年末总资产为 1 150 000 元；年初负债总额为 460 000 元，年末负债总额为 580 000 元；年初所有者权益总额为 560 000 元，年末所有者权益总额为 570 000 元。企业 2022 年年初和年末的资产负债表要通过何种形式体现？反映企业什么情况？
任务目标	请根据学习的知识，解决上述问题。要完成的任务有：理解财务报告的概念，掌握财务报告的内容，明确财务报告在企业经济运行中的作用
任务讨论	所有者权益中与利润表相关的项目是什么？
任务实施	学时建议：课上 1 学时、课下 1 学时
	任务分工：分组、布置任务、任务准备、查找资料
	实施方式：线上与线下相结合

 知识参考

一、财务报告的概念及组成

　　财务报告是企业对外提供的、以日常会计核算资料为主要依据，反映企业某一特定日期的财务状况和某一会计期间的经营成果、现金流量等会计信息的文件，是会计工作的重要成果。财务报告包括财务报表和其他应当在财务报告中披露的相关信息和资料。其中，财务报表是对企业财务状况、经营成果和现金流量的结构性表述。财务报表主要包括资产负债表、利润表、现金流量表、所有者权益变动表(或股东权益变动表)以及附注。

　　一般来说，财务报表是财务报告的核心，企业对外提供的主要财务信息都应纳入财务报表(包括表内和表外附注)，编制财务报告的目的就是对外提供财务信息。

二、财务报告的作用

　　企业编制财务报告，对于改善企业外部有关方面的经济决策环境和加强企业内部经营管理具有重要的意义。财务报告的作用有以下几点。

1. 有助于投资人和债权人进行合理的决策

　　企业投资者、债权人是财务报告的主要使用者，因为企业生产经营所需要的各项经济资源主要来自投资人和债权人。投资者和债权人利用财务报告了解企业的财务状况、经营成果和现金流量情况，从而进行正确的投资决策和信贷决策。

2. 反映企业经营者受托责任的履行情况

所有者将资金投入企业，委托经营者进行经营管理，为了确保其投入资本的保值与增值，需要利用财务报告来了解管理层对所托资源的经营管理责任的履行情况。财务报告能够较全面、系统、连续和综合地跟踪反映企业投入资源的渠道、性质、分布状态以及资源的运用效果，从而有助于评估企业的财务状况与经营绩效，以及管理层对受托资源的经营管理责任的履行情况。

3. 能够帮助企业管理层加强和改善经营管理

财务报告通常有特定的表格和文字形式，将企业生产经营的全部情况进行搜集、整理、加工，形成系统的财务信息资料，传递给企业内部经营管理部门。企业管理层可以通过财务报告了解企业当期生产经营活动的基本情况，评价自身的经营业绩，分析工作中可能存在的问题，以便采取有效措施，提高企业的经营管理水平和经济效益。

三、财务报表的分类

财务报表通常有以下两种分类方式。

1. 按财务报表编制期间分类

按编制期间的不同，财务报表可以分为中期财务报表和年度财务报表。中期财务报表是以短于一个完整会计年度的报告期间为基础编制的财务报表，包括年度、半年度、季度和月度财务报表。中期财务报表至少应当包括资产负债表、利润表、现金流量表和附注。其中，中期资产负债表、利润表和现金流量表应当为完整的财务报表，其格式和内容应当与年度财务报表一致。与年度财务报表相比，中期财务报表的附注披露时，内容可以适当简略。

2. 按财务报表编制主体分类

按编制主体的不同，财务报表可以分为个别财务报表和合并财务报表。个别财务报表是以企业自身为主体，在会计核算的基础上对账簿记录进行加工而编制的财务报表，它主要用于反映企业自身的财务状况、经营成果和现金流量。合并财务报表是以母公司和子公司组成的企业集团为会计主体，根据母公司和所属子公司的财务报表，由母公司编制的综合反映企业集团财务状况、经营成果和现金流量的财务报表。

四、财务报表的编制要求

（一）依据各项会计准则确认和计量的结果编制财务报表

企业应当根据实际发生的交易和事项，遵循基本准则、各项具体会计准则及解释的规定进行确认和计量，并在此基础上编制财务报表。企业采用的不恰当的会计政策不允许通过在附注中披露等其他形式予以更正。

（二）财务报表的列报基础和核算基础

会计确认、计量及编制财务报表是以持续经营为基本前提的。在编制财务报表过程中，企业管理层应当全面评估企业的持续经营能力。同时，我国企业现金流量表需要按照收付实现制进行编制，其他财务报表按照权责发生制进行编制。

(三)财务报表项目列报的一致性和可比性

财务报表项目列报应当在各个会计期间保持一致,不得随意变更,这一要求是以会计信息质量要求中的可比性为基础的。当会计准则要求改变财务报表项目的列报,或者发生对企业经营影响较大的交易或事项后,财务报表项目的列报是可以改变的。同时,企业在列报当期财务报表时,至少应当提供所有列报项目上一会计期间的比较数据,从而有助于财务报表信息使用者进行比较。

(四)财务报表项目列报的重要性

重要性是判断项目是否单独列报的重要标准。企业项目在财务报表中是否单独列报,应当依据重要性原则来判断。企业应当根据所处环境,从项目的性质和金额大小两个方面进行重要性判断。重要性的判断标准一经确定,不得随意变更。

(五)财务报表表首部分的列报要求

财务报表表首应当包括以下基本信息。

(1)企业(财务报表主体)的名称。

(2)编制期间。资产负债表应当为披露资产负债表日,利润表、现金流量表和所有者权益变动表应为披露报表涵盖的会计期间。我国规定的企业会计年度自公历 1 月 1 日起至当年 12 月 31 日止。

(3)货币名称和单位。应当以人民币作为记账本位币,并标明金额单位,如人民币元、人民币万元等。

(4)若为合并财务报表,应予以标明。

📖 **任务作答清单**

(1)财务报告有哪些分类?	
(2)阐述财务报告的作用	
(3)企业性质不一样,财务报表也会有所差异。查找一家企业的财务报表,总结有哪些种类的报表,并了解和熟悉企业的财务情况	

教师点评			
小组成员			
小组得分		组长签字	
教师评分		教师签字	

任务 2　资产负债表

任务布置

任务描述	宏利公司"应收账款"明细账户显示借方余额为 820 000 元、贷方余额为 20 000 元；"预付账款"明细账户借方余额为 110 000 元、贷方余额为 10 000 元。那么，"应收账款"明细账户贷方余额应计入什么会计账户？"预付账款"贷方余额应计入什么会计账户？
任务目标	请根据学习的知识，解决上述问题。要完成的任务有：理解资产负债表的概念，掌握资产负债表的内容，明确资产负债表在企业经济运行中的作用
任务讨论	宏利公司坏账准备期末余额在填制资产负债表时应如何应用？
任务实施	学时建议：课上 1 学时、课下 1 学时
	任务分工：分组、布置任务、任务准备、查找资料
	实施方式：线上与线下相结合

知识参考

一、资产负债表的内容与格式

资产负债表是反映企业在某一特定日期财务状况的会计报表。由于该表反映了一个企业在特定日期的财务状况，因此又被称为财务状况表。

资产负债表是根据"资产＝负债+所有者权益"这一会计基本等式，按照一定的分类标准和顺序，把企业在一定日期的资产、负债和所有者权益各项目予以适当排列编制而成的。

资产负债表主要为报表使用者提供企业所拥有或控制的经济资源，即资产；提供企业资金的来源构成的信息，包括企业所承担的债务（负债），以及所有者在企业中所拥有的权益（所有者权益）等。

在我国，资产负债表采用账户式结构，分为左右两方，左方列示资产各项目，反映全部资产的分布及其存在形态；右方列示负债和所有者权益各项目，反映全部负债和所有者权益的内容及构成情况。资产各项目按其流动性由大到小的顺序排列，即流动资产在前，非流动资产在后；负债各项目按其到期日的远近顺序排列，即流动负债在前，非流动负债在后。资产负债表左右双方平衡，资产的总计等于负债和所有者权益的总计，即"资产＝负债+所有者权益"。为了让使用者清楚地看到不同时点资产负债表的数据，掌握企业财务状况的变动情况和发展趋势，我国资产负债表主体部分的各项目都列有"期末"和"年初余额"两栏，是一种比较资产负债表。

资产负债表（账户式资产负债表）示例详见表 14-1。

表 14-1　资产负债表示例

会企 01 表

编制单位：××公司　　　　　　　　　2022 年 12 月 31 日　　　　　　　　　单位：元

资产	期末余额	年初余额	负债和所有者权益	期末余额	年初余额
流动资产：			流动负债：		
货币资金	32 000 000	35 000 000	短期借款	10 000 000	12 000 000
以公允价值计量且其变动计入当期损益的金融资产	2 800 000	5 700 000	以公允价值计量且其变动计入当期损益的金融负债	（略）	（略）
应收票据	（略）	3 600 000	应付票据	3 000 000	5 000 000
应收账款	30 000 000	13 500 000	应付账款	55 000 000	45 000 000
预付账款	150 000	800 000	预收账款	350 000	11 500 000
应收股利	60 000	315 000	应付职工薪酬	3 360 000	（略）
应收利息	550 000	450 000	应交税费	（略）	（略）
其他应收款	20 000	20 000	应付利息	2 250 000	745 000
存货	62 580 000	57 560 000	应付股利	5 000 000	（略）
一年内到期的非流动资产	3 500 000	2 000 000	其他应付款	7 600 000	350 000
其他流动资产	（略）	（略）	一年内到期的非流动负债	15 000 000	7 500 000
流动资产合计	131 660 000	118 945 000	流动负债合计	101 560 000	82 095 000
非流动资产：			非流动负债：		
可供出售金融资产	4 600 000	4 400 000	长期借款	4 000 000	20 000 000
持有至到期投资	4 800 000	3 000 000	应付债券	5 750 000	5 850 000
长期股权投资	4 950 000	4 950 000	长期应付款	（略）	（略）
投资性房地产	12 000 000	8 000 000	递延所得税负债	（略）	（略）
长期应收款	42 000 000	42 000 000	预计负债	300 000	1 150 000
固定资产	48 500 000	54 000 000	其他非流动负债	（略）	（略）
在建工程	800 000	5 000 000	非流动负债合计	10 050 000	27 000 000
工程物资	7 600 000	10 500 000	负债合计	111 610 000	109 095 000
固定资产清理	（略）	（略）	所有者权益	（略）	（略）
无形资产	15 000 000	3 300 000	实收资本	100 000 000	100 000 000
开发支出	（略）	（略）	资本公积	40 000 000	42 000 000
商誉	（略）	（略）	减：库存股	（略）	（略）
长期待摊费用	（略）	900 000	其他综合收益	200 000	（略）

续表

资产	期末余额	年初余额	负债和所有者权益	期末余额	年初余额
递延所得税资产	（略）	（略）	盈余公积	5 500 000	1 700 000
其他非流动资产	（略）	（略）	未分配利润	14 600 000	2 200 000
非流动资产合计	140 250 000	136 050 000	所有者权益合计	160 300 000	145 900 000
资产总计	271 910 000	254 995 000	负债和所有者权益总计	271 910 000	254 995 000

二、资产负债表的编制方法

由于企业的每一项资产、负债和所有者权益余额都是以各有关账户的余额来表示的，因此，作为总括反映企业资产、负债和所有者权益的资产负债表项目，原则上都可以直接根据有关总账账户的期末余额填列。但是，为了如实地反映企业的财务状况，更好地满足报表使用者的需要，资产负债表中的某些项目需要根据总账账户和明细账户共同记录、分析、计算后填列。也就是说，资产负债表项目的填列方法，在很大程度上取决于企业日常经营活动中会计核算所设置的总账账户的明细程度。

资产负债表各项目的填列方法大体上可归为以下几种情况。

1. 直接根据总账账户余额填列

例如，"固定资产清理""短期借款""应付票据""应付职工薪酬""应交税费""应付利息""应付股利""其他应付款""实收资本""资本公积""其他综合收益""盈余公积"等账户可以直接根据总账账户余额填列。

2. 根据若干个总账账户余额计算填列

例如，"货币资金"账户，应根据"库存现金""银行存款""其他货币资金"账户余额之和计算填列；"以公允价值计量且其变动计入当期损益的金融资产"账户，应根据"交易性金融资产""指定为以公允价值计量且其变动计入当期损益的金融资产"账户余额之和计算填列；"存货"账户，应根据"材料采购""原材料""委托加工物资""包装物""低值易耗品""材料成本差异""生产成本""自制半成品""产成品"等账户借贷方余额的差额计算填列；"固定资产"账户，应根据"固定资产"账户的期末余额，减去"累计折旧"和"固定资产减值准备"账户的期末余额后填列；"无形资产"账户，应根据"无形资产"账户的期末余额，减去"累计摊销"和"无形资产减值准备"账户的期末余额填列；"未分配利润"账户，应根据"本年利润"和"利润分配"账户余额计算填列。

3. 根据若干个明细账户余额计算填列

例如，"应收账款"账户，应根据"应收账款""预收账款"总账账户所属明细账户的借方余额之和减去相应的"坏账准备"所属明细账户的贷方余额计算填列；"预收账款"账户，应根据"应收账款""预收账款"总账账户所属明细账户的贷方余额之和计算填列；"应付账款"账户，应根据"应付账款""预付账款"总账账户所属明细账户的贷方余额之和计算填列；"预付账款"账户，应根据"应付账款""预付账款"总账账户所属明细账户的借方余额之和计算填列。

4. 根据总账账户或明细账户余额分析填列

例如，"一年内到期的非流动资产"账户，应根据"长期应收款"账户所属明细账户余额中将于一年内到期的数额之和计算填列；"长期应收款"账户应分别根据"长期应收款"总账账户余额扣除一年内到期的数额填列；"一年内到期的非流动负债"账户，应根据"长期借款""应付债券""长期应付款"等总账账户所属明细账户余额中将于一年内到期的数额之和计算填列；"长期借款""应付债券""长期应付款"等账户，应分别根据"长期借款""应付债券""长期应付款"等总账账户余额扣除一年内到期的数额填列。

📖 任务作答清单

(1)资产负债表依据哪个等式编制？资产、负债和所有者权益包含哪些项目？	
(2)"应收账款"明细账户借方余额如何确认？"预收账款"明细账户贷方余额如何确认？	
(3)"预付账款"明细账户借方余额如何确认？"应付账款"明细账户贷方余额如何确认？	
(4)坏账准备在资产负债表编制时如何应用？	
教师点评	

小组成员			
小组得分		组长签字	
教师评分		教师签字	

任务 3 利润表与现金流量表

🌱 任务布置

任务描述	宏利公司为增值税一般纳税人，主要业务如下。 业务一：生产销售 B 产品。B 产品既为应纳增值税产品，又应缴纳消费税。产成品按实际成本核算。企业按净利润的 20% 提取盈余公积。该公司适用的有关税率如下：增值税税率为 13%，消费税税率为 10%，企业所得税税率为 25%。该公司 2021 年年初未分配利润为 18 000 元。 该公司 2021 年发生的与利润确定有关的经济业务如下。

任务描述	(1)销售 B 产品一批，不含税价格 280 000 元，成本 180 000 元，产品已发出，已开具增值税专用发票，并已收到承兑的商业汇票。 (2)将一台不需用的设备出售，该设备原价为 200 000 元，已提折旧 50 000 元，售价为 85 000 元，增值税税额为 11 050 元，全部款项已存入银行。该设备的计税基础与账面价值相同。 (3)以银行存款支付违反税法规定的罚款 5 000 元。 (4)计提短期借款利息 4 000 元。 (5)以银行存款支付专设销售部门差旅费 2 200 元、办公费 3 800 元。 (6)计算 2021 年所得税费用。 (7)年终结转全部收入与费用。 (8)按净利润的 20% 提取盈余公积。 试求 2021 年年末企业净利润。 业务二：2022 年 12 月 31 日有如下资料。 (1)本期净利润 80 000 元。 (2)折旧费用 36 000 元。 (3)借款利息费用 5 500 元。 (4)购买土地使用权 12 000 元。 (5)处置固定资产净收益 30 000 元。 (6)存货增加 5 000 元。 以上各项影响企业现金流量表的哪个方面？
任务目标	请根据学习的知识，解决上述问题。要完成的任务有：理解利润表和现金流量表的概念，掌握利润表和现金流量表的内容及编制原理、方法，明确利润表、现金流量表在企业经济运行中的作用
任务讨论	利润表和现金流量表的异同
任务实施	学时建议：课上 1 学时、课下 1 学时
	任务分工：分组、布置任务、任务准备、查找资料
	实施方式：线上与线下相结合

 知识参考

一、利润表

(一)利润表的内容与格式

利润表是反映企业在某一会计期间的经营成果的会计报表。利润表要反映企业在一个会计期间的所有广义收入和广义费用，并计算出利润，而收入与费用的数额是随着时间的推移而变化的，因此利润表是一张动态会计报表。

常见的利润表结构主要有单步式和多步式两种。

1. 单步式利润表

单步式利润表将所有收入和所有费用分别加以汇总，用收入合计减去费用合计，从而得出本期利润。

单步式利润表的优点是编制方式简单，收入与支出归类清楚，缺点是收入、费用的性质没有加以区分，只是全部归为一类，不利于报表使用者分析财务报表。

2. 多步式利润表

多步式利润表将收入与费用按同类属性分别加以归集，分别计算营业利润、利润总额和净利润。在我国，企业的利润表大多采用多步式结构。多步式利润表主要包括以下几方面的内容。

(1)营业收入：由主营业务收入和其他业务收入组成。

(2)营业成本：由主营业务成本和其他业务成本构成。

(3)营业利润=营业收入(包括主营业务收入和其他业务收入)-营业成本(包括主营业务成本和其他业务成本)-税金及附加-销售费用-管理费用-财务费用-资产减值损失+公允价值变动净收益+投资净收益。

(4)利润总额=营业利润+营业外收入-营业外支出。

(5)净利润=利润总额-所得税费用。

(6)其他综合收益：反映企业未在损益中确认的各项利得或损失扣除所得税影响后的净额。

(7)综合收益总额：指企业净利润与其他综合收益的合计额。

(8)每股收益：指普通股或潜在普通股已公开交易的企业，以及正处于公开发行普通股或潜在普通股过程中的企业，还应当在利润表中列示每股收益信息，包括基本每股收益和稀释每股收益。

多步式利润表比单步式利润表提供的信息更加丰富，通过不同时期各对应项目的分析可以预测企业未来现金流量，对企业未来经营成果做出正确的判断。

利润表(多步式)示例见表 14-2。

表 14-2 利润表(多步式)示例

会企 02 表

编制单位：××公司　　　　　　　　　　　2022 年　　　　　　　　　　　单位：元

项目	本期金额	上期金额
一、营业收入	1 250 000	1 000 000
减：营业成本	750 000	720 000
税金及附加	2 000	1 800
销售费用	20 000	16 000
管理费用	157 100	145 000
财务费用	41 500	38 000
资产减值损失	30 900	28 700
加：公允价值变动收益	0	0

续表

项目	本期金额	上期金额
投资收益	31 500	30 000
二、营业利润	280 000	80 500
加：营业外收入	50 000	47 000
减：营业外支出	19 700	16 800
其中：非流动资产处置损失	（略）	（略）
三、利润总额	310 300	110 700
减：所得税费用	77 575	27 675
四、净利润	275 725	83 025
五、其他综合收益	（略）	（略）
六、综合收益总额	（略）	（略）
七、每股收益	（略）	（略）
（一）基本每股收益	（略）	（略）
（二）稀释每股收益	（略）	（略）

（二）利润表的编制方法

1. 利润表"上期金额"列的填写方法

"上期金额"列内的各项数字，应根据上年该期利润表的"本期金额"列内所列数字填写。如果上年该期利润表规定的各个项目的名称和内容同本期不一致，应对上年该期利润表各项目的名称和数字按本期的规定进行调整，填入利润表"上期金额"列内。

2. 利润表"本期金额"列的填写方法

"本期金额"列内各项目，除了"基本每股收益"和"稀释每股收益"账户外，主要根据各损益类账户的发生额分析填写。

（1）"营业收入"账户反映企业主要经营业务和其他经营业务所确认的收入总额，根据"主营业务收入"和"其他业务收入"账户的发生额分析填写。

（2）"营业成本"账户反映企业主要经营业务和其他经营业务发生的实际成本总额，根据"主营业务成本"和"其他业务成本"账户的发生额分析填写。

（3）"税金及附加"账户反映企业经济业务应负担的消费税、城市维护建设税、资源税、土地增值税和教育费附加等，根据"税金及附加"账户的发生额分析填写。

（4）"销售费用"账户反映企业在销售商品过程中发生的包装费、广告费等费用和为销售本企业商品而专设的销售机构的职工薪酬、业务费等经营费用，根据"销售费用"账户的发生额分析填写。

（5）"管理费用"账户反映企业为组织和管理生产经营发生的管理费用，根据"管理费用"账户的发生额分析填写。

（6）"财务费用"账户反映企业筹集生产经营所需资金等而发生的筹资费用，根据"财

务费用"账户的发生额分析填写。

（7）"资产减值损失"账户反映企业各项资产发生的减值损失，根据"资产减值损失"账户的发生额分析填写。

（8）"公允价值变动收益"账户反映企业按照相关准则规定应当计入当期损益的资产或负债公允价值变动净收益；如为净损失，以"-"填写。

（9）"投资收益"账户反映企业以各种方式对外投资所取得的收益；如为净损失，以"-"填写。

（10）"营业利润"账户为"营业收入"减去"营业成本""税金及附加""销售费用""管理费用""财务费用""资产减值损失"加上"公允价值变动收益"和"投资收益"。

（11）"营业外收入"账户反映企业发生的与其经营活动无直接关系的各项收入，根据"营业外收入"账户的发生额分析填写。

（12）"营业外支出"账户反映企业发生的与其经营活动无直接关系的各项支出，根据"营业外支出"账户的发生额分析填写。

（13）"利润总额"账户为"营业利润"加上"营业外收入"减去"营业外支出"。

（14）"所得税费用"账户反映企业根据所得税准则确认的应从当期利润总额中扣除的所得税费用，根据"所得税费用"账户的发生额分析填写。

（15）"净利润"为"利润总额"减去"所得税费用"。

（16）"其他综合收益"账户反映企业根据企业会计准则规定直接计入所有者权益的各项得利和损失扣除所得税影响后的净额，根据"其他综合收益"账户及其所属明细账户的本期发生额分析填写。

（17）"综合收益总额"账户反映企业净利润与其他综合收益的合计金额。

（18）"基本每股收益"账户根据每股收益准则规定计算的金额填写，计算方法为普通股股东当期净利润除以发行在外普通股的加权平均数。

（19）"稀释每股收益"账户反映企业存在稀释性潜在的普通股，应当分别调整归属于普通股股东的当期净利润和发行在外普通股的加权平均数，并据以计算稀释每股收益。

二、现金流量表的概念、分类和作用

（一）现金流量表的概念

现金流量表是反映企业在一定会计期间现金和现金等价物流入和流出的报表。现金流量表是以现金及现金等价物为基础，按照收付实现制原则编制。这里的现金是相对广义的现金，不仅包括企业的库存现金，还包括企业可以随时用于支付的存款以及现金等价物。具体包括如下内容。

（1）库存现金。库存现金是指企业持有的可以随时用于支付的现金。

（2）银行存款。银行存款是指企业存放在银行或其他金融机构的，随时可以用于支付的存款。不包括不能随时支取的定期存款。但提前通知金融企业便可支取的定期存款应包括在银行存款范围内。

（3）其他货币资金。其他货币资金是指企业存在银行的有特定用途的资金，包括外埠存款、银行汇票存款、银行本票存款等。

（4）现金等价物。现金等价物是指企业持有的期限短（一般指从购买日起 3 个月内到期）、流动性强、易于转换为已知金额的现金、价值变动风险很小的投资。

（二）现金流量的分类

现金流量是指企业现金和现金等价物的流入量和流出量。

我国企业会计准则将企业的业务活动按其性质分为经营活动、投资活动和筹资活动。因此，现金流量也分为三类，即经营活动产生的现金流量、投资活动产生的现金流量和筹资活动产生的现金流量。

（1）经营活动产生的现金流量。经营活动是指企业投资和筹资活动以外的所有交易和事项，包括销售商品或提供劳务，购买商品或接受劳务，收到返还的税费、经营租赁、支付职工薪酬、支付广告费用、交纳各项税费等。

（2）投资活动产生的现金流量。投资活动是指企业长期资产的构建和不包括在现金等价物范围内的投资及其处置活动。现金流量表中的"投资"既包括对外投资，又包括长期资产的构建与处置。

（3）筹资活动产生的现金流量。筹资活动是指导致企业资本及债务规模和构成发生变化的活动，包括发行股票或接受投入资本、分派现金股利、取得和偿还银行借款、发行和偿还公司债券等。

企业在进行现金流量分类时，对于一些特殊的、不经常发生的项目，如自然灾害损失、保险赔款等，应根据其性质，分别归并到经营活动、投资活动或筹资活动项目中单独列示。

（三）现金流量表的作用

现金流量表主要提供有关企业现金流量方面的信息，编制现金流量表的主要目的是向会计报表使用者提供企业一定会计期间的现金流入和流出的信息，以便于会计报表使用者了解和评价企业获取现金的能力，并据以预测企业未来的现金流量。具体来说，报表使用者利用报表信息，可以评估企业以下几个方面的事项。

（1）企业在未来期间产生净现金流量的能力。
（2）企业偿还债务及支付企业所有者的投资报酬（如股利）的能力。
（3）企业的利润与经营活动所产生的净现金流量发生差异的原因。
（4）会计年度内影响或不影响现金的投资活动与筹资活动。

三、现金流量表的编制方法

现金流量表是按现金收付制反映企业报告期内的现金流动信息；而企业编制的资产负债表、利润表和所有者权益变动表及有关账户记录资料反映的会计信息都是以权责发生制为基础记录报告的。

现金流量表中的现金是广义的现金概念，包括库存现金、银行存款、其他货币资金，以及现金等价物。根据企业现金流量的分类，编制方法包括以下三个方面。

1."经营活动产生的现金流量"各账户的填写

（1）"销售商品、提供劳务收到的现金"账户。该账户反映企业本期销售商品、提供劳务收到的现金，以及前期销售商品、提供劳务本期收到的现金和本期预收的款项，减去本期销售本期退回商品和前期销售本期退回商品支付的现金。企业销售材料、代购代销业务收到的现金也属于本账户反映的内容。

(2)"收到的税费返还"账户。该账户反映企业收到的所得税、增值税、消费税、关税和教育费附加等各种税费返还款。

(3)"收到其他与经营活动有关的现金"账户。该账户反映企业经营租赁收到的租金等其他与经营活动有关的现金流入。金额较大的现金流入应单独列示。

(4)"购买商品、接受劳务支付的现金"账户。该账户反映企业本期购买商品、接受劳务实际支付的现金(包括增值税进项税额),以及所有本期支付和本期预付的款项,减去本期发生的购货退回收到的现金。企业购买材料和代购代销业务支付的现金也属于本账户反映的内容。

(5)"支付给职工以及为职工支付的现金"账户。该账户反映企业实际支付给职工的工资、奖金、各种津贴和补贴等职工薪酬(包括代扣代缴的职工个人所得税)。

(6)"支付的各项税费"账户。该账户反映企业发生并支付、前期发生本期支付以及预交的各项税费。

(7)"支付其他与经营活动有关的现金"账户。该账户反映企业经营租赁支付的租金、差旅费、业务招待费、保险费、罚款支出等。金额较大的支出账户应单独列示。

2."投资活动产生的现金流量"各账户的填写

(1)"收回投资收到的现金"账户。该账户反映企业出售、转让或到期收回除现金等价物以外的对其他企业长期股权投资等收到的现金,但处置子公司及其他营业单位收到的现金净额除外。

(2)"取得投资收益收到的现金"账户。该账户反映企业除现金等价物以外对其他企业的长期股权投资等分回的现金股利和利息等。

(3)"处置固定资产、无形资产和其他长期资产收回的现金净额"账户。该账户反映企业出售、报废固定资产、无形资产和其他长期资产所取得的现金(包括因资产毁损而收到的保险赔偿收入),减去为处置这些资产而支付的有关费用后的净额。

(4)"处置子公司及其他营业单位收到的现金净额"账户。该账户反映企业处置子公司及其他营业单位所取得的现金,减去相关处置费用以及子公司及其他营业单位持有的现金和现金等价物后的净额。

(5)"购建固定资产、无形资产和其他长期资产支付的现金"账户。该账户反映企业购买、建造固定资产,取得无形资产和其他长期资产所支付的现金(含增值税税款等),以及用现金支付的应由在建工程和无形资产负担的职工薪酬。

(6)"投资支付的现金"账户。该账户反映企业取得除现金等价物以外的对其他企业的长期股权投资等所支付的现金以及支付的佣金、手续费等附加费用,但取得子公司及其他营业单位支付的现金净额除外。

(7)"取得子公司及其他营业单位支付的现金净额"账户。该账户反映企业购买子公司及其他营业单位出价中以现金支付的部分,减去子公司及其他营业单位持有的现金和现金等价物后的净额。

(8)"支付其他与投资活动有关的现金"账户。该账户反映企业除上述账户外支付的其他与投资活动有关的现金。金额较大的账户应单独列示。

3."筹资活动产生的现金流量"各账户的填写

(1)"吸收投资收到的现金"账户。该账户反映企业以发行股票、债券等方式筹集资金实际收到的款项。

（2）"取得借款收到的现金"账户。该账户反映企业举借各种短期、长期借款而收到的现金。

（3）"收到其他与筹资活动有关的现金"账户。该账户反映企业除上述项目外收到的其他与筹资活动有关的现金。金额较大的账户应单独列示。

（4）"偿还债务支付的现金"账户。该账户反映企业为偿还债务本金而支付的现金。

（5）"分配股利、利润或偿付利息支付的现金"账户。该账户反映企业实际支付的现金股利、支付给其他投资单位的利润或用现金支付的借款利息、债券利息。

现金流量表示例见表14-3。

表14-3　现金流量表示例

会企03表

编制单位：××公司　　　　　　　　　2022年　　　　　　　　　单位：元

项目	本期金额	上期金额（略）
一、经营活动产生的现金流量：		
销售商品、提供劳务收到的现金	99 634 550	
收到的税费返还	2 130 000	
收到其他与经营活动有关的现金	100 000	
经营活动现金流入小计	101 864 550	
购买商品、接受劳务支付的现金	54 410 000	
支付给职工以及为职工支付的现金	6 880 000	
支付的各项税费	15 399 163	
支付其他与经营活动有关的现金	5 200 000	
经营活动现金流出小计	81 889 163	
经营活动产生现金流量净额	19 975 387	
二、投资活动产生的现金流量：		
收回投资收到的现金	4 500 000	
取得投资收益收到的现金	390 000	
处置固定资产、无形资产和其他长期资产收回的现金净额	460 000	
处置子公司及其他营业单位收到的现金净额	—	
收到其他与投资活动有关的现金	900 000	
投资活动现金流入小计	6 250 000	
购建固定资产、无形资产和其他长期资产支付的现金	19 655 000	
投资支付的现金	950 000	
取得子公司及其他营业单位支付的现金净额	—	

续表

项目	本期金额	上期金额（略）
支付其他与投资活动有关的现金	—	
投资活动现金流出小计	20 605 000	
投资活动产生现金流量净额	−14 355 000	
三、筹资活动产生的现金流量：		
吸收投资收到的现金	200 000	
取得借款收到的现金	14 500 000	
收到其他与筹资活动有关的现金	—	
筹资活动现金流入小计	14 700 000	
偿还债务支付的现金	24 200 000	
分配股利、利润或偿付利息支付的现金	820 900	
支付其他与筹资活动有关的现金	—	
筹资活动现金流出小计	25 020 900	
筹资活动产生现金流量净额	−10 320 900	
四、汇率变动对现金及现金等价物的影响	—	
五、现金及现金等价物净增加额	−4 700 513	
加：期初现金及现金等价物余额	37 288 980	
六、期末现金及现金等价物余额	3 258 867	

任务作答清单

（1）增值税在销售商品时如何确认？	
（2）出售不需用的设备应如何进行会计处理？罚款应计入哪个会计账户？	
（3）折旧费用、借款利息费用、处置固定资产净收益、存货增加分别影响哪种现金流量活动？	
（4）所得税费用如何计算？	
（5）上述业务对宏利公司所有者权益有何影响	

续表

教师点评			
小组成员			
小组得分		组长签字	
教师评分		教师签字	

任务4　所有者权益变动表及财务报表附注

任务布置

任务描述	宏利公司于2023年1月2日接受A投资者投入资本500 000元。2023年3月1日，因扩大经营规模需要，经批准，宏利公司将资本公积100 000元转增资本。什么是资本公积？资本公积与实收资本有何区别？上述业务对企业所有者权益有何影响？
任务目标	请根据学习的知识，解决上述问题。要完成的任务有：理解所有者权益变动表的概念，掌握所有者权益变动表的内容，明确所有者权益变动表在企业经济运行中的作用
任务讨论	有哪些情况会导致企业所有者权益减少？有何种情况可以增加企业所有者权益？请举例说明
任务实施	学时建议：课上1学时、课下1学时
	任务分工：分组、布置任务、任务准备、操作
	实施方式：线上与线下相结合

知识参考

一、所有者权益变动表的内容与结构

1. 所有者权益变动表的内容

　　所有者权益变动表是反映构成所有者权益各组成部分当期增减变动情况的报表。该表应当全面反映一定时期所有者权益变动的情况，不仅包括所有者权益总量的增减变动，还包括所有者权益增减变动的重要结构性信息，让报表使用者准确理解所有者权益增减变动的根源。

　　在所有者权益变动表中，综合收益和与所有者（或股东）的资本交易导致的所有者权益的变动，应当分别列示。企业至少应当单独列示反映下列信息的项目：综合收益总额；会计政策变更和差错更正的累计影响金额；所有者投入资本和向所有者分配利润等；提取的盈余公积；所有者权益各组成部分的期初金额和期末余额及其调节情况。

2. 所有者权益变动表的格式

所有者权益变动表以矩形的形式列示。这样一方面列示了导致所有者权益变动的交易或事项，即所有者权益变动的来源对一定时期所有者权益的变动情况进行全面反映；另一方面按照所有者权益各组成部分，包括实收资本、资本公积、其他综合收益、盈余公积、未分配利润和库存股，其总额列示交易或事项对所有者权益的影响。

3. 所有者权益变动表的编制

在编制所有者权益变动表时，需要对会计政策变更和前期差错更正的影响进行分析与调整。所有者权益变动表为比较报表，按"本年金额"和"上年金额"两列分别填写。

其中，"本年金额"账户根据"实收资本（或股本）""其他权益工具""资本公积""盈余公积""专项储备""其他综合收益""利润分配""库存股""以前年度损益调整"等账户及明细账户的发生额分析填列。"上年金额"账户应根据上年度所有者权益变动表"本年金额"内所列数字填列。上年度所有者权益变动表规定的各个项目的名称和内容同本年度不一致的，应对上年度所有者权益变动表各账户的名称和数字按照本年度的规定进行调整，填入所有者权益变动表的"上年金额"列内。

总的来说，所有者权益变动表有助于企业经营者和投资者更好地了解公司的财务状况和发展潜力，其具体格式见表 14-4。

表 14-4 所有者权益变动表

会企 04 表

编制单位：公司　　　　　　　　　　　××××年　　　　　　　　　　　单位：元

项目	本年金额						上年金额					
	实收资本（或股本）	资本公积	减：库存股	其他综合收益	盈余公积	未分配利润	所有者权益合计	实收资本（或股本）	资本公积	减：库存股	其他综合收益	盈余公积	未分配利润	所有者权益合计
一、上年年末余额												
加：会计政策变更												
前期差错更正												
二、本年年初余额												
三、本年增减变动金额（减少以"-"号填列）												
（一）综合收益总额												
（二）所有者投入和减少资本												
1. 所有者投入资本												
2. 股份支付计入所有者权益的金额												

续表

项目	本年金额						上年金额					
	实收资本（或股本）	资本公积	减：库存股	其他综合收益	盈余公积	未分配利润	所有者权益合计	实收资本（或股本）	资本公积	减：库存股	其他综合收益	盈余公积	未分配利润	所有者权益合计
3. 其他												
（三）利润分配												
1. 提取盈余公积												
2. 对所有者（或股东）的分配												
3. 其他												
（四）所有者权益内部结转												
1. 资本公积转增资本（或股本）												
2. 盈余资本转增资本（或股本）												
3. 盈余公积弥补亏损												
4. 其他												
四、本年年末余额												

二、财务报表附注

1. 财务报表附注的概念

财务报表附注是对资产负债表、利润表、现金流量表和所有者权益变动表等报表中列示项目的文字描述或明细资料，以及对未能在这些报表中列示项目的说明等。财务报表附注是财务报表的重要组成部分，是对财务报表本身无法或难以充分表达的内容和项目所作的补充说明和详细解释。

2. 财务报表附注的作用

（1）有助于财务报表使用者理解会计报表的内容。

附注是对财务报表的有关重要数据进行解释或说明，将抽象的数据具体化，有助于财务报表信息使用者合理利用所需信息。

（2）有助于投资者做出正确决策。

附注主要以文字说明的方式，充分披露财务报表所提供的信息，以及财务报表以外与报表使用者的决策有关的重要信息，从而便于广大投资者全面掌握企业财务状况、经营成果和现金流量情况，为投资者正确决策提供信息服务。

(3)有助于提高会计信息可比性。

财务报表是依据会计准则等有关制度规定编制而成的，在某些方面提供了多种会计处理方法，企业可以根据具体情况进行选择。这就造成了不同行业或同一行业的不同企业所提供的会计信息之间的差异。另外，在某些情况下，企业所采用的会计政策发生变动，而导致不同会计期间的会计信息失去可比的基础。财务报表附注有利于使用者了解会计信息的上述差异及其影响的大小，从而提高会计信息的可比性。

3. 财务报表附注的主要内容

附注应当按照以下顺序，至少披露下列内容。

(1)企业的基本情况。

该部分包括企业注册地、组织形式和总部地址，企业的业务性质和主要经营活动、母公司以及集团最终母公司的名称，财务报告的批准报出者和批准报出日，或者以签字人及签字日期为准等。

(2)财务报表的编制基础。

附注中应说明企业财务报表的编制基础。

(3)遵循《企业会计准则》的声明。

企业应当声明编制的财务报表符合《企业会计准则》的要求，真实、完整地反映了企业的财务状况、经营成果和现金流量等有关信息。

(4)重要会计政策和会计估计。

企业应当披露采用的重要会计政策和重要会计估计。

(5)会计政策和会计估计变更依据差错更正的说明。

企业应当按照《企业会计准则第 28 号——会计政策、会计估计变更和差错更正》及其应用指南的规定，披露会计政策和会计估计变更以及差错更正的有关情况。

(6)报表重要项目的说明。

企业应当采用文字和数字描述相结合的方式进行披露，尽可能以列表形式披露重要报表项目的构成或当期增减变动情况，并且报表重要项目的明细金额合计，应当与报表项目金额相衔接。

(7)其他重要说明。

该部分包括或有和承诺事项、资产负债表日后非调整事项、关联方关系及其交易等。

📖 任务作答清单

(1)什么是资本公积？	
(2)资本公积和实收资本有何区别？	
(3)资本公积转增资本对所有者权益有何影响？	

续表

（4）任务描述中的各业务对宏利公司所有者权益有何影响？	
（5）有哪些情况会导致企业所有者权益减少？有何种情况可以增加企业所有者权益？	
教师点评	
小组成员	
小组得分	组长签字
教师评分	教师签字

 知识链接 14-1   **知识链接 14-2**

现金流量表直接法与间接法对比

资产负债表填报项目举例

项目 15 财务报表分析

> ### 知识目标
>
> 掌握财务报表分析的含义、主体、目的和作用；熟悉财务报表分析的方法；掌握企业盈利能力分析的指标和方法，营运能力分析的指标和方法，偿债能力分析的指标和方法；掌握杜邦财务综合分析法的内容、原理、方法。
>
> ### 技能目标
>
> 能够使用财务分析的方法，结合财务分析指标，去分析企业的盈利能力、营运能力和偿债能力，并能把各项指标进行综合分析，及时了解企业的财务状况和经营成果，及时发现财务管理中存在的问题，寻找合适的解决方案，做出科学的决策。
>
> ### 素质目标
>
> 坚持谨慎性、客观性、科学性的财务分析原则，明确分析范围和分析权责，防止提供虚假的分析结果，正确列示和披露会计风险，避免对会计信息的歪曲使用。

知识点导图

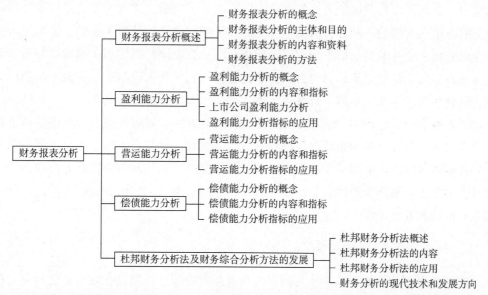

任务 1　财务报表分析概述

任务布置

任务描述	请扫描二维码，阅读宏利公司的资产负债表和利润表。你能从报表里获得哪些信息？如何评价公司的财务状况、经济成果？如果你是公司的投资者、债权人或管理者，最想了解公司的什么信息？
任务目标	请根据学习的知识，解决上述问题。要完成的任务有：理解财务报表分析的目标、方法，掌握财务分析的基本内容和所用的信息资料
任务讨论	财务报表作为财务信息的最直接、综合性载体，讨论对其进行分析的意义
任务实施	学时建议：课上 1 学时、课下 1 学时
	任务分工：分组、布置任务、任务准备、查找资料
	实施方式：线上与线下相结合

知识参考

一、财务报表分析的概念

企业财务报表分析有狭义与广义之分。狭义的分析是指仅以企业对外提供的财务报表以及报表附注为主要依据，运用比率分析、项目质量分析等方法，对决定企业财务状况的偿债能力、盈利能力与营运能力等各主要方面加以分析判断，从而为报表使用者的经济决策提供财务信息支持的一种分析活动。广义的分析则以狭义的分析为基础，强调进一步补充企业财务报表之外的其他信息来源，进行更广泛的企业战略制定与实施情况分析、管理模式与质量分析、行业竞争格局与自身竞争优势分析、未来风险与挑战分析、发展前景与投资价值分析等，涉及了地域、资源、政策、行业、人才、管理模式等。

在财务报表分析过程中，通过专门的分析视角与方法，对财务报表所反映的信息进行进一步的提炼和处理，揭示企业的各种经营活动、管理活动与企业财务状况之间的内在联系，发现企业各种战略的制定与实施对企业财务状况的影响，并力争将财务报表分析融入企业具体的业务环境和管理模式中，更为恰当、全面、深入地评价企业财务状况，科学地预测企业价值和发展前景。

二、财务报表分析的主体和目的

企业财务报表分析的不同主体之间存在利益倾向的差异，因此在对企业进行财务报表分析时，应该有不同的侧重点。

所有者或股东作为企业的投资人，是企业收益的最终获得者和风险的最终承担者。他们既高度关注有关企业营运能力和盈利能力等方面的信息，也高度关注有关企业的资产结构与质量、资本结构与质量以及现金流量结构与质量等方面的信息，因为这将决定自身的投资回报率和投资风险水平。同时，企业所有者又是企业委托-代理关系中的委托人，需要通过分析企业的财务状况来对经营管理者的受托责任履行情况进行评价。

控股股东控制着董事会，主导企业的各项经营决策与财务决策，通过扶持企业不断成长来获取大规模的投资收益，更注重企业的长远发展，更强调企业战略的实施效果和运行方向，关注企业的短期获利水平、现金流量状况与股利分配质量。

债权人不能参与企业剩余收益分配，因此他们必须对其贷款的安全性予以关注，关心企业资产的流动性和现金充足程度；而长期债权人考虑更多的则是企业整体的负债水平、盈利能力，以及企业未来的发展前景。

企业管理者必须对企业经营理财的各个方面(包括营运能力、偿债能力、盈利能力及社会贡献能力的全部信息)进行详尽了解和掌握，以便及时发现问题、采取对策，进行科学的投融资决策，规划和修订市场定位目标，制定和调整资源配置战略、资本引入战略等，进一步挖掘潜力，为经济效益的持续稳定增长奠定基础。同时，经营管理者还需要借助财务报表分析对企业内部的各个部门和员工进行业绩评价，并为日后的生产经营编制科学的预算，实现高效的控制与监督。

政府考核企业经营理财状况，不仅需要了解企业资金占用的使用效率，预测财务收入的增长情况，有效地组织和调整社会资金资源的配置，检查违法违纪、浪费财产的问题，而且需要通过综合分析，对企业的发展后劲以及对社会的贡献程度进行分析考察。

商品和劳务供应商向企业赊销商品或提供劳务后，成为企业的债权人。大多数商品和劳务供应商对企业的偿债能力感兴趣，长期的供应商可能更注重企业的长期偿债能力。

顾客则关心企业的长期发展前景，以及有助于对此加以估计的获利能力指标与财务杠杆指标等。

企业的雇员关心工作岗位的稳定性、工作环境的安全性以及获取报酬的前景。因而，他们对企业的获利能力和偿债能力均感兴趣。

需要注意的是，不同的利益主体有着各自的侧重点，所需信息的深度和广度也不同，企业财务报表中不一定包括使用者需要的全部信息，只是通过分析去挖掘自己需要的信息，以便做出正确决策。

三、财务报表分析的内容和资料

(一)财务报表分析的内容

财务报表分析包括偿债能力分析、营运能力分析、盈利能力分析、现金流量表分析等主要方面。偿债能力是指企业偿还各种债务的能力，营运能力是指企业对资产的利用效率，盈利能力是指企业在一定时期内赚取利润的能力。前三种分析内容是最基本的，其中偿债能力是财务目标实现的稳健保证，营运能力是财务目标实现的物质基础，盈利能力是二者共同作用的结果，同时也对二者的增强起推动作用。三者相辅相成，共同构成了传统企业财务报表分析的基本内容。

现金流量表分析是一种评估企业财务状况的方法，主要关注企业现金流入和流出的情况。这种分析主要从经营活动现金流量、投资活动现金流量、筹资活动现金流量三个方面进行，有助于了解企业的现金产生能力、使用效率及未来的流动性风险，从而及时了解货币资金的运营情况。

（二）财务报表分析的资料

通过上一项目的学习可知，财务报告包括财务报表和其他应当在财务报告中披露的相关信息和资料。财务报表分析主要利用财务报表，包括反映企业的财务状况的资产负债表，反映经营成果的利润表，反映现金流动状况的现金流量表等。此外，还需结合财务报表以外的信息，如宏观经济状况、企业日常核算资料、计划资料、同行业先进企业的资料等。有些资料还需企业进行调研，以获得更准确的分析信息。

四、财务报表分析的方法

财务报表分析主要分为定性分析和定量分析，前者主要基于主观分析企业财务状况和经营成果，后者则基于客观分析和数据分析。通过对财务指标进行综合分析，我们可以得出一个较为全面的财务信息。因此，在现代企业财务管理工作中，财务报表分析成为重要内容之一。财务报表分析方法主要有比较分析法、趋势分析法、结构分析法、因素分析法、比率分析法等。

（1）比较分析法是一种常见的财务报表分析方法，它是通过对比会计期间的实际数据、预期数据和历史数据来描述和评估公司的运营业绩和财政情况。

（2）趋势分析法是通过比较每个时期的财务指标和经营成果，观察连续几个时期的财务报表，找出影响这些变化的因素，利用各年度相关数据之间的相互联系来推断未来发展趋势的方法。它主要用于对一个时期内的财务信息做出总体评价。运用趋势分析法，报表使用者可以清楚地看到项目变更中的重要发展动向，从而对未来的发展进行正确的预测。

（3）结构分析法是以一个主要项目的数据为基础，在财务报表中进行对应选择，对构成项目整体上所占的比重进行计算，从而有助于对整体架构的变动进行全面的剖析，使其在财务报表中反映出各项目的整体状态及整体的结构。

（4）因素分析法是从各个方面对财务数据产生的影响进行综合分析，找出目前与规划或基准期之间差异的主要原因，并对其产生的影响进行探讨。因素分析法是经济活动分析中最重要的方法之一，也是财务分析的基本方法之一。

（5）比率分析法是最常用的财务分析方法。它一方面用比率对财务报表内不同项目之间的关系进行反映；另一方面通过对各会计账户间的关联关系的研究与分析，找出其在会计上所遇到的问题，进而制定有效的解决办法。

任务 2　盈利能力分析

任务布置

任务描述	根据任务 1 中宏利公司的财务报表，计算和分析宏利公司的盈利能力
任务目标	请根据学习的知识，解决上述问题。要完的成任务有：理解盈利能力的定义及特征，掌握盈利能力分析的主要指标和在实践中的应用
任务讨论	盈利能力反映公司创造利润的水平，讨论如何提高盈利能力
任务实施	学时建议：课上 1 学时、课下 1 学时
	任务分工：分组、布置任务、任务准备、查找资料
	实施方式：线上与线下相结合

知识参考

一、盈利能力分析的概念

盈利能力是指企业通过生产、销售等一系列行为取得利润的能力，也称为资本的价值增长或资金的价值增长能力。它反映企业获取利润的能力，是指一个公司在某一时期的收益数额和程度。

二、盈利能力分析的内容和指标

企业在进行盈利能力分析时，可从以下三个方面进行。

(一)资产盈利能力分析

资产盈利能力分析衡量公司管理层利用公司的财产来获得收益的能力水平，分析指标主要指总资产报酬率，即利润总额、利息支出与总资产平均余额的比率。

(二)资本盈利能力分析

资本盈利能力分析指标主要指净资产收益率，即企业一定时期的净利润与平均净资产的比率。资本盈利能力反映了企业自有资金的投资收益水平，具有很高的综合性，也是中国证券监督管理委员会衡量上市公司配股、增发和特殊处理的一个重要考核因素。

(三)商品经营盈利能力分析

1. 收入利润率

收入利润率反映企业一定时期内利润与收入的比率。不同的核算指标反映的利润与收入的关系有所不同，主要的核算指标如下。

（1）营业收入利润率：指营业利润占营业收入的比率。

（2）毛利率：指毛利（即营业收入与营业成本的差额）占营业收入的比率。

（3）总收入利润率：指利润总额占总收入的比率，企业总收入包括营业收入、其他收益、投资净收益、公允价值变动净收益、资产处置净收益和营业外收支净额。

（4）销售净利润率：指净利润占营业收入的比率。

（5）销售息税前利润率：指息税前利润额占营业收入的比率，息税前利润额是利润总额与利息支出之和。

收入利润率指标是正指标，指标值越高越好。分析时应根据分析的目的与要求，确定适当的标准值，如可用行业平均值、全国平均值、企业目标值等。

2. 费用利润率

费用利润率反映企业一定时期内利润与费用的比率。不同的核算指标反映的利润与费用的关系有所不同，主要的核算指标如下。

（1）营业成本利润率：指营业利润占营业成本的比率。

（2）营业费用利润率：指营业利润占营业费用总额的比率。营业费用总额包括营业成本、税金及附加、期间费用、研发费用、资产减值损失和信用减值损失。期间费用包括销售费用、管理费用、财务费用等。

（3）全部成本费用利润率：可分为全部成本费用总利润率和全部成本费用净利润率两种形式。全部成本费用总利润率指利润总额占全部成本费用的比率；全部成本费用净利润率指净利润占全部成本费用的比率。全部成本费用包括营业费用总额和营业外支出。

以上指标反映企业投入、产出的水平，指标的数值越高，成本费用控制得越好，盈利能力越强，获得的效益越高，即正指标，反之则越低。因此，费用利润率是综合反映企业成本效益的重要指标，可选用行业平均值、全国平均值、企业目标值等作为衡量能力高低的依据，也可选用企业自身前后时期的数据进行比较，评价变动情况，及时调整，提供科学的管理方案。

三、上市公司盈利能力分析

对于上市公司而言，评价指标更为准确、客观，公司信息有一定的公众性，经常采用每股收益、每股股利、市盈率、每股净资产等指标评价其获利能力。每股收益也称每股利润或每股盈余，是反映企业普通股股东持有每一股份所能享有企业利润或承担企业亏损的业绩评价指标。每股股利是上市公司本年发放的普通股现金股利总额与年末普通股总数的比值，反映上市公司当期利润的积累和分配情况。市盈率是上市公司普通股每股市价相当于每股收益的倍数，反映投资者对上市公司每股净利润愿意支付的价格，可以用来估计股票的投资报酬和风险，某种股票的市盈率过高，就具有较高的投资风险。每股净资产是上市公司年末净资产（即股东权益）与年末普通股总数的比值，反映每股股票所拥有的资产现值，每股净资产越高，股东拥有的每股资产价值越大。

四、盈利能力分析指标的应用

【例15-1】蓝江公司2019—2021年的财务情况见表15-1，请分别计算营业利润率、销售净利率、成本利润率、成本费用利润率、总资产报酬率，并分析公司的盈利能力和财务管理状况，帮助解决公司财务管理存在的问题。

表 15-1 蓝江公司 2019—2021 年的财务情况

单位：万元

项目	2019 年	2020 年	2021 年
平均资产	20 459.38	23 509.30	28 025.72
平均净资产	7 410.36	9 234.97	10 819.55
营业收入	19 315.26	23 621.24	25 735.26
营业成本	15 295.23	18 652.49	20 183.64
成本费用	17 379.28	20 922.19	22 431.93
利息支出	2 204.32	1 567.86	538.35
营业利润	2 901.74	3 880.11	4 640.09
利润总额	2 827.56	3 792.88	4 555.94
净利润	2 193.89	2 210.36	2 491.79

计算公式如下：

$$营业利润率 = 营业利润 \div 营业收入 \times 100\%$$
$$销售净利率 = 净利润 \div 营业收入 \times 100\%$$
$$成本利润率 = 营业利润 \div 营业成本 \times 100\%$$
$$成本费用利润率 = 利润总额 \div 成本费用总额 \times 100\%$$
$$总资产报酬率 = (利润总额 + 利息支出) \div 平均总资产 \times 100\%$$
$$资产净利率 = 净利润 \div 平均总资产 \times 100\%$$

经计算，蓝江公司 2019—2021 年的盈利能力指标见表 15-2。

表 15-2 蓝江公司 2019—2021 年的盈利能力指标

单位：%

项目	2019 年	2020 年	2021 年
营业利润率	15.02	16.43	18.03
销售净利率	10.98	12.04	12.30
成本利润率	18.97	20.80	22.98
成本费用利润率	16.27	18.13	20.31
总资产报酬率	24.59	22.80	18.18
净资产报酬率	29.61	23.94	23.03

从表 15-2 计算结果可知，2020 年的营业利润率比 2019 年上升了 1.41%，2021 年比 2020 年上升了 1.60%，表明该公司的营业收入和营业利润正在逐年上升，但该公司营业利润率却增长缓慢；2020 年的销售净利率比 2019 年上升了 1.06%，2021 年比 2020 年上升了 0.27%，表明该公司的营业收入和净利润虽然正不断攀升，但销售净利率仍然偏低；

成本利润率在 2020 年比 2019 年上升了 1.83%，2021 年比 2020 年上升了 2.18%，表明该公司的营业利润正持续增加，但营业成本也在不断增加，导致成本利润率变化不大；2020 年的成本费用利润率比 2019 年上升了 1.86%，2021 年比 2020 年上升 2.18%，表明公司成本费用利润率的变化不大，盈利能力增长缓慢；2020 年的总资产报酬率比 2019 年下降了 1.79%，2021 年比 2020 年下降了 4.62%，表明该公司的企业资产利用效率低；净资产报酬率从 2019 年到 2021 年呈下降趋势，表明利润表增长速度低于净资产的变化。

导致以上情况的因素要从总成本、费用、产品销售量、采购成本、产品质量等方面寻找。采取降低单位成本、完善采购控制体系、提高市场占有率、加强相关考评等方案，有助于提高公司盈利能力。

任务 3　营运能力分析

任务布置

任务描述	根据任务 1 中宏利公司的财务报表，计算并分析宏利公司的营运能力
任务目标	请根据学习的知识，解决上述问题。要完成的任务有：理解营运能力的定义及特征，掌握营运能力分析的主要指标和在实践中的应用
任务讨论	营运能力反映公司的资金运用效率，讨论如何提高营运能力
任务实施	学时建议：课上 1 学时、课下 1 学时
	任务分工：分组、布置任务、任务准备、操作
	实施方式：线上与线下相结合

知识参考

一、营运能力分析的概念

营运能力是指企业的经营运行能力，反映企业利用其拥有的资产获取利润的能力。其本质就是要在最短的时间内，利用最小的资源消耗，生产最多的商品，最大限度地增加销售额，进而创造出一种新的社会财富。在企业的日常运作中，资产营运效率反映了企业投资的总资产和各单项资产对创造营业收入的贡献程度。创收越高，企业整体抗风险能力就越强。

在企业日常的管理当中，营运能力分析是很重要的一项财务工作。营运能力决定着企业的偿债能力和获利能力，是整个财务分析核心。良好的营运能力可以帮助优化产业结构、改善财务状况、增强创新能力，因此提高营运能力对企业来说至关重要。

企业通过营运能力分析，充分了解资产运营情况，及时调整经营方案，提高企业资产利用效率，改善企业经营管理状况，为投资者和债权人进行决策提供参考。

二、营运能力分析的内容和指标

企业营运能力分析是指企业营运资产的效率和效益，企业营运资产的效率主要体现在资产周转速度上，而企业营运资产的效益通常是指企业的产出量与资产占用量之间的比值。

因此，营运能力分析的主要的内容包括流动资产营运能力分析、固定资产营运能力分析、总资产营运能力分析等，其中涉及的指标一般为正指标。

1. 流动资产营运能力分析

流动资产营运能力分析主要通过应收账款周转率、存货周转率和流动资产周转率等指标进行反映。应收账款周转率是反映应收账款周转速度的指标，它是一定时期内赊销收入净额与应收账款平均余额的比率，应收账款周转的次数越多，表明应收账款回收速度越快，企业管理工作的效率越高。存货周转率是一定时期内企业销货成本与存货平均余额的比率，是反映企业销售能力和流动资产流动性的指标，用来衡量企业生产经营各个环节中的存货运营效率。流动资产周转率是反映企业流动资产周转速度的指标。它是流动资产的平均占用额与流动资产在一定时期所完成的周转额之间的比率。

在一定时期内，流动资产周转次数越多，表明以相同的流动资产完成的周转额越多，流动资产利用的效果越好。流动资产周转率用周转天数表示时，周转一次所需要的天数越短，表明流动资产在经历生产和销售各阶段时占用的时间越短，周转越快。

2. 固定资产营运能力分析

固定资产营运能力分析指标主要包括固定资产产值率和固定资产周转率。

固定资产产值率是指一定时期内总产值与固定资产平均总值之间的比率，或每百元固定资产提供的总产值，它是反映生产用固定资产利用效果的指标之一。企业生产产品总的产值一定程度上可以体现固定资产的利用效率。该值越大，说明企业内固定资产利用得越好。

固定资产周转率是指企业年销售收入净额与固定资产平均净值的比率。它是反映企业固定资产周转情况，从而衡量固定资产利用效率的一项指标。固定资产周转率高，表明企业固定资产利用充分，同时表明企业固定资产投资得当，固定资产结构合理，能够充分发挥效率。反之，如果固定资产周转率不高，则表明固定资产使用效率不高，提供的生产成果不多，企业的营运能力不强。

3. 总资产营运能力分析

总资产营运能力分析指标主要有总资产产值率、总资产周转率、总资产收入率等。

总资产产值率反映了企业总资产与总产值之间的对比关系。这里的总产值，是指物质生产部门在一定时期内生产的货物和服务的价值总和。总资产产值率反映物质生产部门生产经营活动的价值成果，能够综合反映一定范围内的生产总规模。该值越大，说明企业资产的投入产出率越高，企业总资产运营状况越好。

总资产周转率是企业主营业务收入净额与资产总额的比率，它可以用来反映企业全部资产的利用效率。资产平均占用额应按分析期的不同分别加以确定，并应当与作为分子的主营业务收入净额在时间上保持一致。总资产周转率反映的是公司运营能力，也反映了总资产利用效果，总资产周转率越高，表明资产流动得越快。

三、营运能力分析指标的应用

【例 15-2】利达公司 2019—2021 年的收入和应收账款情况见表 15-3，计算和分析应收账款周转率的变动对公司的影响，并说明如何降低应收账款的回收风险。

应收账款周转率的计算公式如下：

$$应收账款周转率 = \frac{营业收入}{应收账款平均余额}$$

$$应收账款周转期 = \frac{计算期天数}{应收账款周转率} = \frac{应收账款平均余额 \times 计算期天数}{赊销收入净额}$$

$$= \frac{应收账款平均余额}{平均每日赊销净额}$$

表 15-3　利达公司 2019—2021 年的收入和应收账款情况

项目	2019 年	2020 年	2021 年
期初应收账款余额/万元	1 952.79	2 048.91	2 439.75
期末应收账款余额/万元	2 048.91	2 439.75	2 504.92
应收账款平均余额/万元	2 000.85	2 244.33	2 472.34
营业收入/万元	12 579.81	11 629.38	11 069.43
应收账款周转率/次	6.29	5.18	4.48

由表 15-3 可以看出，利达公司 2019 年应收账款周转率是 6.29 次，2020 年的应收账款周转率是 5.18 次，2021 年应收账款周转率是 4.48 次，周转率逐渐降低。营业收入不断下降，而平均应收账款在逐年增加，说明公司销售和收款方面的监管力度弱。如果公司应收账款的回收时间能够缩短，可以明显地提高资金的使用效率。

【例 15-3】A 公司、B 公司、C 公司均为汽车行业公司，其 2016—2020 年应收账款周转率对比见表 15-4，对比情况如图 15-1 所示。

表 15-4　2016—2020 年应收账款周转率对比

单位：次

公司	2016 年	2017 年	2018 年	2019 年	2020 年
A 公司	66.16	48.41	41.23	62.81	56.76
B 公司	164.91	144.44	46.39	29.10	29.98
C 公司	3.27	2.62	2.57	2.74	3.68

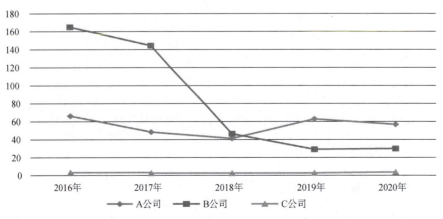

图 15-1　A 公司、B 公司、C 公司 2016 年—2020 年应收账款周转率对比情况

从图 15-1 可知，A 公司应收账款周转率总体呈下降趋势，总体下降 9.4 个百分点。分析 A 公司年度财务报告可以看出，A 公司营业收入总体呈上升趋势。与此同时，企业与经销商之间的账务往来使用的应收账款也随之上升，从而使应收账款周转率略有下降。虽然 A 公司应收账款周转比呈现小幅度减少趋势，但仍高于汽车行业值 7.6。B 公司 2016—2020 年应收账款周转率呈大幅下降趋势，总体下降 134.93 个百分点，但高于汽车行业值。C 公司应收账款周转率变化较小，但一直低于汽车行业值，说明 C 公司应加大应收账款监督力度。

【例 15-4】利达公司 2019—2021 年成本和存货情况见表 15-5，计算和分析存货周转率的变动对公司的影响，并说明如何合理保持存货的持有量。相关计算公式如下：

$$存货周转率 = \frac{营业成本}{存货平均余额}$$

$$存货周转期 = \frac{存货平均余额 \times 计算期天数}{营业成本}$$

表 15-5 利达公司 2019—2021 年成本和存货情况

项目	2019 年	2020 年	2021 年
期初存货余额/万元	3 008.19	2 928.29	3 029.17
期末存货余额/万元	2 928.29	3 029.17	3 188.91
存货平均余额/万元	2 968.24	2 978.73	3 109.04
营业成本/万元	7 868.15	7 926.13	7 702.95
存货周转率/次	2.65	2.66	2.48
行业平均水平/次	3.84	3.72	3.53

由表 15-5 可以看出，利达公司的存货周转率明显偏低，存货运用效率低下，存货变现速度缓慢，这会导致公司的营运能力降低。2019 年公司的存货平均余额为 2 968.24 万元，营业成本是 7 868.15 万元，存货周转率为 2.65 次；2020 年公司的存货平均余额为 2 978.73 万元，营业成本是 7 926.13 万元，存货周转率为 2.66 次；2021 年公司的存货平均余额为 3 109.04 万元，营业成本是 7 702.95 万元，存货周转率为 2.48 次。到 2021 年为止，存货周转率越来越低，可以看出公司存货运用效率低下，存货变现速度也越来越缓慢，直接导致公司的运营能力降低。相较同行业来说，距离行业均值差距较大，在同行业竞争中处于劣势。

【例 15-5】A 公司、B 公司、C 公司 2016—2020 年的存货周转率对比见表 15-6，对比情况如图 15-2 所示。

表 15-6 A 公司、B 公司、C 公司 2016—2020 年的存货周转率对比

单位：次

公司	2016 年	2017 年	2018 年	2019 年	2020 年
A 公司	8.36	11.59	11.81	14.53	15.51
B 公司	14.61	14.09	16.26	14.92	12.45
C 公司	4.97	4.61	4.71	4.12	4.43

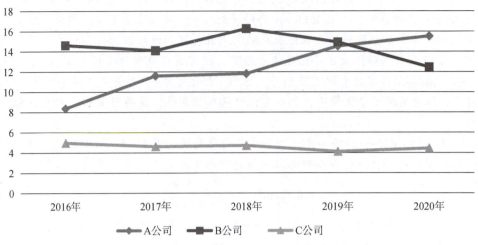

图 15-2 A 公司、B 公司、C 公司存货周转率对比情况

由图 15-2 可知,A 公司存货周转率连年上升,从 2016 年的 8.36 逐步上升到 2020 年的 15.51,上升 7.15 个百分点,存货周转率汽车行业值为 11.33。经过近几年的努力,A 公司已高于行业值,说明 A 公司存货储存量较少,企业生产销售有序进行。尤其从 2017 年进一步优化汽车销售金融模式开始,存货大幅度减少,因而存货周转率不断上升。2016 年,三个公司中存货周转率最高的是 B 公司,但 A 公司不断调整,在 2020 年超过 B 公司 3.06 个百分点,一跃成为三家公司中最高的。C 公司存货周转率五年来一直是三家公司中最低水平,且总体呈下降趋势,降低 0.54 个百分点。可以看出,A 公司和其他两家公司相比,存货周转率较好。

任务 4 偿债能力分析

🌸 任务布置

任务描述	根据任务 1 中宏利公司的财务报表,计算和分析宏利公司的偿债能力		
任务目标	请根据学习的知识,解决上述问题。要完成的任务有:理解偿债能力的定义及特征,掌握偿债能力分析的主要指标和在实践中的应用		
任务讨论	偿债能力反映公司运用资产偿还债务的能力,讨论如何提高偿债能力		
任务实施	学时建议:课上 1 学时、课下 1 学时		
	任务分工:分组、布置任务、任务准备、查找资料		
	实施方式:线上与线下相结合		

知识参考

一、偿债能力分析的概念

偿债能力是指企业偿还各种债务的能力。偿债能力的强弱体现了企业对负债的保证程度。偿债能力分析是评估公司财务能力的重要标准之一，公司的财务能力决定着公司的运营情况和长远发展，公司的管理层、股东，特别是债权人都会关注公司的偿债能力。企业通过偿债能力分析，客观了解企业的财务状况，评价企业能否在规定时间内偿还所欠的债务，有利于投资者进行正确的投资决策，有利于债权人进行正确的借贷决策，有利于经营者进行正确的经营决策。

在偿债能力分析过程中，应关注企业的现金流状况、资产质量和负债结构等因素，以评估企业是否有足够的资金来偿还债务，避免违约风险。同时要考虑企业外部的偿债环境，如宏观经济状况、行业趋势、政策变化等因素。

二、偿债能力分析的内容和指标

偿债能力分析分为短期偿债能力分析和长期偿债能力分析两个方面。

(一)短期偿债能力分析

短期偿债能力是指公司在相对较短的时间内，通过流动资产等项目偿还短期债务的能力。短期偿债能力主要分析指标包括流动比率、速动比率、现金比率、期末支付能力系数、近期支付能力系数，附属分析指标包括应收账款周转率、应付账款周转率、存货周转率等。

(1)流动比率是指企业流动资产总额与负债总额的比值，是用来反映流动资产能否偿还流动负债的指标。

(2)速动比率是用企业速动资产与流动负债计算得到的数值，与流动比率类似，该指标是用来衡量除存货外其他流动资产偿还流动负债的能力。速动比率在衡量拥有流动性较差的存货或存货数量较大的公司的资产流动性时尤为有用。从数值看，一般认为流动比率结果为 2 左右，速动比率结果为 1 左右，可作为衡量和参考依据。

(3)现金比率是速动资产扣除应收账款后的余额与流动负债的比率，最能反映企业直接偿付流动负债的能力。

(4)期末支付能力系数是期末货币资金余额与逾期未付款项数额的比值。

(5)近期支付能力系数是近期用于偿付债务的资金与近期需支付的款项的比值。

(6)应付账款周转率是指某时期内应付账款的周转次数，是一个时期内的销售成本与平均应付账款的比值，用来衡量企业应付账款的流动程度，反映流动负债支付能力和占用供应商资金的状况。周转率高，说明付款条款并不有利，公司需要尽快付清欠款。其他条件相同的情况下，应付账款周转率越低越好。

关于应收账款周转率和存货周转率的核算与评价，参见任务 3 营运能力分析。

(二)长期偿债能力分析

长期偿债能力指标包括资产负债率、产权比率、权益乘数、已获利息倍数等。
(1)资产负债率是用负债总额除以总资产，反映了财务风险的高低及资产偿还债务的能力。在债权人看来，资产负债率低是最好的；对于投资者和股东而言，高资产负债率可以给公司带来利益，发挥财务杠杆的作用。

（2）产权比率是用负债除以所有者权益所得的值，反映债权人、投资人（股东）对公司资产的持有情况。产权比率低，说明债权人的权益少、投资人（股东）权益多，反之同理。产权比率从整体角度反映了公司的财务状况。

（3）权益乘数是资产总额除以股东权益总额的比率。权益乘数越大，表明股东权益占全部资产的比重越小，上市公司负债的程度越高；反之，该比率越小，表明上市公司的负债程度越低，债权人权益受保护的程度越高。

（4）已获利息倍数是企业息税前利润与利息费用的比值，体现了企业偿付借款利息的能力。该指标越高，说明企业的利息偿付能力越强，债权人的权益越有保障。已获利息倍数不仅反映了企业获利能力的大小，还反映了获利能力对偿还到期债务的保证程度，是衡量企业长期偿债能力的重要标志。

要注意的是，从不同的角度去分析，就会出现不同的衡量标准。每个指标的衡量尺度都不是绝对的，要结合当期的宏观经济环境、行业性质、企业自身情况、所处时期等综合进行评价。

三、偿债能力分析指标的应用

【例15-6】顶力公司2019—2021年的流动比率、速动比率情况见表15-7，其流动比率、速动比率变化趋势如图15-3所示，试分析公司的短期偿债能力。

流动比率的计算公式如下：

$$流动比率 = \frac{流动资产}{流动负债} \times 100\%$$

$$速动比率 = \frac{速动资产}{流动负债} \times 100\%$$

表15-7　顶力公司2019—2021年的流动比率、速动比率情况

项目	2019 年	2020 年	2021 年
货币资金/万元	2 466.64	2 623.31	2 430.88
应收账款/万元	4 397.14	4 471.77	4 543.71
存货/万元	1 083.22	2 082.33	3 084.37
其他流动资产/万元	2 246.52	3 169.83	4 271.07
流动资产总额/万元	10 193.52	12 347.24	14 330.03
短期借款/万元	1 012.94	2 072.38	3 218.39
其他流动负债/万元	12 834.31	14 305.48	14 877.78
流动负债总额/万元	13 847.25	16 377.86	18 096.17
流动比率	0.74	0.75	0.79
速动资产/万元	9 110.30	10 264.91	11 245.66
速动比率	0.66	0.63	0.62

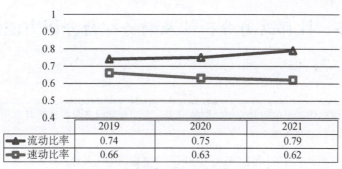

	2019	2020	2021
流动比率	0.74	0.75	0.79
速动比率	0.66	0.63	0.62

流动比率　　速动比率

图 15-3　顶力公司流动比率、速动比率变化趋势

根据表 15-7、图 15-3 可知，顶力公司 2019 年、2020 年和 2021 年的流动比率分别为 0.74、0.75 和 0.79，低于一般认为的标准值 2；这三年间的速动比率分别为 0.66、0.63 和 0.62，也低于一般认为的标准值 1。这表明企业资产的流动性不足，短期偿债能力较弱，财务状况不佳，给企业日后的生产经营和发展带来不利影响。

【例 15-7】旭日公司 2021—2023 年的资产负债率、产权比率情况见表 15-8，试分析公司的长期偿债能力。

计算公式如下：

$$资产负债率 = \frac{负债总额}{资产总额} \times 100\%$$

$$产权比率 = \frac{负债总额}{所有者权益总额} \times 100\%$$

表 15-8　旭日公司 2021—2023 年的资产负债率、产权比率情况

项目	2021 年	2022 年	2023 年
资产总额/万元	15 302.49	17 560.47	18 337.48
负债总额/万元	10 104.74	11 697.99	11 794.27
所有者权益总额/万元	5 197.75	5 862.48	6 543.21
资产负债率/%	66.03	66.62	64.32
产权比率/%	194.41	199.54	180.25

由表 15-8 可知，该公司 2021 年资产负债率为 66.03%，2022 年为 66.62%，2023 年的资产负债率变为 64.32%，说明公司的资产负债率比较高，偿债压力加重，会产生较大的财务风险；2021 年的产权比率为 194.41%，2022 年为 199.54%，2023 年为 180.25%，近三年产权比率呈先升后下降的趋势，企业长期偿债能力不强，对债权人权益保护力度不大。

无论是顶力公司，还是旭日公司，都需要和行业均值进行比较，从而进一步发现差距和问题所在。企业可以采取缩减债务规模、拓宽筹资渠道、加快资金回收等方式提高偿债能力。

任务5　杜邦财务分析法及财务综合分析方法的发展

任务布置

任务描述	根据任务1中宏利公司的财务报表，采用杜邦财务分析法，对宏利公司的财务管理情况进行综合分析		
任务目标	请根据学习的知识，解决上述问题。要完成的任务有：理解杜邦财务分析法的定义及原理，掌握杜邦财务分析法的计算指标和在实践中的应用		
任务讨论	讨论杜邦财务分析法对企业财务分析的作用，同时指出有哪些局限性		
任务实施	学时建议：课上1学时、课下1学时		
	任务分工：分组、布置任务、任务准备、查找资料		
	实施方式：线上与线下相结合		

知识参考

一、杜邦财务分析法概述

(一)杜邦财务分析法的原理

杜邦财务分析法是一种有效的财务综合分析方法，其原理是根据各种财务比率指标的内在联系，以净资产收益率(或资本收益率)为核心，逐级分解为多项财务比率的乘积。它能够把用于评估企业经营效率和财务状况的多个财务比率指标有机地结合在一起，形成一个完整的评价分析体系，用于评估公司的盈利能力、股东权益回报水平，全面评估企业绩效，为企业的决策和发展提供有力的支持。由于这一分析方法最早由美国杜邦公司采用，因此被称为杜邦财务分析法。

(二)财务综合分析的特征

以杜邦财务分析法为代表的财务综合分析具备以下特征。

(1)定量分析与定性分析相结合。定量分析可以通过数据资料、数学模型和统计分析方法，准确评估企业的财务状况和经营绩效，而定性分析以定量为基础，揭示财务指标背后的原因和趋势，得出结论性观点。

(2)系统性强。将企业视为一个整体，从系统的角度进行分析。注意各个财务指标之间的内在联系和相互影响，避免片面强调某一指标而忽视其他指标的重要性。虽然在一个系统之内，也要注意选择口径的一致性，避免因为数据口径不一致而导致分析结果失真。

(3)更加全面。财务综合分析应当涵盖企业的所有财务活动，包括资产、负债、所有者权益、收入、费用等各个方面。同时，还需要考虑非财务指标，如市场份额、客户满意度、内部流程效率等，以全面反映企业的财务状况和经营绩效。

(4)具有动态性。在选择和比较的财务数据指标时，企业既要与同行业同一时期进行对比,也要对自身前后时期进行动态比较。全面分析财务指标的变化趋势和潜在风险,评价时间因素对企业财务状况的影响,科学预测未来的发展趋势。

总之,杜邦财务分析法可以全面、系统评估企业的财务状况,包括企业的资产、负债、所有者权益、收入、费用等各个方面的变化及对财务管理的影响,有助于揭示企业的经济实力、偿债能力和运营效率,发现潜在问题和风险,审视企业的优势和不足,寻找发展机会和成长潜力,为企业相关决策者提供全面的参考信息。

二、杜邦财务分析法的内容

杜邦财务分析法的核心是将企业的净资产收益率(Return on Equity,ROE)分解为多个财务比率的乘积,以便更深入地了解企业盈利能力的内在结构和驱动因素。净资产收益率是一个综合性很强的指标,反映了企业利用自有资本获得收益的能力。通过杜邦财务分析法,净资产收益率可以分解为净利润率、资产周转率和权益乘数三个关键指标的乘积,其计算公式如下:

净资产收益率=销售净利率×总资产周转率×业主权益乘数

杜邦财务分析法体系简图如图 15-4 所示。

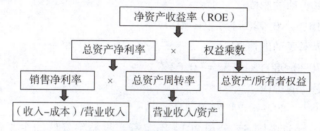

图 15-4 杜邦财务综合分析法体系简图

净利润率反映了企业每销售一定额的产品或服务后能够实现的利润水平,它揭示了企业的定价策略、成本控制,以及产品或服务的盈利能力。资产周转率衡量了企业利用其总资产产生销售收入的效率,它反映了企业的运营管理和资产配置能力。权益乘数代表了企业的财务杠杆程度,即企业负债与股东权益之间的比例关系,它揭示了企业的债务水平和资本结构。

杜邦财务分析法可让人清晰地看到这三个指标对净资产收益率的影响程度,从而深入了解企业的盈利能力及其内在驱动因素。此外,杜邦财务分析法还可以帮助企业识别潜在的问题和改进方向。例如,净利润率过低可能意味着需要优化成本控制或提高定价策略,资产周转率过低可能表明企业的运营管理效率有待提高,而权益乘数过高可能增加企业的财务风险。

三、杜邦财务分析法的应用

【例 15-8】 中国 SY 公司 2017—2019 年的财务比率情况见表 15-9,请分析公司净资产收益率的变化情况及影响因素。

表 15-9 中国 SY 公司 2017—2019 年的财务比率情况

项目	2019 年	2018 年	规模变动情况		2017 年
			增减情况	增减率/%	
净资产收益率/%	4.900	5.290	-0.390	-7.370	2.670

续表

项目	2019 年	2018 年	规模变动情况		2017 年
			增减情况	增减率/%	
销售净利率/%	2.662	3.115	−0.450	−14.500	1.825
总资产周转率/次	0.970	0.980	−0.010	−1.020	0.840
权益乘数	1.892	1.732	0.160	9.240	1.741
资产负债率/%	47.150	42.270	4.880	11.540	42.550

2019 年净资产收益率 = 2.662% × 0.970 × 1.892 = 4.90%。

2018 年净资产收益率 = 3.115% × 0.980 × 1.732 = 5.29%。

净资产收益率的变动 = 4.90% − 5.29% = −0.39%。

与 2018 年相比，2019 年公司净资产收益率下降了 0.39 个百分点，公司整体业绩如上年。运用因素分析法可以定量分析销售净利率、总资产周转率、权益乘数对净收益率的影响程度，具体分析如下。

（1）销售净利率变动的影响。

（2.662% − 3.115%）× 0.980 × 1.732 = −0.77%。

（2）总资产周转率变动的影响。

2.662% × (0.970 − 0.980) × 1.732 = −0.03%。

（3）权益乘数变动的影响。

2.662% × 0.970 × (1.892 − 1.732) = 0.41%。

通过分析可知，导致中国 SY 公司 2019 年净资产收益率降低的主要不利因素是销售净利率降低，使净资产收益率降低 0.77 个百分点；其次是总资产周转率降低，使净资产收益率降低 0.03 个百分点。有利的因素是权益乘数提高，使净资产收益率增加 0.41 个百分点。不利因素超过有利因素，所以净资产收益率降低 0.39 个百分点，由此应重点关注销售净利率降低的原因。

从企业绩效评价的角度来看，杜邦财务分析法的局限性在于只依靠了资产负债表、利润表的项目数据，忽视了现金流量、时间价值等情况。此外，杜邦财务分析法主要以盈利、营运、偿债三项能力为对象，没有考虑企业发展能力，难以预测企业的经济发展方向。如果企业想要全面评价经济水平，还需结合其他评价方法，正确审视优势与不足，拓展新模式、新方案，保持运行发展的生命力。

四、财务分析的现代技术和发展方向

财务综合分析方法多以财务数据和信息为基础，有其狭隘性和传统性，不能全面挖掘财务指标背后的情况。在大数据时代，数据信息来源变广，许多业务之间的相关性更为密切，数据资源逐步向开放、共享的方向发展，未来会形成上下游相通、产业链相连、企业间共享的新格局。数据计算、分析、处理的速度和效率变快，企业要善于运用现代技术和大数据的分析优势，促进企业内、外部的联结，畅通财务与供应、生产、销售、物流等环节，深入挖潜企业各项资源的内在价值，实现资源的有效配置，提高资金的利用效率，抓住发展机遇，寻找新的利润增长点，促进经济目标的实现。

任务作答清单

(1)完成对宏利公司盈利能力的分析	
(2)完成对宏利公司营运能力的分析	
(3)完成对宏利公司偿债能力的分析	
(4)运用杜邦财务分析法完成对宏利公司财务管理情况的综合分析,并总结各项财务指标的关系,指出对获利能力影响最大的因素	
教师点评	
小组成员	
小组得分	组长签字
教师评分	教师签字

知识链接 15

盈利能力、营运能力、偿债能力分析的关系

参 考 文 献

[1]刘永泽，陈文铭. 会计学[M]. 8 版. 大连：东北财经大学出版社，2024.

[2]赵雪媛，李晓梅，王淑芳. 会计学[M]. 北京：高等教育出版社，2022.

[3]傅荣. 中级财务会计[M]. 大连：东北财经大学出版社，2021.

[4]陈国辉，迟旭升. 基础会计[M]. 8 版. 大连：东北财经大学出版社，2024.

[5]中国注册会计师协会. 2022 年注册会计师全国统一考试辅导教材：会计[M]. 北京：中国财政经济出版社，2022.

[6]财政部会计财务评价中心. 2024 年度全国会计专业技术资格考试辅导教材：中级会计实务[M]. 北京：经济科学出版社，2024.

[7]戴德明，林钢，赵西卜. 财务会计学[M]. 13 版. 北京：中国人民大学出版社，2021.

[8]林钢，陈永凤. 会计学(第 7 版. 立体化数字教材版)[M]. 北京：中国人民大学出版社，2024.

[9]邹丽，寇晓虹. 中级财务会计[M]. 北京：北京理工大学出版社，2023.